JN280553

ある一庶民の昭和史（上）

小倉堅次

文芸社

目次

《まえがき》

自分史という言葉がある。自分の歴史ということであろう。人は皆自分の歴史を持っている。私も自分の言葉で自分の歴史を綴ってみた。多くの人はそれぞれの歴史を断片的に語ることはするだろう。しかし、それを自ら書く人はあまり多くはないと思う。だが私は浅学非才《せんがくひさい》をも顧みず敢えてそれを試みた。

一人の人間がこの世に生を受け、両親や家族、その他多くの人々の庇護《ひご》を受けて生育する。私も同様で、無事に小学校に入学し、その課程を卒業すると中学、高等農林と進み、恩師や友人にも恵まれ勉学にいそしんだ。そうして大人になった。

ところがその大人になりたての、これから世に出るもっとも大事な時期に、軍隊という特殊社会に放り込まれた。満州（現在の中国東北部）にて関東軍の一兵士としてソ満国境守備隊に入り、激しい訓練と酷寒《こっかん》に耐えること三年有余、大東亜戦争の渦中に巻き込まれた。

次には満州から沖縄の南大東島守備隊に転じた。米軍による連日の空襲と艦砲射撃に身をさらし、風土病と戦うこと二年有余、足掛け七年、丸六年という長い期間であった。武器弾薬は欠乏し、食糧も尽き、飢えと戦う毎日であった。その結末は敗戦である。

私は強運にも生き長らえて内地に帰還した。しかし祖国は焦土と化していた。それから戦後の過酷な社会を生き抜くことになる。初めはただただ生きるために働いた。そうして今日まで生き延びた。この国は不死鳥の如く復興し、今や経済大国といわれる程に成長した。

私は幸運にもこの波に乗ることができた。

こうして平成二年四月十六日、満七十歳、ついに古稀《こき》を迎えることができた。この間、一人の男がどう過ごしたか、私の生き様を自分史として書き綴ったわけである。

この作業に八年を費やした。

成長の過程を辿り、その場その場の経過を追って書いたつもりであるが、構成も筋立てもなく、資料もなければ記録もない。ただ私の脳裏に浮かぶ事柄をそのまま書き続けてきた。ただそれだけの物である。

順序も整わぬ駄文に過ぎないが、もし本書を手にとって下さる方がどこかで共感を覚えることができたなら、あるいは共通の意識を有するところが、例え一カ所でもあるならば幸甚である。

本書を上梓するにあたり、私を今日まで守護して下さった亡き両親を始め、多くの人々に感謝の祈りを捧げたい。
さらに、戦場に斃《たお》れた多くの戦友と、病で亡くなられた多くの友人の御冥福を心から祈りたい。

平成十三年二月吉日　満八十一歳

小倉堅次

第一部

第一章　幼・少年時代

(1)

私は、大正九年四月十六日生まれと戸籍簿に書かれている。また、父、小倉寅一、母、きゑの次男となっている。出生地は埼玉県南埼玉郡潮止村大字木曽根字木曽根新田百三十番地である。平成十三年四月十六日で私も八十一歳を迎えた。父も母も既にこの世を去り、八潮市両新田と出生地の名称も変わっている。生後八十年、過去を振り返ってみるとき、「光陰矢の如し」という古諺《こげん》はまさにその通りの感を深くする。しかしその長い年月は余りにも変転極まりないものであった。今から拙い筆をもって、この紆余曲折《うよきょくせつ》、波乱万丈《はらんばんじょう》の足跡を辿ってみよう。

静かに目を閉じて往時を偲ぶとき、まず脳裏に浮かぶのは西の空に赤い夕日が沈む頃、くっきりとその山容を現わす霊峰富士である。それと対照的に、東の方角にもっとも近い山として、子供の頃から親しみを持った筑波山がある。

一点の雲もなく晴れ渡った冬空に、遥か北の彼方には秩父の山並みと日光連山を望むことができる。関東平野の最南端、すぐそこには県境と村境を一つにして東京都がある。北から東に回り、南西の方向にゆるく流れる古利根川は中川と呼ばれて、夏は子供たちの船遊びと水泳の格好《かっこう》の場所になり、上り下りの川舟も多い物資輸送の要路でもあった。西側には葛西用水が流れ、灌漑・排水の重要な役目を果たし、秋には黄金の波打つ水田地帯となる。戸数五百戸、人口三千の純農村で、耕地面積は六百余町歩、その七割は水田であり三割が畑であった。山林は皆無、丘すらも見当たらない。隣村のまた先のその先の村々まで見渡せる一望千里の関東平野が続いていた。

こうした地形のせいか、この村の住民は遠い先祖の時代から稲作を主とし、野菜栽培を従としたが、当地の新鮮野菜は鮮菜物と呼ばれて東京に出荷され、早くから江戸の台所と別称されていた。

この地に私の祖先が生業の礎を築いたわけだが、その年代はいつの頃か定かではない。

父の話では中川の向こう岸に、早場米の特産地として広く知られていた彦成村があり、ここに小倉の総本家があったという。

　この家はある時代に総領が家督を相続すると、二人の弟を分家させた。兄を忠右ヱ門といい、弟を治郎右ヱ門という。二人とも中川を越し、兄は川岸に近い上木曽根という集落に家を興し、代々〝忠右ヱどん〟と呼称される屋号をもつにいたった。弟はこれよりさらに半道程はなれた所に新田を開拓した。木曽根新田という名の起こりがそれを如実に示している。

　この治郎右ヱ門こそ私の家の開祖である。〝治郎右ヱどん〟という屋号は現在も続いているが、総本家は地方政治に関与して資産をなくし、現在は家、屋敷の跡形もないという。

　さて、これまで代々農業を営んできた小倉家も、私の父で十代目であり、私が家督を相続していればまさに十一代目であるが、それは弟に譲った。十二代目を継ぐ弟の長男は市役所勤めのサラリーマンであり、農家としての小倉家は終わりを告げたことになる。

　話は変わるが、九代目である私の祖父は寅松といい、五十何歳という若死にであったと聞いている。従って私は祖父の面影を知らない。わずかに遺影を拝んでその温容を偲《しの》ぶのみである。

　この遺影には一つのエピソードがある。祖父は写真嫌いで、単独で撮影したものは皆無であったという。当時は、農村で写真を撮るなどということは珍しいことであった。たまたま祖父が村会議員をしていた頃、村の小学校に講堂が新築され、その落成式に参列した折に、村長ほか多数の出席者によって記念撮影が行われた。そこに写っている全員にその記念写真は配布されたので、祖父も所有していたと思われるが、家人はそうした写真を見たことがないという。その故で祖父の葬式の際も祭壇に飾る遺影はなく、白木に戒名が書かれた位牌のみであったという。

ところが、それから何年か過ぎたある日、祖父の実弟である松太郎という人の家に、ある人が一枚の写真を携えて訪れた。その人の話によると、東武線草加駅前で、路上に落ちていた一枚の写真を拾ったが、その写真には潮止村小学校講堂落成記念の文字が入っていた。しかし、写真の裏側に所有者の氏名等は記入されていなかったという。その人はたまたま、小倉松太郎という人が潮止村の出身者で、武州銀行（後の埼玉銀行）草加支店の支店長をしており、駅近くに居住している、ということを人づてに聞いて、貴方なら何かわかるのではないかと思い、この写真を持参したという。

松太郎が見ると、その記念写真の中に自分の兄の寅松が写っているではないか。松太郎は大いに喜び、厚く礼を述べてその写真をもらい受けた。そして実子である私の父のもとに届けた。その写真は四つ切りくらいの大きさで、その中に四、五十人もの人々が写っており、人々の顔は小さく、肉親であるかごく親しい人でなければ見分けることが困難で、そこから独り祖父の姿だけを抜き出すのは至難の業であるということであった。

しかし今まで祖父の写真は皆無であったのが残念がられていた折だけに、実弟の手に入ったのも何かの因縁であろうということで、そのまま家に保存されていたのである。

昭和二十一年、私が沖縄の南大東島から生家に復員した折、たまたま同行した戦友の一浦さんという人の生家が写真屋であり、浅草吉原の近く、田中町というところで焼け残って家業を再開したので、私はこの戦友のもとに写真を持ち込み、祖父の肖像写真の複製を依頼した。これが実に見事にでき上がってきて現在も実家に飾られている。

このとき父は大変な喜びようだった。実弟が兄の唯一の写真を手に入れ、今また孫の私の手によって立派な遺影となったのは理由なきことではない。生前祖父は孫である私を非常に可愛がり、それは世に言う目に入れても痛くないという溺愛ぶりであった。その孫が祖父の容貌を知らないというのは不都合と考え、今こうしてこの世に出てきたのかも知れぬと、家人は元より親戚中を集めて盛大な披露をしたものである。

両親や祖母の話によると、祖父は前述の通り、私を非常に大事にして下さったそうである。祖父には子供が三人いた。しかし男は父一人で後の二人は女であった。従って長男であり家督相続人の父もまたずいぶんと大事に育てられたとのことであるが、その父に長男の政治、つまり私の兄が生まれたときの祖父の喜びようは、他の目もはばかる程であったという。

　ところが、この祖父の期待を裏切って、その長男は三歳にして夭折した。祖父の悲嘆は如何ばかりであったろうか。次いで私が生まれたとき、祖父は父にこう言ったそうである。

「今度またこの子を死なすようなことがあれば、俺はお前を許さない」。祖父の心情を察するに余りあると言うべきか。

　ここで、私の名前の〝⿱臤十〟の字の由来について述べておきたい。元々この字は辞書にはない。即ち作り字である。そのために私はこの字で何回か迷惑を被った覚えがある。では父は何故こうした措置をとったのであろうか。それには深いわけがあった。

　それは正に偶然の出来事から始まった。ある日私は小学校の習字で、先生から赤筆で二重丸、三重丸を頂き、嬉しさいっぱいで下校した。そうして早速父に見せ、お褒《ほ》めの言葉を期待した。

　ところが父は私の期待に反して、次のように私を叱ったのである。

「何だこれは、お前は自分の名前も正しく書けないのか。この〝堅〟は間違っている。お前の

〃⿱臤牛〃は下が土でなく牛という字だ」

「でも先生は『この〃⿱臤牛〃は間違っている、〃臤〃を使って〃けん〃と読む字は〃堅〃と〃賢〃の二つしかない。だから牛でなく土と書け』と、赤で訂正されたのでこう書いたのです」

「よし、わかった。それでは私が先生に会って〃⿱臤牛〃が正しいことを説明して、わかって頂くことにしよう」

　こうしてその場は終わったのであるが、さて、父は果たして先生に何と説明したのであろうか。これは後日、父が私に話してくれた〃⿱臤牛〃の字の由来である。

　父は次男として生まれた私を立派な後継者として育成するために、まず堅固であることを願い、さらに次の代を担う者、次男の次をとって「堅次」と命名した。そうして代々信仰の篤い千葉県成田山新勝寺の住職に会って成長祈願を依頼したのである。私の家は祖父も父も弘新講という講中の世話人代表として、高僧の誉れ高い現住職と昵懇《じっこん》の間柄であった。私の家の敷地内には奥庭があり、そこに祠《ほこら》を設けて不動尊が祀られており、父は毎日お経をあげていた。夏の夕方は蚊が多いため、私が父の後ろに回って団扇《うちわ》であおいだこともしばしばあったのを記憶している。

　さてこの高僧は、父の苦心の作である堅次という名前を否定したのだそうである。

「この子は、この名前では長男の如く夭折する。無事に育つことはあるまい。名前を変えよ」

「さればどのような名前にしたらよいでしょうか」

「祖父の寅松、父の寅一の如く十二支のうちのいずれかを用いるとよい。例えば寅次郎などはどうかな」

しかし、父はやはり自分で付けた〝堅〟の字にこだわり「何かよい方策はないものか」と教えを請うと、高僧はしばし思案した末、「とにかく角《つの》を付け、さらに牛尾を伸ばし牛とすればよい」と答え、〝ノ〟を付け、牛尾を伸ばし〝掔〟という字ができ上がったということであった。

高僧の提言は見事に当たり、この〝掔〟の字のお陰で私は長い戦争からも無事帰還し、戦後の悪戦苦闘の中を乗り越え、現在八十一歳の高齢でなお健康を保持し、こうして原稿を書いている。

お釈迦様は「ウソも方便」と言ったとか。時にウソ字、作り字も一人の人間の生涯を左右する例もあるということであれば、名前を付けることも慎重にあらねばと思う。

ちなみに父は、次の弟を幸四郎、さらに二三男《ふみお》、進《すすむ》と名付けた。幸四郎は四男であり、二三男は二と三を足して五男、進は戦時中に生まれたので進め、進めの六男である。私を加えて四人の男兄弟は皆健在である。女は一人いたが、三男とともに亡くなっている。

先に私はこの字で度々迷惑を被ったと書いたが、それは担任の先生が変わる度に同じ注意を受け、さらに中学、高校と続き、軍隊でも社会人となっても、署名する書類あるいは印鑑、名刺等で不便であったが、一つだけ役に立ったのは、この字を正確に書く他人はごく親しい他人であると知れる、ということであった。

さて、かくて祖父の期待はすべて私にかかった。常住坐臥《じょうじゅうざが》、私を抱き食事の折も私を膝に置いて、お膳の上からおいしい物を自分で食べずに私の口に入れ、田畑を見回りに行くときは必ず私を連れて出て「これがお前の田んぼだぞ。これがお前の畑だぞ。早く大きくなってこの田や畑を耕すのだぞ」と、何もわからない乳飲み子の私に言い聞かせるのが常であったそうである。

ある日のこと、いつものごとく祖父は私を連れて野回りに出たが、家に帰るなり家人にこう言ったそうである。

「この子は利口な子だぞ。今水回りに行ったところ、野道を掘り割って水を流す溝ができていた所に出会うと、この子は私に『お祖父さん、危ないぞ。お祖父さん、危ないぞ』と言うんだ。自分の方がよちよち歩きで危なくてしようがないのに俺をかばうのだ。どうだ、その気持ちの優しいこと。俺の孫は大したものだ、今にきっと立派な人になるぞ」

しかし、その祖父は私の成人する日を待つどころか、私の記憶にない程の早死にだった。それでも私にも、わずかながら祖父の記憶が残っている。それは極めて淡いものである。もしかするとそれは両親や祖母から聞いた話を、自分の記憶のごとく錯覚しているのかもしれない。その情景はこうである。

場所は母屋《おもや》の縁側であった。相変わらず私は祖父の膝の上に乗っていた。庭にはたくさんの人たちがいた。二、三十人もいたであろうか。庭の右手、隣家との境あたりで工事をしていた。それは地形《ちぎょう》突きのようであった。高い櫓《やぐら》が組まれ大勢の人々が綱を引いていた。ドカン、ドカンと大きな音のする、何か賑やかな場面であったような気がする。

祖父は煎餅を自分の口で噛み、軟らかくしたものを手でつまんで私の口に入れていた。そうしながら、「これから大きな倉が建つぞ、その倉にたくさんの米俵が入るぞ。倉も米も皆お前の物になるのだぞ、いいか、早く大きくなれよ」と私に語りかけていた。もちろん、私にこの言葉がわかるはずもない。わかっているのは噛んだお煎餅の味くらいであろう。しかし、この祖父の慈愛に満ち溢れた温容を、私は膝の上で、その体のぬくもりとともに安住の地として見出していたのであろう。その後、すやすやと眠りに落ちたそうである。

話はこれで終わる。しかし私は毎年春秋の彼岸とお盆には、先祖代々の墓参をまだ一度も欠かしたことはない。静かに墓前にぬかずき、祖父の慈愛を想起してその冥福を祈り、香華《こうげ》を手向《たむ》けて長く長く合掌するのが恒例となっている。私は祖先を敬う心こそ人間の原点であると思う。自己の存在を確かなものとするためには、このことを忘れてはならないと確信して今日まで過ごしてきた。これからも同じであろう。アメリカのテレビ映画に『ルーツ』というのがあった。私のルーツは正にこの祖父にあるような気がするのである。

さて、祖父の話はこのくらいにして、次に祖母について書くことにする。

私にとって祖母は、祖父とは対照的に、私の人生の大半をともにしたと言ってもよいであろう。祖母は八十四歳の高齢で亡くなった。その長い年月、早死にした祖父に代わって私を慈しんでくれた大切な人であった。しかしこの祖母の血は私の体の中に流れてはいない。つまり私の祖母は父の母親ではないのである。

血縁の祖母は父と二人の叔母を残して、祖父よりも早く他界したとのことである。父とさえ浅い縁であったのであるから、私にとってこの祖母は全く無縁の人に等しいのであった。わずかに後年、父からこの祖母の生家に同伴された折、若干の話を聞いたに過ぎない。

このとき父から聞いた話にも一応ここで触れておこう。血縁の祖母の生家は、南埼玉郡青柳村大字麦塚という所で、私の家からは三里（約十二キロメートル）程離れていた。中村家といって長屋門を構えた堂々たる家屋敷であった。昔は代々庄屋を務めた名家で、その後も村長や村の主な役職をそれぞれの時代の当主が務め続けたという。従って、女性ながら学問もあり、家風も厳格で、父が私の幼い頃しつけに厳しかったのは、その影響が多分にあったようである。二人の叔母からも母親である祖母の話を聞いたことがあるが、口を揃えて立派な母であったということであった。しかしながら私にとっては、全くその存在すら知らぬ架空の人物と言ってよい。

しかるに血縁でない祖母は私にとって、絶対的かつ存在価値の高い人であった。祖母は血縁の祖母の亡くなった後に、いわゆる祖父の後妻として私の家に入った。祖母の生家は北足立郡原村大字峰分に所在する原田家である。十四歳のとき、東京のさるお屋敷に女中奉公に上がり、行儀作法などを見習って生家に戻り、縁あって後妻に来たことを、祖母の口から直接に私は聞いたことがあった。それは祖母のお伴で私が祖母の生家を訪れた折に、道すがら話をしてくれたものと記憶している。確か私が七、八歳頃のことである。

先祖のお墓参りと時候の挨拶を兼ねるお盆の頃であった。祖母に手を引かれて私は隣集落の若柳という、県道沿いの停留所で乗合馬車を待った。

その頃、私の村の大字上二丁目という所に馬車屋があり、東武線の草加駅前までを往復していた。子供たちはこの馬車をテト馬車と呼んでいた。それは御者が豆腐屋の吹くものと同じ、真鋳製でキラキラと光るラッパで、テート、テートと吹き鳴らしたからである。

待つ程に馬車がそのラッパを吹いてやって来た。

祖母と私はそれに乗り、縁台のような椅子（腰掛と言った方が適当かもしれない）に座った。中には四、五人の先客がいた。その中に祖母を知っている者がいた。

「小倉さんのお婆さん、今日はどちらへお出掛けですか」

「はい、ちょっと、実家へお墓参りに行きます」

「そうですか、暑いのに大変ですね。お孫さんですか？　いくつになりますか、体格も立派で」

「今年の四月に小学校に入学しました」

この停留所では私たちの他にも五、六人のお客が乗り、馬車は満員となった。御者の鞭《むち》で馬はパカパカと蹄《ひずめ》の音を立てながら歩き出す。すると馬車もガタゴトと音を立てながら動き出す。私は馬を見ていた。馬はよそ見をしないように、左右の目が遮《さえぎ》られていて、真っすぐ前に向かって走っていた。いくつかの角を曲がる度に御者の鞭が鳴り、そうして幾つかの橋を渡って草加駅前に着いた。馬車から降りてここからは歩く。草加町の表通りを行かず東武線の線路に沿って裏道を行く。これが近道だと祖母が私に教えてくれた。町並みをはずれた所で東武線の踏切を渡る。花栗という部落を過ぎると、少し行った道路沿いの一軒の家の前で祖母は足を止めた。

「ここの家に寄っていくよ。ここはお婆さんの弟の家なのだよ」と私に告げた。

祖母が声をかけると家人が出てきて、私たちを丁重に招じ入れた。その家は子供の私にもとても立派に見えた。商家の造りで、私の家のような農家とは違っていた。家の中に入って特に私の目を引いたのは、座敷の隅にあった大きな金庫の扉であった。もっともこれが金庫であることは、後で家人に聞いて知ったのである。

祖母の話ではこの家の主人、つまり祖母の弟という人は、金貸しを業とする高利貸しのような商売をしており、姉である祖母はそうした商売を嫌って、あまり良い付き合いをしておらず、今度この家に寄ったのも何年振りとか言っていた。しかし、私にはそうした事情は理解できない。久方振りに訪ねてくれた姉と、その連れの孫である私には愛想も良く、お菓子を出してくれたり、前述の金庫の説明なども丁寧にしてくれた。

次に私が興味を持ったのは奥座敷の床の間に飾られた本物の鎧《よろい》、兜《かぶと》であった。怖いような兜の中にある顔のようなもの、黒糸縅《おど》しの大鎧は源平合戦の武者姿を見る思いで、さぞかし名のある武将が着用したものなのであろう。その威厳に満ちた形相《ぎょうそう》に息を飲む思いであった。

その家を辞去した祖母と私は、そこからさらに細い野道を一キロ程歩いて、用水堀に架かった土橋を渡り、何軒かの集落の一番端にある農家に辿り着いた。その家が祖母の生家であった。庭から直《じか》に田んぼが続き、その先に東武電車の走る姿が見えた。主人は原田熊吉という人で、俗に言う農家の親父《おやじ》といった感じの好人物に見えた。実の姉である私の祖母を「お婆さん、お婆さん」と呼ぶ彼の全身からは、敬愛の情が溢れていた。祖母がこの家からどのように見られているかを垣間《かいま》見る思いがして、私は深い感銘を受けた。

その家の人々と祖母と私は、畦道のような、草の茂った細い道をクネクネと何回も曲がりながら辿り着いた、竹藪の中にある墓地をお参りした。その夜はその家に泊まり、種々とご馳走になった。それがどのような料理であったか私にはわかりもせず、また覚えてもいない。しかし、終始家人の誰もが私たちをもてなそうとする厚意は、私にも素直に感じられた。そのせいか、この家はその後も私が訪れたい親戚の一つとなり、何かの機会に祖母が生家を訪れる際には、私からお願いして何度か連れて行ってもらったりした。

今はその祖母もなく、かれこれ三十年以上この家を訪れる機会もない。この家の人々も、代が変われば人情も変わると思うが、これから先、機会を作って是非一度は訪れたいと思っている。祖母に同伴して私が祖母の生家を訪れたこの記憶は、何故か今も鮮明であるが故にまず一番先に記述したわけだ。これからは、祖母が家にあって、私とともに暮らしていた頃のことなどを思い出しながら書き綴ってみようと思う。

頭に浮かぶ光景はある夏の暑い日である。確か私が三、四歳の頃であったと思う。私は祖母に手を引かれて、隣村、八幡村の中馬場という場所にあるお寺を訪れた。お寺の名前は覚えていないが、石の門柱を入ると両側にアジサイの花が咲き乱れていたのをよく覚えている。

本堂に上がると大きな座敷には私と同じくらいの子供が大勢いた。しばらく待つ程に祭壇で何人かのお坊さんの読経《どきょう》が始まると、寺男というのであろうか、あるいは近所の人たちかもわからないが、数人の男たちが座敷に入って、手にしたカワラケ（素焼きの皿）を子供の頭に載せ始めた。それからお灸のもぐさを一つまみ取ってこのお皿の上に置いて火をつけると、もぐさの焼ける匂いと煙があたりに立ち込めた。ひとしきりお経の声が高まると、頭の頂上の部分がちょっと温かく感じたがすぐに消えた。これを二、三回繰り返してこの行事は終わった。

これは「ホウロク灸」というのだそうで、幼い子供の癇《かん》を押さえ、頭痛をなくすおまじないということだった。「これをすると頭の良い子になる」と、祖母が私に言い聞かせたのを今でもはっきり覚えている。

それからこんなこともあった。村内の大字上大瀬という所に宝光寺というお寺があり、このお寺にも私は祖母に連れられて行った。ここでは、本堂に上がって待っている子供の手のひらにお坊さんが毛筆で文字を書く。そうしてお坊さんが読経をすると、この書いた文字から体の中の虫が出てしまうということらしい。近くにいた老婦人が、白い毛糸のような虫がチョロチョロ出るのを見たことがあると話していたため、私は目を凝《こ》らして見ていたが結局何も見えなかった。これはこのお寺の「虫封じ」という行事で、毎年近郷近在から多くの人々がお参りして、おまじないをしてもらうとのことだった。

このときも祖母は私に「これをすると、頭の良い利口な子になるよ」と、教えてくれた。時代が変わり世相も変わった現在、こうしたことが続けられているかどうか、いつか確かめてみたいような気もする。

ついでにもう一つ、これに類似した行事に祖母と参加したときのことを書きたい。

毎月二十八日はお不動さまの日である。私の命名劇の話でも触れた、隣村の八条村大字小作田という集落にある成田山新勝寺の分寺での話である。

四月二十八日、私は祖母に連れられてこの不動尊をお参りした。庫裡《くり》の方に顔を出すと、小作田の不動尊の住職である黒井さんとその奥さんに丁重に迎えられた。本堂では大勢のお坊さんの読経とともに護摩《ごま》が焚《た》かれていた。その異様な光景は私の子供心にも強い印象を残した。

本堂での護摩修業が終わると、青い杉の枝葉が山と積まれている境内に出た。お坊さんが、五メートル程の立方体のその杉の葉に火をつけた。葉は白煙とともに燃え上がり、紅蓮《ぐれん》の炎を高く上げ、そのすさまじい火勢に、周囲にいた人々も思わず後退《あとずさ》りする程であった。お坊さんはこの火を囲んでお経をあげ始めた。やがてこの杉の枝葉の山が焼け崩れると、まだ赤々と残る火の上を裸足でお坊さんたちが渡り始めた。この荒行《あらぎょう》を見て私は驚いた。ひときわ声高にお経を念ずると火の上を素足で歩くのだ。

お坊さんたちが渡り終わった後、一般の信者、つまりお参りに来た善男善女が続いて渡る。祖母が私に「渡りましょう、これは厄除《やくよ》けです。この火を渡ると、今年一年、病気、怪我その他の災いから逃れることができるのですよ」と言って私の手を引く。私は熱いだろうと思うし、何より怖いので「嫌だ」と拒否したが、いつもは優しく何でも私の言う通りにしてくれる祖母がこの日ばかりは言うことを聞いてくれない。

「ほら、女の子さえ渡っているではないか、男の子がそんな弱虫でどうする。私と一緒に渡るのだから、決して怖くはないよ」

そう言って、さらに私の手を強く引く。私はとうとう決心して祖母と一緒に渡った。駆け足で渡り、足の裏が少し熱かったような気がしたが、何でもなかった。祖母は私の後をゆっくりとお経を念じながら渡った。そうして渡り終わると、「よしよし、よく渡った」と言って誉め、褒美《ほうび》にアイスクリームを買ってくれた。このアイスクリームがとても旨かったことを今でもはっきりと覚えている。現在では都会の子も田舎の子も、夏はもとより一年中と言っていいくらい、アイスクリームを食べている。しかし私はどうも最近のアイスクリームを好まない。それは余りにも加工がなされ、私が郷愁を感じる、子供の頃に食べたものと違うのだ。

この日食べたアイスクリームは、リヤカーに設《しつら》えた木の箱の中に真鋳《しんちゅう》の桶のような物があって、その周囲に氷のかけらがいっぱいに詰まっており、その中の桶をおじさんがガラガラと回し、蓋を取るとやはり真鋳製のシャモジのような物で盛り付けてくれるものだった。確か一個五銭であったと思う。少しザラついた舌触りで、口の中で程良く溶ける味わいは格別だった。今のものは、この味がトロッと牛乳のように溶けてしまう、何とも味気ない物になってしまった。何でもあまり加工が過ぎるとかえってその風味を失うのではないだろうか。あの素朴な味わいをもう一度試みたいと思うのは、もしかすると私一人だけではないかもしれない。

さて火渡りも無事に終わって帰宅すると、祖母は私が確かに火渡りを済ませたことを父に報告し、父からも私は「よし、よし」という具合に頭を撫でられた。幼い頃の思い出はこうして七十有余年の歳月を経た今日も、鮮やかによみがえるのである。在りし日の祖母と孫の点景として、これから先も命のある限り何回となく思い出すことであろう。

長男である兄が三歳くらいで亡くなったことは先に述べたが、その後、私の下には、二歳年下の妹が生まれた。喜代子と名付けられ、器量良しの可愛い女の子であったそうだが、三歳くらいで亡くなったそうである。この早くして世を去った妹にまつわる話を私は二つ知っている。

私の子守りは祖母がしていたため、妹の世話は隣家の床屋のお婆さんがしていた。このお婆さんは自分の二人の子供がそれぞれ成人した後の所在のない折に隣家で女の子が生まれたので、喜んで子守りを引き受けてくれたのだそうである。お婆さんは妹を背負って、隣近所は元より、隣村から遠く離れた村落にまで足を伸ばしてずいぶんと歩き回ったそうだ。背負っている女の子が器量良しのため、会う人ごとに誉められるのが嬉しくて、自慢のあまりついつい遠くまで行ってしまったのだという話である。

それでは私の妹であった喜代子という女の子が、どれほど器量良しであったのか、そのことを示す村人の言葉がある。これも私が後年そのお婆さんから聞いた話だ。村人はこの女の子を評して、「ヘルッ玉を剥《む》いたような子だ」と言ったらしい。

ヘルッ玉とはこの土地の言葉でニンニクのことをいう。つまりニンニクの薄皮を剥いて出てきた、あの輝くばかりの白い果肉に例えたのである。その形容の如く、喜代子は色白で目もパッチリ、口元尋常で可愛い子であったそうだ。ところが、このお婆さんの話にはオマケが付くのだ。村人はお婆さんによくこう訊ねたらしい。

「床屋の婆さん、この子は一体、どこの子だ」

「木曽根新田の小倉さんの子だよ」

「嘘だろう、あの家の子にこんな色の白い子ができるはずがない」

「嘘なもんか、本当だよ」

村人はとても信じられないという顔つきをする。それはもっともな話なのだ。私の両親はどちらかというと色の黒い方であった。死んだ長男の政治も私も色が黒い。私など、小学校に在学した頃は級友から「黒んボ、黒んボ」とからかわれたくらいだ。そうしたことから、村人はこの色白の可愛い女の子が私の家の子供だとは到底信じられなかったのであろう。

美人薄命とはよく言ったもの。美人と言われる程に成長する間もなく、この妹は他界した。隣家の子守り婆さんの落胆は元より、両親、特に母親の嘆きはいかばかりであったろうか。後にも先にも、女の子はこの妹一人だけであった。

ここにもう一つ別の話を付け加えておこう。

私の村には古くからの風習が残っている。と言っても私の子供の頃のことであり、現在もそうした風習があるかどうかはよく知らない。その風習とはこの村から他村に嫁ぐ者、あるいは他村から村内に嫁いでくるお嫁さんも、ともにその嫁入り衣装を村内の女たちに披露し、女たち（老婆、主婦、娘、女の子）が口々にその衣装や調度品、そしてお嫁さんそのものを誉め立てるのである。中にはわざわざお嫁さんに近づいて、ご丁寧にその衣装や持ち物に触って品定めをする者もいる。この日は村中の女たちが挙《こぞ》ってこうした風習に参加するのが当然の慣わしであったのだ。
ところが私の母はこの行事に一度も参加しなかったのである。誰に誘われても断じて行こうとはしなかった。代わりに祖母が出て一種の義理を果たすのが常であった。あるとき、私はこのことについて母に尋ねたことがある。母の答えは次のようなものであった。

「私は年頃の娘や、ましてお嫁さんを見ると、どうしても死んだ喜代子のことを思い出す。今生きておればさぞかし良い娘になったろう、どんなにか美しい嫁ごになったろう。そしたらどこの家の娘にも、どこの嫁にも負けないくらいの立派な支度も整えてやったのにと、それを思うと涙が出て、とても衣装など見てはいられないし、めでたい日に涙を人前で流すのは申し訳ないので、私にはどうしても見に行く気にはなれないのだ。この頃では誘う人もなくなった。村人の中には私を変人と思っている人もいるだろう。陰口を言う者もおるやも知れぬ。しかし何と言われようと私にはできない。娘を亡くした母親のみが受ける苦しみにじっと耐えているのだ。お前が成人してお嫁さんをもらうようになったら、亡くなった喜代子だと思ってそのときは喜んで見るし、大事に可愛がるよ、わかったね」

この日、涙を流して語る母親の、亡き娘に注ぐ愛情の深さを知って、私も一緒に泣いたのを覚えている。また母はこうも言った。

「男の子は何人いても母親の手助けにはならない。厄介《やっかい》ばかりかけて、洗濯一つお勝手の手伝いもしてくれない。娘であれば小学生でもできることは母親の手助けをする。それを思うと喜代子が生きておれば少しは私の手助けもしてくれたろうと思う日もある。その上、男の子は成人すればやれ兵隊だ、やれ戦争だと、母親の心配の種ばかりだ。女の子が一人だけはどうしても欲しかった。あの子を亡くしたのが何とも辛い」

　私はこの話を母から聞いた日から、努めて母に厄介をかけまいと決心した。できるだけ自分で自分のことはするように心掛けた。しかし、後年このことはあまり良い結果をもたらさなかった。それはこういうわけだ。

　母は常日頃私に対して「お前は寂しい子だ、情の薄い子だ」とよく言った。私にはそのわけがわからなかった。ところがあるとき、偶然にも母が近所の親しくしている婦人に語っているのを聞いてしまった。母はその人にこう話していた。

「擎次は自分が一番上の兄であるからかも知れないが、下の弟たちと違って何から何まで自分のことは自分でしてしまう。私の手をわずらわしたことは一度もない。それに比べて弟たち、特に末っ子の進は朝から晩まで、着替えはどこだ、帯を結んでくれ、履物はどれだと、一から十まで私の手がかかる。堅次は外に出るときもいつの間に支度をしたのか、自分で箪笥を開けてその季節の着物を出し、それに合う帯を締め、下駄も選んで、さっさと出ていく。親にしてみれば手がかからないと喜びたい反面、何か寂しい気がする。これとは反対に少しは自分でしなさいと叱りながらも、これがいい、あれがいいと出したり着せたりする弟たちの方に何となく情が移るもので、母親の気持ちというものは変なものですね」

母心というか女心というか、その心理の不可思議さに私は驚いたものである。この女性心理の微妙さは男である私には到底理解し得ないものがあるような気がした。不合理の中に存在する親の情とでも言うべきであろうか。私にとって未だにわからない謎でもある。なぜなら私は男であるとともに、合理性をもっとも尊ぶが故である。

妹が亡くなるとすぐに三男が生まれたが、この子は死産ということであった。次に四男の幸四郎が生まれた。幸四郎は私より六歳年下である。この間も私は母に抱かれることはもちろんなかった。依然として祖母の懐の中で育てられたのである。

祖母は私が寝つくまでよく話をしてくれた。祖母が東京に行儀見習に行っていた頃に見た芝居の話を繰り返し何度も話してくれた。

それは〝鬼人のお松〟という女賊の話であった。大体の話の筋は次のようなものである。ある山中に鬼人のお松という女賊がいた。旅人がこの山中を通るとき、お松は巧みに旅人を我が家に誘い込み、酒を飲ませて酔って熟睡したのを見計らってこの旅人を殺し、金銀や着衣までもはぎ取るという恐ろしい女泥棒の話である。

この話は祖母自身にとっても相当に強烈な印象であったらしく、何回も話してくれたが、私の子供心にも非常に刺激的な話であった。

もう一つはこんな話であった。ある貧乏農民の娘が、家計を助けるために大家《たいけ》に奉公に出された。その家の奥さんはたいそう意地の悪い人で、事あるごとにこの娘に辛く当たった。娘はついにたまりかねて夜中にこの家を出て、近くの沼にはまって死んだ。するとその頃から珍しい鳥が現れて、この娘の奉公した家の回りを飛びながら「ボーコー、ボーコー」、奉公、奉公、と鳴くのである。さてこの鳥の鳴き声を聞くようになってから、その大家の奥さんは急に病の床につき、間もなく死んだ。村人はこの鳥が死んだ娘の身代わりで、きっと娘の恨みを晴らしたのであろうと噂を立てた。間もなくその鳥はどこともなく飛び去り、姿も消え鳴き声も止んだとのことである。

これも子供心に辛い、そして暗い話であったが、行儀見習とはいえ同じように他家に奉公する身として、あるいは辛いこともあったであろうに、祖母にはそうした暗い陰は微塵《みじん》も窺《うかが》うことはできなかった。

他にもいろいろな話を聞いたのだが、まずはこれくらいにして、私がその頃に一つだけ祖母から教えてもらった歌を紹介する。それは次のような歌である。

チリリンリンと　やって来るは
自転車乗りの時間借り
あっちへ行っちゃヒョーロヒョロ　こっちへ行っちゃヒョーロヒョロ
それあぶないと言ってるまに転がり落ちた

その頃は文明の利器としての自転車が珍しい物であったのであろう。また、祖母はその頃念仏《ねんぶつ》講中《こうちゅう》に入っていて、和讃《わさん》とか御詠歌《ごえいか》というものを習っていた。そしてこれを寝床の中で、子守歌代わりに歌って聞かせてくれたのである。意味はわからなくても文句は覚えている。

高野山、弘法大師に唱え奉る御詠歌

有難や、高野の山の岩陰に、大師はここにおじゃります

チリン、チリン（これは手に持つ鈴の音である）

こうして私は祖母のしなびた乳首を吸いながら寝たという。従って私は完全なお婆さん子であった。祖母はまた祖父と同じようなことをよく私に言った。

「お前はこの家の総領である。他の者たちとは違うのだ。この家の天井の鼠の巣から、床下の蜘蛛の巣まで、皆お前の物になる。だから立派な人にならなければいけないよ」

このことはその後、私が成長する過程で随所に表現された。例えば、入浴なども父の次は必ず私が入った。自分はもちろん、母親さえも私より先に入ることは許さなかった。弟たちは言うに及ばずという次第で、つまり総領としての格式を重んじたのである。

あるとき近所の口さがない人たちが私の祖母に、「幸四郎さん（弟）の方が聟次さんより男前だ

ね」と言うと、祖母は強い語調で、「そんなことはない、掔次はさすがに総領としての貫禄を備えている。第一、気持ちがおおらかだ。その点弟たちは皆何となくコセコセしている」と気色ばんで言ったのを私は傍らで聞いていた。祖母の私にかける期待の大きいことを痛感するとともに、この祖母の期待に応えるよう大いに努力しなければならないと、子供心にも自分に言い聞かせたのを覚えている。

従って私は小学校に入学するとよく勉強した。成績は一年生から六年生で卒業するまで、いつもクラスで一、二番であり、優等賞の免状は必ず手にして帰宅した。それがまた祖母の自慢の種でもあった。

私が三歳か四歳の頃、村で大きな異変があった。もちろん、長じて、祖母や両親から聞いたことであって、当時の私には何もわからなかったことだ。その異変とは伝染病（赤痢か腸チフス）が大流行し、多くの犠牲者を出したことである。

私の家でも父か母がこの伝染病になったそうであるが、幸いに回復した。しかし分家では両親と長男の貞治さんという人の三人が死亡し、子供たち四人は離散《りさん》して方々の親戚に預けられて育ったという。本家である私の家でも、三男の修司という男の子を預かって、私の兄のように育てられた。修司は私より四歳年上である。

この伝染病に、幼児である私がかかったら大変であると考えた両親は、私の家から二里ばかり離れている母親の実家に、私を預けることにした。つまり病人を隔離するのではなく、私を遠くへ隔離したわけである。

こうして私は、伝染病が下火になるまで、半年か一年くらいの間、母の実家に預けられここで育てられることになった。

母の生家は北足立郡新田村大字篠葉という所で、当主は母の兄である鈴木藤太郎という人であった。この当主の連れ合いが私の祖父・寅松の妹である。こうした関係で、父はこの家との交際中に母を見染めて、是非自分の嫁にしたいともらい受けたのだそうである。

当時篠葉の家では、私の母の両親である祖父吉太郎、祖母ともども健在であった。子供は娘が二人と、末っ子である長男の重穂さん（この名前は通称。本名は藤吉といって、父親の藤とお祖父さんの吉を取ってつけられたが、何かの事情で通称を使っていたようだ）で、重穂さんは私より四歳年上であった。

さて、この家に預けられた私は、小倉家の長男坊としてそれはそれは大事にされた。特にここでも、祖父母の寵愛を欲しいままにしたのである。

祖父は夕方になると、毎日近くのお店に一杯飲みに行くのが日課であったが、必ず私を連れて行った。そして自分が飲んでいるとき、店頭に並べられているお菓子の中から私に好きなものを選ばせて買い与えた。私はそれを食べて待っていた。祖父は飲み終わるとさらに煎餅や果物などを土産として求め、その袋を私に持たせて帰ってくるのが常であった。

また二人のお姉さんは、私を替わる替わるに可愛がってくれた。二人とも美人で、上を徳子、下を勝子といった。妹の勝子さんは近郷近在でも稀に見る美人だった。一里程離れた草加町に裁縫を習いに行っていたが、そのお針子仲間でも随一の美人と称され、通う道すがらで若い衆や住民に大評判であったという。

この美人の勝子さんが特に私を可愛がってくれて、隣のおフミさんという友人の家やら鈴木の本家などにも私を連れて行ってくれた。私は子供心にもこの美人に連れられて歩くのがとても嬉しかった。会う人ごとに声をかけられるのが気持ち良かったからである。

勝子さんと話をしたい人たちは「勝子さん、この子はどこの子だ」などと話しかける。「家の親戚の子を預かっているの」と勝子さんが答えると、「どうして」と聞いてくる。そのわけを勝子さんが説明するから話が長くなる。こうしたやり取りを、私は勝子さんの顔を覗いたり、相手の様子を窺ったりして聞いていた。その表情の変化やしぐさが幼い私にもとても面白く感じられたのである。

また、末っ子の重穂さんも学校から帰ってくると、よく私を相手にして遊んでくれた。自分が一番下であり、なおかつ兄弟はみんな女である。そこへ急に私が弟として登場したのであるから、彼は嬉しくてたまらなかったようだ。近所の級友である武ちゃんという男の子などと遊ぶ毎日は、私にとってもそれは楽しい日々であった。この間に私の印象に残るいくつかの思い出を次に述べてみよう。

この家は県道沿いにあり、道には乗合馬車が通っていた。馬車は一日に三回か四回、東武電車の草加駅まで往復しており、これは後に乗合自動車に代わった。さて、停留所以外で馬車や自動車を停めるためには、県道沿いに入り口のある民家の垣根に赤い旗を出しておけばよかった。つまり、この家の来客者は、旗を家人に出してもらえば、馬車や自動車が来てブー、ブーと警笛を鳴らすまで、座敷で話をしながら待つことができるという、まことに悠長な時代だったのである。

私はこの旗が欲しくてこれをもらいたいと申し出た。「何にするのだ」と聞かれると「これを家に持って帰り、私の家の門に立てれば馬車や自動車が停まってくれるから」と答えたそうである。しかしそれは駄目なのである。私の家は県道からずっと奥に入るため、馬車も乗合自動車も通らないのだ。そのことを聞かされて、私はやっとこれを諦めたそうである。

ところが、この赤旗を諦めた私は次の旗をねだった。

この家の前庭に亭々《ていてい》とそびえる松の大木があった。段々に枝を張った松は、遠くからも姿が見える程の立派な木であった。さて、この松の大木の天辺《てっぺん》に黄色い旗が立っていた。これはブリキで作られたもので、その旗竿が避雷針になっていてこの松の木を落雷から守っていたのである。

私はこの旗がどうしても欲しいとねだったのである。当主（私の母の兄であるから伯父に当たる）は、これは取るわけにはいかないと私に話したが、赤旗が拒否され、今またこの旗も駄目ということで、私の落胆は大変なものだったらしい。それを見た伯父は、わざわざ草加町まで出掛けると、ブリキ屋に頼み込んでこれと同じものを作らせ、一週間か十日間ほどの後にこれを持ち帰って私に与えたそうである。私の喜びようは大変なもので、また元の元気を取り戻したので皆はほっとしたという話である。

この家は当時、私の家などより裕福だったのか、それとも近代的とでもいうのであろうか、私の家にはない物がたくさんあった。その一つひとつが私の好奇心を誘った。

例えば蓄音機である。鉄砲百合の花を大きくしたような形のラッパがついたものである。当時はレコード盤を板と言っていたが、ぜんまいをハンドルで回し、金属の針を乗せ、レコードを回すとこのラッパから音が出る。これが面白くて何回も何回もかけてもらったのを覚えている。しかし何を聴いたのかは全く覚えがない。

鉱石ラジオというものもあった。これで何か聴いたような気がするが、内容までは記憶にない。それから写真機があった。蛇腹《じゃばら》で伸び縮みするもので、これで庭で遊ぶ私の姿を撮影してくれた記憶があるが、その映像自体は見た覚えがない。自転車もあった。倉の中に納められていて、ときどき出して掃除などしていたが、ピカピカ光ってとても美しい物であった。

特筆すべきは、現在でいうソーラーシステムが既に備えられていたことである。母屋の屋根は茅葺《かやぶ》きであったが、庇は瓦葺《かわらぶ》きであった。その庇の上に、ブリキでできた直系約十五センチ、長さ三、四メートル程の円筒が五本くらい並べられており、これに水を汲み上げていた。朝、満タンにしておくと夕方には熱くなっており、ここから風呂場まで鉄管が導かれて、このお湯が浴槽に入れられる。

これで夏の暑い日はすぐにも入浴できるが、そのままでは体に毒だということで新聞紙を一枚程燃やしていた。このタンクに井戸水を汲み上げるポンプがまた変わっていた。私の家のポンプはガチャン、ガチャンと上下に腕木《うでぎ》を動かすものであるが、この家のポンプは腕木を前に押したり、手前に引いたりする。つまり横に動かすのである。後にわかったのであるが、私の家のポンプは汲み上げ式であり、この家のポンプは圧力式であった。

つまり、その頃から最新式の設備がいろいろと備えられていたのである。

農機具なども納屋にはその時代では一番新式のもの――発動機、脱穀機、籾摺《もみす》り機、それに縄ない機など――がずらりと並んでいた。私の家にあるのは旧式のものばかりのような気がして、私はますます好奇心に目を輝かせたものである。

庭木にも私を喜ばせたものがあった。それは井戸端の近くにあった金柑《きんかん》の木である。この木は高さが一メートル五十センチくらいで、枝が下に垂れており、そこにたわわに実がついていた。青いうちはあまり目立たなかったが、黄金色に色づくとそれは見事であった。私は自分の家にはないこの実を取っては食べた。味は甘く、皮ごと食べられるのが嬉しかった。

前庭には池があり、この池の端にグミの木があった。これも田植えの時期（五月下旬から六月上旬にかけて）は実が成り、青い実、黄色い実、赤い実、そして紫色の実と、色とりどりにたくさんの実をつけた。小枝を折ってもらい、よく熟した赤い実、紫色の実を食べると、これもとてもおいしかったのを覚えている。このグミの木も私の生家にはなかった。

この家は県道から敷石があって少し登りになっていた。門は木造であったが、その上に柘植《つげ》の木が覆い繁り、それが良く刈り込まれて屋根の形をしていたのが強い印象として残っている。門を入ると庭があり左手に築山《つきやま》がある。そこに祠があった。どのような神様を祀ってあったかは知らないが、この祠を守るように赤松の枝振りの良いのが二本あって、その下に植木棚が設えてあり、そこにサボテンの鉢がたくさん載っていた。

丸いもの、細長く垂れ下がっているもの、塊を作っているものなどいろいろあったが、夏の日には色とりどりの花が鮮やかに咲いて私の目を奪ったのを覚えている。脇には大きな瓶が置かれていて、睡蓮《すいれん》の花が咲いていていて金魚が何匹か放たれ、睡蓮の葉や水藻《みずも》の間がくれに泳ぎ回っていた。私がこれを掴もうとして手を入れたところ、下の方に亀がいて指を噛まれると、大人たちに脅されたり叱られたりしたこともあった。

背戸《せど》（家の裏の方）は竹藪になっていて、季節になると、たくさんの竹の子が出た。この皮を剝くのが面白く、私はよくそれを手伝った。朝の味噌汁に小さく切られて入っているそれは、軟らかく美味であった。「僕が取った竹の子が入っている」と、大きい声をあげながら家人皆で食卓を囲む朝ご飯も嬉しい一時であった。

近くにある弁天様のお祭りに連れて行かれ、その賑わいに驚いたこともある。お盆にはお墓参りにホオズキ提灯《ちょうちん》を手にして、新しい白絣《がすり》の着物（勝子さんが縫ってくれたもの）を着て、絹の三尺帯を結び、桐の駒下駄をはいて、浴衣姿のお姉さんに手を引かれてついて行ったりもした。仰願寺《ごうがんじ》（細く小さいローソク）が何十本、何百本と点された墓石の立ち並ぶ境内は、お線香の煙が立ち込めて目が痛くなる程だった。

こうして自分の家とは違った環境の中で、何もかもが珍しく、何もかもが嬉しく、またたく間に半年余りが過ぎた。

しかし、家の方の伝染病が治まると、とうとう母が私を迎えに来たのである。

この家の生活にすっかり慣れた私は、帰ることを拒んでずいぶんと泣いたそうである。それでも、やっと皆になだめられて、すごすごと母に手を引かれて、この家の人たち全員の見送りを受ける中、振り返り振り返りする私の足取りは、とても重そうだったということである。

生家に着くと、祖母も父もよく帰ったと喜んでくれたが、その後の生活で、篠葉で甘やかされた私にはその余韻が残っていて、何かと厳しい父のお叱りを受けることが多かったようだ。その度に私は「家に帰る、家に帰りたい」と駄々をこねたそうである。

両親や祖母が口を揃えて、「ここがお前の家だよ、どこへ帰るのだ」と言うのに対して、私は「ここは僕の家ではない、僕の家は篠葉の家だ。篠葉へ帰る、帰りたいよう」と、何回か泣いたそうである。

両親や祖母もこれにはずいぶんてこずったそうだが、それにつけてもいかに私が母の実家の人々から大事にされたかが思われて、深い感謝の気持ちを持ったものだと、後年私が成人した頃に父がしみじみ述懐したのを覚えている。

このことがあってから後も、私は正月やお盆に、母に手を引かれて篠葉の家を何回も訪れたが、この預け育てられたときのことがいつも話題となって、家中を笑いで満たした。

特に傑作なのは、三歳か四歳の私が子供心に勝子さんの美人で心優しい人柄を感じてか、「僕、大きくなったら、勝子さんを僕のお嫁にするんだ」と、言ったという話である。

勝子さんは美人であり私の憧憬《しょうけい》の的であった。あえて言うなら、私は八十一歳の今日まで、数多くの女性を見てきたが、勝子さん程の美人にお目に掛かったことはないと思い込んでいる。それは単なる一般の女性ばかりではない。映画の女優さんやテレビスターを含めてそう言えるのである。しかし、その勝子さんは美人薄命の例に洩れず若くして他界した。

このことについてはもう少し先にいってから、私の知る限りにおいて述べることにする。念のため付記しておくが、ここまでの話は三歳から七歳くらいまでのことで、記憶が混然としているかもしれない。

（2）

さて、これから大正十二年の関東大震災についての私の記憶を書くことにする。

私は大正九年四月生まれであるから、震災時、満三歳と八カ月であった。その日、九月一日、私は姉さん（祖母が里子としてもらい受け、後に養女として私の姉として育てられた）と留守番をしていた。家の者は祖母、両親、それに作男、作女、全員が田畑に出ていた。私と姉さんは奥座敷の床の間の前で遊んでいた。何をしていたかは覚えがない。

突然激しく家が揺れだし、姉さんが「地震だ」と言いながら私を抱きかかえるようにして玄関の方に出ようと立ち上がったが、二人とも畳の上に転んだ。もう一度立ち上がったがまた転んだ。そこで二人とも這いずって玄関まで辿り着き、さらに表庭に転げ落ちたのだ。私が姉さんにすがりつき「怖いよう」と言って泣き出し、姉さんも私を抱きながら一緒になって泣いていたようである。そこへ父が畑から駆け戻ってきた。私たちの無事な姿を見て、「ほっと安心した」と後に話をしてくれた。

しばらくして家の者たちが皆帰り着いた。余震が続き、その後何回も何回も家や地面が揺れた。そうした状況から、その晩は外に寝ることになった。庭に筵《むしろ》を何枚も敷き、蚊帳《かや》を吊るために四《よ》隅《すみ》に丸太を立てた。

夜になって私と姉さんは村落の西のはずれにある、少し小高くなった丘、新畑という所に近所の人々と一緒に赴いた。そこには大勢の人たちが集まっていた。東京の空を見るためであった。東京の空は真っ赤であった。その空から火の粉がたくさん舞い落ちてきた。皆は騒ぎながらそれを拾った。私も姉さんも、何枚か拾って持ち帰った。それは和紙の帳面のような物の切れ端であった。焼け残った文字を拾い読みしながら、父がこれは商家の大福帳《だいふくちょう》らしいと言ったという。

夕食を終え、布団を敷くと、父は家に伝わる枇杷《びわ》の木で作った木刀を腰に差し、手槍《てやり》を持って家を出ていった。村境に自警団ができて、その詰め所に出張ったとのことであった。これは後に母から聞いたのであるが、「朝鮮人が入り込んで暴動が起きるかもしれない」とか、「彼らが家々の井戸に毒を投げ入れて歩いている」などの噂が飛びかっていたとのことだった。母は井戸に蓋をして、板を二、三枚、井戸コガ（井戸の上端のこと）に渡し、その上に筵を何枚か掛けて藁縄《わらなわ》で括《くく》った。その夜は誰もが余震に怯えて眠れなかった。

朝になって父が帰ってきた。村境では何事もなかったが、「どこそこでは朝鮮人が殺されたとか、物騒な噂で大変な騒ぎである」と家人に話をしたそうである。

私の村ではその後も事件はなく、東京在住のこの村の出身者や、親戚、知人で焼け出された人々が頼って来たことくらいで、日を追って話も穏やかなものとなったそうである。私も、子供心に不安を覚えた幾日かであったような記憶である。

さて、この話の冒頭で、私は姉さんと一緒に遊んでいたと書いたが、次にこの姉さんについて述べよう。

祖母は祖父の後妻であることは前述の通りであるが、この祖母には子がなかった。先妻の子である私の父と叔母二人を育て上げて、自分に子供がないために、東京神田の餅菓子屋からもらい子をしたのであることは、後に父に連れられてその菓子屋を訪問したことがあって知った。もっともその頃は、姉が成人して他家に父の妹分として嫁ぐ頃のことであり、私も十二、三歳になっていた。

祖母はつる子というもらい子を、乳飲み子から我が子として育てた。父や二人の叔母も、妹としてこの女の子を慈《いつく》しんだとのことである。

私は彼女のことを、私より八歳年上であるところから姉さん、姉さんと呼んでいた。そんなわけで、私には実の兄弟ではない姉と兄（前述の分家の三男、修司）がいたのである。

ここではこの姉さんにまつわる私の思い出を述べよう。

私は姉さんをひどく泣かせたことがある。それは姉さんが高等科二年のときで、私は来年学校に入学という頃のことであった。姉さんは勉強が好きで成績も良かったそうである。ある日、座敷で予習か復習をしていた途中、父の用事でお使いに出た留守中に、私が姉さんの出しっ放しになっていた教科書にクレヨンで落書きをしてしまったのである。

私は決して姉さんを困らせようとして、そんないたずらをしたわけではないのである。日頃姉さんから絵を描くことを習っていた私は、その本の挿絵を見て急に色が塗りたくなったのである。つまり今の子供の塗り絵である。その頃塗り絵などというものはなかったが、勉強好きな姉さんは女の子でもあるし、教科書を非常に大切にしてカバーなどもかけ、さらに自分で習った本は小学一年生から全部大切に取っておくくらいであったから、私の書いた落書きを見て大変に驚いた。一生懸命に消しゴムで消そうとしたがどうしても綺麗にはならない。先生や友達に見られたらどうしようと思いあぐねた挙句、姉さんはとうとう泣き出してしまった。

私がその夜、父からこっぴどく叱られたのは言うまでもない。祖母が「悪気でやったのではない。畢次にしてみれば来年から学校だし、勉強だと思ってやったのだから罪はない」とかばってくれたが、私は内心悪いことをしたと反省していたので「ごめんなさい、ごめんなさい」と、姉さんに何度も何度も頭を下げて謝った。

雨降って地固まるとはよく言ったもので、このことがあってから姉さんと私の間は今まで以上に親密さを増し、それからは実の姉弟にも勝ると、他人からも羨まれる程の仲の良い姉弟となった。

姉さんは私が学校に上がると勉強をよく見てくれるようになった。私が勉強好きになり、成績も良かったのは、まさに祖母と姉さんの力が与《あずか》っていると思う。私が優等賞の免状を持って帰ると、一番喜んでくれたのは姉さんであった。

この姉さんも、私が小学校六年を卒業した春に、東京都足立区花畑町の米屋に嫁入りした。私は雌蝶《めちょう》、雄蝶《おちょう》の杯事に立ち会ったり、その夜お伴として提灯を持って婚家まで付いて行ったが、その家を辞去するとき、門口まで駆け寄ってきた姉さんが、私の手を両手でギュッと握り締め、「中学に行っても、しっかり勉強してね」と言って、両眼に涙をいっぱい浮かべて私の顔をじーっと見つめていた姿を今でも忘れられない。血の繋《つな》がりはなくとも、ひとつ屋根の下で寝食をともにし、姉弟として育った人間同士であれば心の通じ合えることを、祖母と、その祖母が育てたこの姉さんから、私はこのとき教わったような気がしたのである。

私は中学で剣道部に入った。もっとも私は剣道は小学校五年生から習っていたが、その頃は剣道着と袴で木刀を持って基本の型を練習するのみで、防具をつけ、竹刀を持った練習は一度もしたことがなかった。従って剣道具も所持していなかった。ところがこの姉さんの旦那さんである岩田新之助という人から、私は剣道具を頂いたのである。

それはこの人が学生時代に使用したものであった。私はその厚意に報いるために、今まで以上に稽古に励んだ。私が学生時代に文武両道に励むことができたのも、この厚意が一つの遠因になっている。

私は、少年の頃のちょっとした事柄が、その人間の一生に大きく関わることもあるのではないかと思うのである。まさに教育の原点はここにあると思う。このことを、世の多くの人々、両親、兄弟姉妹、友人、知己、特に教育に携わる者は心すべきことであると思うのである。茶道の世界でも「一期一会《いちごいちえ》」と言う。人の出会いというものがいかに大切か、また大切にしなければならないかを私は思う。

人が人を造る。私はその後の人生の中で出会った多くの人々から、多くのことを学んだ。その人々が私の人格形成に大きく影響したのは言うまでもない。これから先の話にもそうした人々が続々と出てくる。まずは順を追って述べることにしよう。

私が七歳のとき、帯解《おびと》きの祝いがあった。これは私の郷土の風習であるが、他の地方でもこれと似たような行事が行われているようだ。

それまで私の着る着物には付け紐というものが付いていた。それに肩上げもあったかもしれないが、それはそれとして、つまり付け紐のない着物を着るようになることを、私の地方では帯解きと言ったのである。

その日、十一月十五日、紺の久留米絣を着て袴をはき、紋付の羽織をはおって白足袋に桐の駒下駄を履く。子供としてのそれは盛装であったようだ。

祖母に連れられて、一里程離れた東京都足立区花畑町のお酉《とり》様（大鳥神社）に参拝し、無事成長の祈願をしたのである。このときの模様は詳細に後述する。

ところがこの祈願も空しく、私はその直後に、前の家の富次郎さんと隣家の庭で相撲を取り、倒されて左足を骨折した。父は毎日私を背負って、東武線蒲生駅前の接骨医のもとに通った。一カ月程で治ったが、学校に上がる前でよかった。私は小学校六年間、無遅刻無欠席で六カ年皆勤賞を授与された。もしこの怪我が入学後であったらこの賞は頂けなかったのだ。

私が潮止小学校に入学したのは昭和二年四月である。桜が満開の頃で、明治か大正かいつ頃定められた学制であるか私は知らないが、入学式には良い季節を選んだものと思う（最近は国際交流を図るために、米国あたりの九月入学に合わせようとする気運があるが私は反対である）。

その頃は男女とも袴をはいていた。男の子は黒っぽい布地で縦縞が入っていたが、縞模様には太いものと細いものがあった。女の子は海老《えび》茶か金赤、または紫色であったような気がする。下駄か草履履きで通学するのが普通であったが、ときには裸足ということもあった。

現在のように父兄が付き添うということはなく、年長の者に連れられて登校した。私はそれまで学校には一度も行ったことはなかった。それは家から学校までがあまりにも遠いせいであり、私も友達も、学校というものを知らなかったのである。

当時の服装といい入学風景といい、さらには入学するまで学校を知らなかったなどということは、今ではとても考えられないと思う。

父はいつもと何ら変わることなく、一言の言葉もなく、早くから田畑に出ていた。祖母と母が袴を付けてくれた折に「学校では先生の言うことをよく聞いて、一生懸命に勉強しなければいけないよ」と言ったくらいである。私も「ウン、ウン」と頷いたものの、言われたことがわかっていたのかどうか怪しいもので、ただただ胸がワクワクしていたことだけは覚えている。

裏の家の一男君と一緒になり、それから餅田の徳ちゃんが途中で列に加わった。この年の同級生は私の集落ではこの三人であった。男の子は男の子だけが集団を作り、上級生に連れられて学校道を歩いた（私の村では当時通学路を学校道と呼んだ）。細い農道をクネクネと何回も曲がってやっと南川崎という集落に入った。それまでは田んぼばかりで家は一軒もない。

横山という家の脇に出て、中川に落ちるオトシ（小川のこと）に架かった石橋を渡る。この道は県道で、後には乗合自動車が日に何回か通るようになった、村では一番広い砂利道である（普通の道は農道であり砂利は敷いていない。なぜなら農民は裸足で歩くからだ）。

横山の隣はお不動様の境内である。狛犬の前を通り、隠居屋（屋号または通称）という文房具屋の前を過ぎると、すぐに石柱の校門が右側にあった。

石柱には大きな板が掛かっており、それに大きな字が書いてあった。上級生が「潮止村尋常高等小学校」と読んでくれた。門を入ると右側に便所があった。その前を回ると昇降口である。教室への出入口を二階建てでもないのになぜか昇降口と言った。教室に上がるということか、もしかすると昔の人が勉強するための教室を、あたかも神殿に登るごとく神聖視した名残かもしれない。

昇降口には渡り板が敷かれ、下駄箱が備えられていた。ここに履いてきた下駄を入れて素足で廊下を歩き教室に入るのである。上履きなどという洒落《しゃれ》た物はその頃は誰も使用しなかった。一年生の教室は入口近くにあった。ここまで上級生に案内され、それからは一年坊主だけとなる。私と一男君、それに徳ちゃんの三人は、教室の隅の方の椅子に座ってお互いに不安そうな顔付きで黙っていた。まだ他の者は誰もいなかった。しばらくして若柳(私の隣村の名称)の店の英ちゃん、それに庄右ヱ門どんの弥ちゃん、次郎どんの清ちゃんがやはり上級生に案内されて入ってきた。

その頃から二丁目、古新田、垳《がけ》、と同じような一年坊主が続々と入ってきた。後でわかったことだが、学校から遠く離れた集落の生徒ほど登校が早いのである。遠い人は遅れないように朝早く起きて家も早く出る。そうして通学中も道草を食ったり寄り道などをせず急いで歩く。だから必ず登校が早い。それに比べて、学校の近くに家のある生徒は近いという油断から朝も遅く、通学中もぶらぶらと歩くので自然に遅くなるのだ。

こうして教室は大分賑やかになってきた。四十人くらいもいただろうか。そのうち一人だけ洋服を着た子がいた。この子は伊勢野の柳田さんという家の子で、哲ちゃんという名であることが後でわかったが、この子は六年卒業時まで洋服を着通した。

突然、チリン、チリンという鐘の音が聞こえ、教室の中が急に静まり返った。廊下にスリッパの音がして、先生が入ってきた。先生は教壇に上がると教室中を見回しながらこう言った。

「皆さん、どの席でもよいし、誰とでもよいから、まず椅子に座りなさい」

それまで私たちは、教室の隅の方に一塊になって立っていたのである。

私は一男君と近くの椅子に並んで座った。机一つに椅子が二つ置かれていた。徳ちゃんが一人ぼっちになった。早く誰かと一緒に座ればいいのにと思っていると、弥ちゃんと清ちゃんが一緒に座ったので、英ちゃんが一人ぼっちになった。徳ちゃんと英ちゃんが一緒に座ったので私はほっとした。

他の者もそれぞれ近所の遊び友達と一緒に座り、どうやら全員が席に着いたところで、「これから廊下に出て二人ずつ、今並んでいる人と手をつないで並んで下さい、いいですね」と言う先生の指示が飛んだ。

せっかく全員が席に着いて静かになったのに、またガタガタと音を立てながら席を立ち、二人手をつないで廊下に出ると、隣の教室でもその他の教室でも皆出てきて廊下に並んでいた。そうして順々に前の方から歩き出した。

「はい、皆さん、そのまま、手をつないだままで、先生の後について来なさい。静かに歩いて下さい、音を立てないように」

私たちが通されたのは講堂だった。上級生はすでに並んでいた。オルガンの伴奏で全員が君が代を斉唱した後、校長先生が一段高い所の真ん中あたりに立った。入り口から一人の先生が黒塗りのお盆を持って入ってきた。そのお盆には桐の長い箱が載っていた。お盆を手渡された校長先生は、白い手袋をはめた手で桐の箱に掛けられた紫色の紐を解き、桐の箱の中から巻物のような物を取り出すと、それを読み始めた。これは教育勅語であることが後にわかった。

読み終わった後、オルガンの音に合わせて上級生が歌を歌った。勅語奉答の歌ということも後で知った。私たちは皆黙って歌い終わるのを待った。この歌が終わるとまた校長先生が先程のところに立ち、「今日は始業式でもあり、また新入生の入学式でもあります。上級生は下級生をいたわり、下級生は上級生の言うことをよく聞いて、互いに仲良く一生懸命に勉強しましょう」とまあ、こんなお話をした。

入学式はこのようにして無事に終わった。その日の夕食時、私は家中の者にこの日の模様を話した。みんな黙って聞いてくれた。私が話し終わると、父は「そうか、よし、明日からしっかり勉強しろよ」とただ一言、言っただけだった。

一番喜んでいるように見えたのは修ちゃんである。修ちゃんは私より四つ年上だから五年生だ。それに体格も良く、喧嘩をしても負けそうもない、頼もしい先輩であった。修ちゃんは私の兄ではなく分家の子で、両親を亡くして本家である我が家で私の兄のように育てられていたことは前述の通りである。

もう一人密かに喜んでくれた人がいる。それは姉さんである。姉さんは高等科の二年生だから修ちゃんより三つ年上だ。このあたりでは、女で高等科に上がったのは裏の新助どんのお妙さんと姉さんの二人だけだそうだ。姉さんは勉強が好きで、またよくできたそうである。それを父が喜び、高等科に上げたということだ。もっとも祖母の強い要請もあったと後に姉さんから聞いた。この姉さんも私の実の姉ではなく祖母が東京の神田から里子として預かり育て、後に養女となり父の妹分となったことは前述の通りである。しかし、私はその頃、自分の本当の姉さんだと思い込んでいた。ただ、姉さんの名前が小倉つる子でなく、川原つる子と言っていたのが不思議だった。

分家の修ちゃんは小倉修司という名前だったので、修ちゃんの同級生も皆、私と兄弟と思っている人が大多数であった。親たちから事情を聞いた子供たちの中で、分家の子と知っている者が何人かいたが、私の家に居るのでほとんど知らない人の方が多かったと思う。

　さて、姉さんと修ちゃんが私の入学を喜んだ理由はもちろん別である。それでは修ちゃんの方からそのわけを話そう。これは私が修ちゃんから直接聞いたことだ。修ちゃんは私にこう話した。

「学校で、兄弟で来ている者を見ると羨ましかった。兄が弟の面倒を見る。つまり弟が喧嘩をして負けると、兄がこれをかばったりするのを見ると、弟が欲しくて仕方がなかった。やっと堅ちゃんが学校に上がり、俺にも弟ができた。これからは学校ではもちろん、家に帰ってからの遊びでも全部俺が面倒を見る。だから俺の言うことはよく聞くんだぞ、いいな」

「うん、そうする」と私も言って、約束の指切りげんまんをした。その後、修ちゃんは言葉通り、ことあるごとによく面倒を見てくれた。

　一方姉さんは私に対して、学校に上がる前から何かと勉強を教えてくれていた。従って私は入学前に既に自分の名前は漢字でちゃんと書けたし、数は百まで間違いなく数えられた。姉さんは私が入学して良い成績を取ることを内心期待していたのである。また、私に対する指導の成果を見ようとする意図もあったようだ。

　こうして私は一年坊主として毎日学校に通うことになった。その頃は現在のように男女共学ではなかった。男の子は男の子だけでクラスを作り、女の子は女の子だけであった。初めのうちは鈴木一男君と並んでいたが、その後私は席を替えられ、田中悌次郎君という字下二丁目から来ている子と同席となり、教室の一番後ろに並んだ。私が同年代としては体格が良かったからだ。クラスで一番背の高いのは柳田哲三郎君で、次が田中悌次郎君、三番目が私だった。四番目が田中惣五郎君で、この四人が同級生の中で抜きん出て大きかった。

私と田中惣五郎君とは、背が高いだけでなくガッシリした体格であった。柳田君と田中悌次郎君は背は高かったが、体が細目であった。従って相撲を取ると私と田中惣五郎君が東西の横綱であった。

受け持ちの先生は女の先生で台先生といった。この方は村内の大字南川崎というところに家があり、父親が村役場の助役をしていた。大柄な、どことなくふくよかな感じの人で笑顔がとても良かった。子供心にも美人とは思えなかったが、明るく豊かな人柄が私は好きだった。

農家では母親も田畑に出て働くため、母親に甘えたことなど一度もなかった私は、この女の先生に甘え切った。ある日校庭で先生を取り囲んで遊んでいるとき、私は先生の袴を引っ張って破ってしまった。私は悪いことをしてしまったと思い、真っ赤な顔をしながら恥ずかしそうに頭を下げて謝った。先生は叱りもせず「いいのよ、後で繕《つくろ》いますからね、気にしなくてもいいのよ」と言いながら、私の頭を何べんも何べんも撫でてくれた。私はその優しい先生の、温かい手のひらの感触がいつまでも忘れられなかった。

しかし、台先生は一年間の受け持ちも終わらぬうちに学校を辞めてしまった。大人の話ではお嫁に行ったということであったが、私は寂しく、もっともっと長く私たちを教えてくれれば良かったのにと落胆した。

一年生の終業式で、私は姉さんの期待通り優等生になり、免状を頂いた。優等賞は私と柳田君、それに田中悌次郎君の三人だった。総代として私が校長先生から受け取り、教室に戻ると学校手帳（成績簿、または通信簿のこと）が渡された。成績は全甲で、先生が、優等賞を頂いた三人が全甲であることをクラス全員に告げた。その後三人は卒業するまで、一、二、三番の成績を争うライバルとなった（ちなみにその頃の成績は甲、乙、丙、丁の四段階である）。

私は家に帰って、早く祖母や両親、そうして家中の者に見せて誉めてもらいたくて駆け足で帰った。しかし家には両親も、そしていつもは留守番をしている祖母までも、何かの用事で出掛けたのか誰もいなかった。私は仕方なく学校手帳とお免状を座敷の机の上に置いて、裏の一男君の家に遊びに行った。

ところが一男君の家では一男君の帰りを待っていたらしく、家人が皆揃っていた。一男君が学校手帳を出すと、お母さんは奪い取るようにして見ていた。そして、満面に笑みをたたえてこう言った。

「まあ、一男、また甲が一つ増えたね。この調子で三年生くらいまでに全甲を取るように一生懸命に勉強するのよ。とにかく今日は甲が増えたのだから、家中でお祝いをしなくてはね。お祖母《ばあ》ちゃん、ご馳走を作りましょうよ。堅ちゃんもよかったら家で夕飯を食べていったら」

私はびっくりした。そして一男君はいいなあと思った。それから夕方まで一男君の家で遊び、薄暗くなった頃姉さんが迎えに来た。私の家の裏から一男君の家はまる見えだから私が遊んでいるのもよくわかる。それでもう夕ご飯だというわけだ。私は迎えに来た姉さんに逆らった。

「一男君の家でご飯食べる。だって、一男君のお母さんが、そうしろと言った」

「駄目、駄目、お父さんに叱られるよ、早く帰りましょう。また明日遊べばいい」

二人が争っていると一男君のお母さんが出てきて姉さんに言った。

「いいですよ、たまには。今日は一男が成績が上がったので、そのお祝いに少しご馳走をしようということで、堅ちゃんも一緒に食べたらと私が勧めたのですよ。一男も喜んでいますから、姉さんからお家の人にそう言って下さいよ」

一男君が私の手を引っ張りながら「堅ちゃん上がれよ、座敷に座ってよ」と、しきりに勧める。私は姉さんの顔を見ながら一男君の家に入った。

この家で夕食を頂いて、裏の垣根の間をくぐり抜けて背戸口から家の中へ入ると、家でもお茶の間で食事中であった。私は玄関脇の勉強部屋に行き、学校手帳とお免状を持って茶の間に行ったが、父は「今、食事中だから、後で座敷に行って見る。向こうへ置け」と言った。

やがて父が座敷に来て私の前に座り、お免状と学校手帳を両方ともジロッと見ると、私の顔をにらみながら「堅次、余所《よそ》の家で子供がご馳走になるのではない。いいか、ご飯時はさっさと家に帰ってこい。これからはそうするのだぞ、いいな」と、叱られた。私は「はい」と答えて小さくなっていると、祖母や母、そして姉さん、修ちゃん、それに家で働いている人たちが皆座敷に集まってきた。姉さんが私のお免状を取り出し、両手で高く持ちながら校長先生の真似をして「賞状、優等賞、第一学年、小倉堅次。右は一年間、学業成績優秀によりこれを賞す。昭和三年三月二十九日、潮止尋常高等小学校長、関田貢」と読み上げる。もっとも一年坊主の私にはこうしたことの意味はよくわからず、私にわかっているのは優等賞ということだけであった。

それからは姉さんの独演会であった。姉さんは興奮気味で、

「私、今日は本当に嬉しかった。だって堅ちゃんが優等賞を総代で頂いたのよ。全校生徒の中でうちの堅ちゃんがよ。一学期も二学期も全甲だったから、きっと優等賞をもらえるかなとは思っていたけど、総代よ。総代ということはクラスで一番ということでしょう。お父さんが農業組合の理事をしている柳田さんの子や、下二丁目の田中悌次郎さんと言ったっけ、その子と三人が優等で、堅ちゃんがこの二人に勝って一番なのよ。私本当に嬉しかった。私ね、堅ちゃんが学校に上がる前から勉強を教えていたでしょう。だから気になって仕方がなかったのよ。それが見事一番でしょう。嬉しくて嬉しくて。それにね、高等科では女で私だけが優等なの。だから、お友達の皆から『あなたの家の子でしょう、お妙さんから聞いたのよ。あなたのお家、皆頭がいいのね』と言われて、自分のことより嬉しかったわ」

姉さんの言葉を受けて祖母がしわだらけの顔に笑みを浮かべて、

「そうか、そうか、良かった、良かった。兄ちゃんはこの家の総領だから、立派な跡取りになる人だから学校の成績も良くなくては。これでお祖母さんも安心だ、後で褒美をあげよう」と言っ

た。

修ちゃんは気まずそうに座敷の隅で小さくなっていた。修ちゃんは勉強が不得意だから仕方がない。そこまでは良かった。ところが私もいささか得意げな顔付きをしていたのであろう。それが父の気に障ったのであろうか、それまで黙ってにこりともしないで煙草を吸っていた父は、キセルを火鉢の縁でカチンと叩くと、煙草入れの筒にポンと音を立ててしまい、私の顔をジロッとにらんで、

「堅次、優等賞をもらったからといって得意になっているようでは駄目だ。一年生や二年生の成績は本物ではない。三年、四年と段々に勉強は難しくなる。五年、六年を卒業する頃優等賞をもらう子が本物だ。それが頭の良い子というのだ。油断をするとすぐに負ける。この学校手帳の甲も、これはお情けの甲だ。いいか、この甲は、真ん中の棒が止まっている。これはお情けの甲で、本物の甲は真ん中の棒が下に勢いよく抜けている。いいか」と言いながら、父は畳の上に自分の指で、二つの甲を書いて見せた。

「わかったか。本物の甲を取るように、しっかり勉強しろよ、いいな」と言う。私は何が何だかわからなかったが、それでも「はい、わかりました」と返事をした。

その夜、私は布団に入ったがなかなか眠れなかった。そしてこんなことを考えていたような気がする。一男君の家では甲が一つ増えただけで、あのように親たちや家中の者が喜んでくれるのに、どうして私の家ではそうしてくれないのであろうか。

姉さんとお婆さんだけが喜んでくれただけで、お母さんも何も言わない。それどころか父は私を叱るような口振りである。なぜこんなに家によって違うのであろう。私にはわからなかった。そのとき枕元に祖母が来て「起きているかい。はい、ご褒美だ」と言いながら私の手の平に十銭玉を一個握らせ、「何でも欲しい物を買いなよ」と言った。私は祖母の慈愛を握り締めながら眠った。

ここでもう一つ、この頃の思い出で忘れられない出来事を書くことにする。先に私の兄貴分として、私の家で育てられている修ちゃんのことに触れたが、修ちゃんは私の家の分家の子であり、その分家が流行り病で両親と長男が一度に亡くなり、残された子供たちはそれぞれ分散して親戚に預けられていたので、その家は空き家になっていた。

ところが村役場から学校の先生の職員住宅として、是非貸してほしいという要請があり、空き家にしておくより、人が住んだ方が家も荒れないというわけで、父はこれを承諾し、その頃は賃借人の三代目として菊池先生一家に貸していた。

初代は私が学校に上がる前で、豊田先生という頭のテラテラに禿げた先生であった。

豊田先生はいつもステッキを持って、これを振りながら童謡を歌って道を歩くのが癖のようであった。豊田先生が歌っていた童謡のうち、私が覚えているものに次のようなものがある。

ツンツン飛んでる赤トンボ
金魚屋の金魚は何してた
皆で仲良く水飲んでた

二代目は関根先生という方である。この先生については特にこれといった記憶がない。三代目の菊池先生は奥さんと君子さんという女の子がいた。その頃姉さんは高等科を卒業して、裏の家のお妙さんと二人でこの菊池先生の奥さんからお裁縫を習っていた。

菊池先生は学校の先生だけでなく、農業の技術指導で村内の篤農家《とくのうか》に出掛けて、茄子、キュウリ、トマトなどの苗を作る温床（フレーム）作りなども手掛けていた。このように園芸方面にも造詣《ぞうけい》が深い故か、これまでの先生方とは全く違って、家の前の畑を花壇に造り変えて一年中草花が咲き乱れているという有様であった。

奥さんも、私の子供心にもいかにも教養のある上品な美人のように見えた。とても物静かな人で、私が遊びに行くといつも優しく迎えてくれ、お菓子などを振る舞ってくれたりもした。特に私の気を引いたのは、本棚にぎっしりと詰まった多くの書籍であった。その頃は私に読める本は少なかったが、後に私はこの本棚の本をほとんど全部と言ってよいくらい読破した。私が読書好きになったのはこの菊池先生のお蔭であると今でもそう思っている。

話題を本筋に戻そう。菊池先生がこの休み（一年生から二年生になる間）中のある日、私の家に風呂をもらいに来た。風呂から上がり、表座敷で父と対談していたときのことである。傍らにいた私に先生はこう言った。

「堅次さん、二年生になると、とても良いことがあるよ。楽しみにしていなさい」と。私が「どんなことですか」と尋ねると、先生はにこにこしながら「いや、それは先のお楽しみ。今から知らない方がよい」と言って教えてくれなかった。

さて、二年生の一学期が四月八日から始まった。その始業式で私は級長を命じられ、小儀淳一君が副級長を任じられた。それから一週間後の四月十五日、伊勢野というところにある天神様の御遷宮式《ごせんぐう》に稚児《ちご》行列が出ることになり、その稚児には今学期の級長、副級長がなることになったのである。

菊池先生の「良いこと」とはこの級長と、稚児になることだったのである。このことについては後に先生から詳しく話を聞くことができた。前学期末の職員会議で各学年の級長、副級長が決まった直後、村役場を通じて稚児の要請を受けて決定していたのだそうである。しかし先生は事実となるまでそうしたことを内緒にしていたのだ。

これにはわけがある。当時こうした催しは、その集落の有力者の子息が選ばれるのが通例で、学校に候補者を依頼するなどということは前例がなく、もしかすると途中で苦情が持ち込まれ、変更されるかもしれないという配慮がなされたのである。しかしそれは杞憂《きゆう》に過ぎなかった。

当日、私たち稚児候補者は男女とも一年生から六年生までの正副級長二十四名、それに高等科二名の合計二十六名が、校長先生に引率されて伊勢野の天神様に出向いた。まず天神様の境内にある念仏堂の座敷で着替えを行った。今まで着ていた着物は下着を除いて全部脱ぎ、前もって指示されたように、それぞれ各人が持参した風呂敷に包んだ。

その後衣装係、化粧係の人々から順番に用意された衣装に着替えたのであるが、袴をはき、上衣は袖口が広く紐の付いたものを着て、男なのに顔には白粉《おしろい》を真っ白に塗られ、唇には紅を差し、額には筆で黒く二つの星が描かれた。手には神主さんが持つような、シャモジを長くしたような物を両手で持つように言われた。

別室では女の子も同じように着替えたが、出てきた姿を見ると、緋色の袴をはき、上衣はやはり薄物で、十二単《じゅうにひとえ》のようであった。冠からはキラキラと金物がたくさんぶら下がり、顔はやはりお化粧を施し、見違えるばかりの美しさであった。両手にはやはり鈴がたくさん付いたものを持っていた。

こうした衣装ができ上がると、二列に並んでまず天神様の拝殿の前に整列し、神主さんのお祓《はら》いを受けた。長い長い祝詞《のりと》が読まれた。その後、稚児行列を先頭に、天神様の氏子たち（集落の主だった人々であろう）全員と、潮止村各界の代表者が作る行列は長々と続いて、天神様から伊勢野の集落を一回りして学校まで歩いた。

沿道には村人たちが黒山のような人だかりを作り、その中には学校の生徒、先生方も全員並んでいた。その前を通るときは面映《おもは》ゆく、恥ずかしさで身のすくむ思いがした。校庭で校長先生を中心にして男女別々に記念写真が撮影された。それから来た道を天神様まで戻り、天神様に改めてお参りをした後に念仏堂に入り、着ていた衣装を脱いで自分の着物に着替え、顔の化粧も落として稚児の役目は無事に終わった。

その日、夕方からは天神様の前庭で奉納芝居が催され、私も家の人たちとともに見物した。〝三《さん》番叟《ばそう》〟と呼ばれるものや、いろいろの出し物が長々と続いたが、どのような芝居であったかは定かな記憶がない。

この天神様の御遷宮で思い出したが、これ以前、たしか私が学校に上がる前(五歳か六歳の頃)、本田(木曽根新田に対して上木曽根をこう言った)で、氷川神社の御遷宮があった。私の村ももちろん氏子であり、しかも大祭であったから一軒残らずこのお祭りに参加した。

その日私の家には親戚中が招かれて、各部屋ともお客様でいっぱいになっていた。お手伝いの人たちも大勢いて、ご馳走作りに忙しく立ち働いていたような気がする。夕方になると、私の家はもちろん、近所の家々も留守番を一人残して、奉納芝居の見物に出掛けた。

途中、道の両側には掛け行燈《あんどん》が所々に立てられて夕闇の野道を明るく照らし、華やかな彩りを添えていた。誰も彼も明るく賑やかに話し合いながらぞろぞろと人々の歩みが続いた。その人通りの中をどこの家の飼い犬かそれとも野良犬であろうか、行ったり来たりしながら、キャンキャンと吠え立てて、人々の喜びを知るかのように走り回っていた姿が強い印象として残っている。

田んぼ道を半道（半里＝約二キロメートル）も歩くと本田の集落に入り、やがて氷川神社の森が見える。石の鳥居の前両側には、この祭りのために新調した幟《のぼり》がはためていた。揃いの印半纏《しるしばんてん》に、揃いの手拭いで威勢良く鉢巻をした若い衆が、手に手に弓張提灯《ゆみはりちょうちん》を持って、忙しげにはずんだ声を掛け合いながら右往左往している。足元の白足袋が夜目にもくっきりと浮かび上がり、その足運びの軽やかさは、子供心にも、お祭りとはこうも嬉しいものかという思いを私の胸に強く焼き付けたようであった。

やがて、何十枚と敷き詰められた筵の見物席は青竹で升目に仕切られ、それぞれの升席には家々の名前が筆太に書かれた立て札が立てられた。当時氏子総代の一人として、その役目で飛び回っていた父が顔を出し、親戚中の人々に挨拶をする。招待された客たちも口々に礼を述べ、父の指示に従って我が家の見物席に陣取った。

かねて用意された座蒲団が配られ、そうして重箱やおかもちに山盛りにされたご馳走が人々の前に置かれる。重箱の中身は寿司であった。のり巻き、お稲荷さん、おぼろ、卵焼きなどが彩りも良く詰められていた。別のおかもちには魚の照り焼き、蒲鉾、きんとん、油揚げ、生揚げ、焼き豆腐、がんもどきの煮物、里芋、煮豆それにたくあん、これも山のように盛られていた。

やがて、御神酒《おみき》と貼り紙された一升徳利が、何本も何本もどこからか次々と運び込まれてくる。いずれも氏子が奉納した物であることは後に父から聞いた。時刻が過ぎるにつれて升席は段々に見物人で埋まり、そのさんざめきは一段と高くなる。ガヤガヤと隣の人の話し声も聞き取りにくい程の賑わいであった。私はその頃正面の仮設の舞台を見ていた。

丸太を巧みに組んで葦簀《よしず》を張り、床には厚い板を敷き並べられ、極彩色の幕が張られている。天井も葦簀張りで、篠竹に付けられた造花が何十本も夜風にそよいでいる。赤と青の巴を描く御祭礼の文字が浮かぶ祭り提燈が、これも何十個と吊るされて昼のように明るい。両袖には弓張提燈が、やはり何段にも飾られてまばゆく照り輝いていた。

ひときわ高く拍子木の音が響いて幕が開くと、舞台正面の三段の松の背景の前に、役者がずらりと並ぶ。お正月に見る漫才のような姿をした役者たちがトンボを切ったり、跳ねたり踊ったりする。これが〝三番叟〟というものだと教えられた。これがひとしきり続いて、次の演目は〝松竹梅〟という下題の芝居であると誰かが言っているのを耳にした。どのような芝居であったかは幼い私にはよくわからず、それに先程からご馳走を食べ過ぎたせいか何となく眠気が出て、いつの間にやら誰かの膝の上で眠ってしまったらしい。

いくつかの芝居も終わって夜も更けた頃、私は誰かに背負われて家に帰ったそうである。私が芝居というものを見た最初であろうか。

菊池先生のことから稚児行列に話がいき、御遷宮の奉納芝居と話が移ったが、一年坊主のときには、今でも強烈な印象が残っているある出来事があった。

それは一学期も終わった夏休みのことである。四月に入学して三カ月余り、ようやく学校生活にも慣れ、初めての夏休みを迎えて誰もが楽しいはずであったのだが、私にはあまり楽しいものではなかった。

その頃、私の学校では本とも帳面《ノート》ともつかぬものが各学年に与えられた。それはそれぞれの学年の学力にふさわしい問題集で、いわば夏休み中の宿題帳であった。日記風になっており、一日一頁を消化するようにできていた。たしか「夏休みの友」と表紙にあったような気がする。

その日によって、国語、あるいは算数、その他の問題があり、これを毎日行うのであるが、各人家々で行うのではなく、集落の一カ所にこの夏休みの友を持って集まり、一年生から六年生まで男女ともに勉強する習わしになっていた。

私の集落では稲荷神社の拝殿が教室に当てられていた。朝早く涼しいうちにここに集まり、わからないところは同級生同士が教えあい、さらに上級生が面倒を見るという、学校とは一風違った楽しい雰囲気を作り上げていた。

私は、この勉強法はまことに得難いものと今でも考えている。学校での勉強は学年別、学級別に明確に区切られているから、自分の学年、学級の勉強を知るのみで、他の学級ではどのような勉強をしているのか、ましてや上級ではどんなことを習っているのかよくわからない。かろうじて兄、姉を通じてわずかに知るのみである。ところが一堂に集まり下級生も上級生も一緒に勉強するため、上級生は既に自分が修得した勉強であるから、早い話が自分の学年では劣等生でも、得意顔で下級生の勉強を見ることができる。下級生もまた上級生の難しい勉強を垣間見て、一生懸命に勉強しなければと励んだり、上級生に対して畏敬の念を持つようになるなどの効用を見出せるからである。

さらにもう一つの効用があった。それは前述の通り、その頃の小学校は男女共学ではなく、男子と女子は学級が別であった。わずかに校庭では男女入り乱れて遊ぶことはあっても、自然と女の子は女の子の集団となり、男の子と一緒に遊ぶということは少なかった。

登下校も、もちろん男と女の子は別々の集団を作っていた。下校後、集落内で遊ぶときも、やはり男の子と女の子では遊び方自体が違うため、一緒に遊ぶことは少なかった。加えて世の風潮が男子が女子と一緒にいれば軟弱と呼ばれ、女子が男子と一緒にいればオテンバとかアバズレとかのそしりを免れなかったのである。

これは儒教の「男女七歳にして席を同じうせず」の教えを受け、また男は男らしく女は女らしくすることを、最上の美徳とした教育のあり方によるものと考えられる。

それはそれなりの成果があり、男性美として逞しさを培い、女性美として優雅さを身に付けることは良風美俗であることにあえて反論する根拠を持たない。しかし反面では、男性は女性を、女性は男性を異性として、強く意識し過ぎるきらいもあったように思われた。これは男尊女卑の風習を生み出し、あるいは恋愛なども明るいものとして捉えず、暗いもの、隠微なものとした。好きな男と女が会うのさえ世間に知れないように隠れてするのが通例であり、暗い夜や物陰でこそこそと何か悪いことでもするかのように逢瀬をしたのである。密会という言葉はその辺の事情を雄弁に物語っている。

前に例示した儒教の教え「男女七歳にして席を同じうせず」は、不義はお家の法度《はっと》と言い、姦通《かんつう》罪を法の中におくことになる。こうした風潮の中で、我が村での夏休み中の学習を、男女の別なく、長幼同じくして一カ月以上も行うことは画期的な事柄であった。

さらに加えて、この学習には先生は勿論、大人の指導者は一人も立ち入ることなく、あくまでも子供の自学自習をもって行い、子供たちの自主性を尊重した点も、特筆大書すべきことであると考えられる。

以上はもちろん私が後年に至ってからの考察であり、その頃からそうしたことを考えていたわけではない。ただその頃は女の子と一緒に勉強できる楽しさ、女の子も男の子と平気でおしゃべりしたり遊べることの愉快さを味わうことができたというだけのことである。しかし、それが子供心にも互いに異性を理解する上で、充分な役割を果たす唯一無二の好機会であり、公認の場であったことはたしかなことであった。

私もまた例外ではなく、女の子の甘い匂いを嗅《か》ぎ、その優しさに引かれ、抱きしめたい衝動に駆られたことも、五年生、六年生の頃は何回かあった。また女の子も同じで、姉妹だけの子が兄を慕い、弟を可愛がりたいと思うのも至極当然の心情で、私に優しくしてくれた他家のお姉さんもいたし、私が可愛がった他家の妹さんもいたのである。

さて、教育論はこのくらいにして、この辺で本題とするある事件に筆を移そう。

夏休み中には二回くらいの登校日があった。その日は私たち一年生の登校日であった。夏休みの友一冊を風呂敷に包んで脇に抱え、私たちは登校した。学校道は上級生など一人もおらず、まさに一年坊主だけである。学校に着くと各教室も校庭もがらんとして静まり返っていた。

教室に入って、私たちはガヤガヤと夏休み中それぞれが体験したことを話し合って騒いでいた。先生が来て一通りの話があり、校庭に出て体操をしていた頃、急に空が暗くなり始め、そのうちポツリポツリと雨が降り出し、挙句《あげく》は雷が来そうな様子に先生も気づいて体操を中途で止め、下校を早めたのである。

私たちは学校を出ると駆け足で家に急いだ。しかし夕立の方が早かった。学校を出たばかりの南川崎の集落を外れ、耕地のド真ん中に差し掛かる頃から雷鳴が轟き始め、稲光が鋭く光ると大粒の雨が降り始めた。空は黒雲で覆われあたり一面が暗く不気味であった。一点俄《にわか》にかき曇り、というやつだ。

ちょうど学校と家の中間くらいの場所（御行塚）に来たあたりで、雷と雨が一段と激しさを加え、私たちは恐怖におののいた。しかもそこには水力発電の送電塔が高くそびえ、その下を通過しなければならないのである。去年の夏、雷がこの高い鉄塔に落ちたことは皆覚えている。その鉄塔から垂れ下がっている送電線の下を通るのは誰しも怖い。

誰か一人、女の子が泣き出した。裏の家の芳枝さんだ。彼女は一番のチビで足が遅く、いつの間にか集団から離れて一人ぼっちになり、とうとう泣き出したのだ。女の子が二、三人早く早くと言いながら彼女を待つうちに、彼女らが一斉に泣き出す。こうなるともう駄目だ。男の子も加わって一緒になってワーワーと泣き声の大合唱となった。

大声を上げて泣きながら一団となって走る。そうしたときは田んぼにも人影はない。大人たちもこの雷雨を避けて帰宅したのであろう。誰かにすがりつき助けを求めるすべもない。怖さ寂しさは募るばかり、雷雨はさらに激しさを増すばかり。そのとき前方にポツンと人影が見え、こちらに駆け足でグングン近づいてきた。皆も夢中で駆ける。私たちとその人影との距離が急速に狭まる。

「あっ、一男君のお母さんだ」

誰かが言うや、手に何本かの番傘を抱えてヒタ走りに走ってくるその姿はまさしく鈴木一男君の母であった。一男君は元より、誰彼の別なくお母さんにかじり付いて一際高く泣き声を張り上げた。一男君のお母さんが「うん、うん、よし、よし。もう大丈夫だよ、もう怖くないよ。お母さんが付いているからね。さあ泣き止んで、滑らないように転ばないように一緒にしっかり歩いて、いいね」と言いながら、十二、三人の子供を抱えるようにして集落の方に急いだ。

やっと集落に近づいた頃には、皆全身ビショビショ。流れ落ちる滴《しずく》はまさに滝を浴びたようであった。村で一番近い箸屋の家に飛び込み、全員裸になり着物を絞りながら、釜戸（煮炊きをする所）で藁を燃やした焚火で体を暖めた。そうするうちに漸《よう》く雷雨も小止みとなり、まだ濡れた服を着ると、番傘を一本ずつもらいそれぞれの家へ散会したのであった。

家の中に飛び込むと、母と祖母が「まあ、まあ」と口々に言いながら私を迎えた。真夏とはいえ気温は急速に下降して鳥肌が立つ程であった。別の着物に着替えてやっと座敷に上がると、「今日は生憎《あいにく》だったね。一年坊主の登校日だというのに雷様も罪作りだよ、怖かったろう。大分泣いたようだね、目が真っ赤だよ」と祖母が言う。

父はのんきなもので、煙草を吸いながら、「学校の先生ともあろう者が駄目だなあ。夕立は長くは続かないのだ。三十分か一時間もすれば雷も雨も納まるのだから、それまで子供たちを学校に置いておけばよいのに。ちょっと待って帰した方がよかったのだよ」などと言っている。

しかし先生は、「お家で心配しているといけないから、早く急いで帰りなさい」と言ったのだ。学校に近い友達はきっと早く家に着いたであろうから、大して濡れもせず怖い思いもしなかったはずだ。もっと私たちの集落の近くに学校があれば、こんな思いをせずに済んだのに、と私は幼い心で言い知れぬ憤りを覚えていた。

後年（私たちが六年生の頃）、村では耕地整理という大事業が三年がかりで完成し、そのときに新校舎が落成した。ちなみにこの校舎は村の真ん中の耕地の中心部に設けられ、どの集落からも等距離の場所に所在することになった。これは、私と同じ憤りを覚えた先輩がたくさんいたことを示すのではないだろうか。

これからの一年坊主は私たちのような悲しい、寂しい、怖い思いはせずに済んだわけである。まことに結構なことと言うべきである。

さて、私はこのときの恐怖感を思い出すたびに一つの疑問を持つのである。両新田（木曽根新田と若柳）の集落から、このとき一年坊主は男女合わせて十二人いた。そのうち鈴木ウメさんと鈴木ハナさんは同じ家の子である。つまり、総計十一戸の家のうち、どうして鈴木一男君のお母さんだけが、あの雷雨の中を、私たちというか息子を迎えに来られたのであろうか。我が家でも、父も母もいたのになぜ迎えに出なかったのかということである。

それは親たちが揃って薄情《はくじょう》の故か、それとも父の言う通り、学校の先生が、夕立が止んでから子供たちを帰すと考えたからであろうか。しかし一男君のお母さんは何軒かの家を回って、それぞれの家から番傘を預かって来ているのである。私の家を始め、それぞれの家では傘を預けても、自ら迎えに出ようとはなぜしなかったのであろうか。未だにその疑問は解けない。

もちろん両親にそのことを問い質《ただ》したことはない。あるいはそうした折に順番で迎えに出ることになっていて、たまたま一男君の家が当番であったのかもしれない。しかし依然として謎は謎である。

（3）

さて、耕地整理のことに触れたが、このことにからんで私は大失敗を演じた。

この自叙伝の冒頭で私の出生地である潮止村を私の故郷として、その景観などを紹介したが、埼玉県の最南端であり関東平野部の南端でもあったこの村は、全耕地のほとんどが水田であった。しかもその耕地は村の中心部にあり、その耕地を取り巻く形で村落が形成されていたのである。

全耕地面積は五、六百町歩（約五百～六百ヘクタール）もあったであろうか。そのうち八割方が水田で、残りの畑が家々の間に点在していた。しかし当時の水田は自然派生的に形作られ、丸い形をしていたり、三角あり、四角あり、さらには菱形ありで、大小、長短様々であった。

これを各所有面積ごとにきちんと一反三百坪（約九百九十平方メートル）に区画し、さらに水路も灌漑《かんがい》と排水に区分して、特にその水源を中川に定め、取水口を設けてここに揚水場を造り、四十馬力の揚水機二台を据え付けて昼夜の別なく水を汲み上げ、幹線水路を通じて逐次細分化し、各水田に導入するという一大工事であった。

この大工事を行う要因は大きく分けて二つあった。その一つは水利権の問題である。水田耕作農民にとって、水利の問題ほど重大なものはない。いわゆる水騒動は各地にあり、特に雨の少ない年は、水争いのため血の雨も降るということは大方もご承知であろう。私の村もまた例外ではなく、日本各地で起きたこうした事件同様に、水利は非常に悪い土地であった。

私の村の水源は、遠く三里ほど上手の、越谷町と増林村の間に設けられた堰により、八条用水として下流に流されていた用水を、上《かみ》から逐次堰を設けて取水し、最後に私の村で用いていた。いわば上手の村々の余り水を頂いていたのである。従って上手の村々が順次仕《し》付《つ》けが終わらなければ、私の村には用水は来ないのである。

仕付けとは水稲の種を苗代に播種《はしゅ》し苗を育て、これを水田に田植えすることをいうのであるが、この種子まきも田植えも、上手の村が終わらなければ私の村では始めることができないのである。その結果、どうしても上手の村より作業が遅れる。遅れると当然、生育期間が短縮されるので多収穫を望むことはできない。そこで私の村ではこれを補うために栽培管理に努力した。つまり田の草取り（除草作業）も上手の村では一回から二回のところを、私の村では三回以上行う。肥料も工夫し、病虫害予防にも腐心し、努力と工夫で収穫の増大を計らねばならなかった。

わかりやすく言うと、上手の農家の倍も働くのだ。朝早くから夜遅くまで働いて、やっと上手の村と同じだけの収穫を得るというわけで、昔からその状況を適切に表現した例があった。

上手の村から私の村（下手）に嫁の来てはないが、上手の村では私の村から嫁をもらいたがるし、また上手の村に嫁に行きたがるのである。

これは上手の村人は楽をしているので、苦しい下手には行きたがらない。反対に下手から嫁を貰えば働き者であり、自分の家より上手に嫁げば楽ができるというわけで、この現象がその辺の事情を端的に物語っているのである。

さて第二の要因は何か。それは全耕地の大半を占める五百町歩余りが一人の地主の所有地であるという事実である。

代々この村の村長を務めるT家は、昔は庄屋か名主であった。この村の農家は中農から零細農家（水呑み百姓または五反百姓と言った）まで、そのほとんどが小作人だったのである。その他にA家、S家などが五十町歩、三十町歩を有し、その次に私の家など十町歩くらいを所有する小地主が三戸程あったのである。

　こうしたことから、いわばこの村の耕地整理はTさんの耕地の整理であり、小地主が便乗するという具合であった。従って誰も反対する人はなく、反対はできないというのが実情であった。こうして耕地整理は昭和五年から昭和八年までの四年間に亘り、主として冬の農閑期を利用して実施されたのである。

　潮止村耕地整理組合が設立され、組合長にT氏、理事にその他の地主が起用され、私の父も理事の一人になった。今まで記述してきた事柄は、私が長じて父から聞き、あるいは村史などを調べて書いたのであるが、こうして耕地整理事業は始められた。県庁から土木技師が四、五人派遣された。そうして各理事はそれぞれこの技師の下で技師補という形で作業を指揮監督したのである。

　人夫はすべて村民が当たり、日当を何がしかもらって農閑期の現金収入源となったため、各戸はこぞってこの作業人夫として働きに出た。たしか男の作業人夫は三等級に分かれ、一等級が一円五十銭、二等級が一円二十銭、三等級が八十銭で、女の人夫はすべて三等級であった。ただし、音頭《おんど》取りは割り増しが付いたようである。

工事に先立ち、県の土木技師による全耕地の測量が実施され、これに基づいて新耕地の地図が作成され、道路、用水、排水、水田、畑、宅地などの区画が示された。さらに道路も用水も幹線と支線とに分割された（この図面は父が所有保存した物を私が見、かつ父の説明を受けたのである）。

作業は在来の道路、点在する畑などを壊し、その土を新規道路敷のために運搬するというものであった。近い所は籠《かご》で担ぎ、モッコなどで運ぶ。遠い所はトロッコを用いる。松丸太を並べて線路を付設し、台車を走らせる。こうして運搬した土を道路敷に盛り上げ、両端を土羽棒《どはぼう》で打ち固める。表面はたこ石で固める。土の運搬作業は主として男たちが行い、土を固める作業は女たちの仕事であった。

この土固め作業は地形突き（家の建築時における基礎工事）に似ていて、音頭取りが声を張り上げて歌う唄に合わせて、掛け声を掛けながら何本もの綱を引っ張ったり緩めたりして、重い石を上げたり降ろしたりを繰り返して打ち固めていくのである。

また土羽打ちというのは、羽子板を大きくしたような木製の機具を両手で持ち、やはり音頭取りの声に合わせて歌いながら、この棒を打ち下ろして道路の斜面を固めていくのである。

こうした作業が秋の穫り入れが終わると、翌年の仕付け時まで村中総出で実施され、一冬ごとに耕地の一部に新しい直線道路と、やはり直線の大小用水が掘り割られ、一反三百坪の水田が、碁盤《ごばん》の目のごとく整然と並んだのである。それは見事と言うべきで、従来の曲がりくねった農道と様々な形をした田んぼとは、目を疑うほどの真新しい光景を展開したのであった。

さて、この大事業、大工事は当時の村民にとっても、画期的事業であったことは言うまでもない。隣村は元より県内各地からも見学者が多数訪れ、その成果を見ようとする者が尽きなかった。しかし、それは大人たちばかりの分野ではなく、子供たちにとっても異様な風景に映ったことは間違いない。

従来、秋の収穫が終われば、全耕地の水田は刈り取られた稲の株が立ち並ぶ平野となる。ときどき白鷺《しらさぎ》が舞う穏やかな田園風景の中に、田を起こす牛、馬耕の人影が点在するのどかな風景であるはずが、突如として多くの人夫と、トロッコと、歌声が賑やかに醸し出す風景は、まさに異様な興奮を抱かせずにはおかないものがあった。

私たち学童にとっても、登校下校の折、あるいは帰宅した後も、この作業現場に行って、珍しい風景を見ようとする好奇心を充分に満足させるものがあった。もちろん、私もその中の一人であったことは言うまでもない。

さて、その年の冬であった。私たち五、六人の一団は、例のごとくこの工事現場に出掛けて、少し離れた場所から、作業の邪魔にならないようにしながら見物していたのである。

その日は北風の吹く大変寒い日であった。作業人夫も休憩時には焚火などをして暖を取っていたのであるが、この残り火に子供たちが集まって体を暖めていた。

初めはおとなしく大人たちの残り火で我慢していたが、そのうちに近くの枯れ草などを抱えてきては燃やしているうちに火勢が段々と増し、そこへ突風が加わって、火は大きく燃え上がった。これは大変と驚いた子供たちは、一生懸命に火を消そうと努めたが、もう火の勢いは子供の手には負えなかった。見る見るうちに火は広がり、近くにあった肥溜《こえだ》めの藁屋根に燃え移り、たちまちのうちにこの屋根を燃やし尽くしてしまった。その頃になって作業の大人たちが気付いた。駆けつけて来て消火に当たり、やっと火は鎮まったのである。

運悪く、この肥溜めは私の集落内の物ではなく、他村（八幡村字大原）の農家の物であったから問題が起きた。

この肥溜めの所有者は、なぜか私の家に苦情を持ち込んできたのである。この肥溜めに火をつけたのは私であると言うのだ。従ってその損害を弁償しろと訴えてきたのである。しかもそれは相当高額が示されたのだそうである。ちなみにその内容を示すと、藁屋根の葺き替え材料費並びに工賃、さらに火勢によってヒビ割れした煉瓦溜めの造り替え費用、合わせて二百円ということであった（先に示した人夫の工賃に比較すれば、その額の大きさがおわかり頂けるであろう）。

私の父は黙ってこの費用を弁済した。さて、それからである。私は父に呼ばれて次のように叱られたのである。

「誰と誰がいたんだ」

私はその場にいた全員の名前を答えた。

「それで、誰が溜めの所に火をつけたんだ」

「一番初めはHさんだ。皆が危ないからと止めたんだ。だけど、Hさんが『危なくなったら俺が羽織を脱いで消すよ。こんなの、羽織で一叩きで消えるさ』と言うので、皆も大丈夫だと思って、それが危なくなって皆で羽織を脱いで一生懸命に消したんだけど、駄目だった」

「よし、わかった。消そうとしたんだな、それでは悪いことをしたと思ったんだな」

「はい、溜めを燃やしたら大変なことになると思って、夢中で消したんだ」

「そうか、溜めで良かったんだ。これがもし小屋であったり、人様の家であったら、もっと大変なことになる。さらに人に怪我をさせたり死人でも出たら、それこそ取り返しがつかないことになる。これに懲りて今後は火遊びは絶対にするな。いいか、わかったな」

「はい、わかりました。これからは二度と火遊びはいたしません。どうか、許して下さい」

私は父の前に両手を付いて頭を下げた。父は「よし、よし」と言いながら、一つの言葉を付け加えた。

「もう一つ言っておくことがある。それは、こうして何人かでやり、そのうちの誰かお前でない者がやっても、他人様は必ずお前のせいにする。なぜだかわかるか」

「わかりません」

「いいか、Hさんが火をつけたとしても、Hさんの家に苦情を持ち込み、弁償してくれと申し入れても、あの家では謝るだけで、お金は払えないことを知っているのだ。つまり、相手は払える人の家の子のせいにするのだ。これが大人の世界の話だ。だからこれからも、何か大勢でいたずらをするときは、お前はその仲間から外れろ。そうしないといつでもお前のせいにされるぞ、いいな。子供の考えでは、自分より年上の者がいるので、その人の責任になると思うだろうが、大人の考えるのはそうではない。損か得かをまず考えるのだ。このことも今のうちからよく覚えておけ、いいな」

「はい」

私はそう返事をしたが、その頃の私の頭では本当のことは理解できなかった。父の言ったことがわかったのはそれから何年も経ってからのことである。

さて、翌日登校すると、学校ではもうこの事件が皆に知れ渡っていた。多分この事件の部外者であった人々が、対岸の火事として格好の話題を提供したのであろう。

校庭で朝礼が始まると、校長先生からも、この事件について、火遊びは絶対にしないよう注意があった。同級生の皆の目が私をジロジロ見て、私は恥ずかしくて穴でもあったら入りたい気持ちであった。その友達の目は、優等生で級長である私の失敗をあざ笑う目であった。上級生の中には直接私に「級長のくせに悪いことをしたな」となじる者もいた。

私はとても悔しい思いをした。小学校三年生の私は、このとき自分に固く誓った。これからは決して軽はずみなことはしまい、皆と一緒に遊ぶときもよく注意して、悪いことに引き込まれないように充分に注意しようと。この事件は私にとって一つの大きな教訓となったのである。

やはりその頃にもう一つ、大きな失敗をしたので、ついでにここで書くことにする。

前項でも述べたごとく、失敗は成功の母と言われるが、私にとって成功の母とはなり得ないにしても、その後の人生に大きく作用したことだけは間違いない。つまり、その失敗を反省することによって、そうした間違いを二度と再び繰り返すまいと、自粛自戒《じしゅくじかい》する行動が、私の人格形成に大きく役だったのである。その意味からも、失敗はやはり反面教師と言うべきであろう。

それが小学校の三年生頃だったのか四年生頃だったのか、定かな記憶はない。ともかくそのくらいの年齢であったと思う。

当時、牛馬を飼育している農家は、いわゆる農耕に使うばかりでなく、牛車、馬車を備えて、これに野菜を積んで東京市場に運搬していた。

私の家ではその頃、牛も馬も飼っていなかったので、リヤカーに積んで人力によってこれを引いていた。東京までは遠距離すぎるので、近くの地方市場(八幡村大字浮塚市場)に出荷していた。主としてこの仕事は修ちゃんがやっていた。荷の多いときは一人で引くのが困難なので、私がリヤカーの後押しをして市場まで行った。帰りは空になったリヤカーに乗せてもらって帰った。

ここで一つ、経験上の面白い発見を書いておく。私が空のリヤカーに乗せてもらって帰ると前述したが、知らぬ人は、私が幼いので、往きに後押しをして疲れているであろうから、帰りは車に乗せてもらっているものと見るであろう。たしかにそれもある。しかし、そればかりではない。リヤカーや大八車の空車は非常に引きづらいのである。

つまり車輪を中心とした場合に、前部の梶棒《かじぼう》の方が重くなり、これを持ち上げるようにして引くために腕が非常に疲れる。ところが車輪より後ろに荷物や人を一人くらい乗せると、その重みで梶棒が自然に持ち上がる。つまりただ引くだけの力を要するのみで、梶棒を持ち上げる力を必要としないだけ、引く者は楽になるのだ。

そうしたわけで帰りの空車には私を乗せた方が良かったのである。現在はすべて自動車を使用しているからこうしたことにあまり意味はないが、その時代はその時代なりにこうした工夫がなされていた。いわゆる生活の知恵とでも言うか、そうしたことが随所に働いていたのを知ってもらいたいと思い、このことを書いたのである。

ついでにもう一つ述べておくと、先に、東京市場までは遠距離なので、近郊の地方市場に出荷していたと書いたが、それは他家では牛車、馬車を使用しているのに対し、人力で引いていくことが、対照的に困難さを倍加させるため、いつの間にかそうした結果になったわけで、それより以前、つまり私の父母の時代は、どこの家でも大八車（荷車と言っていた）に野菜を満載して、夜中の十一時頃に家を出ていたようだ。周囲は真っ暗闇のため、小田原提灯を梶棒にぶら下げて足元を照らし、父が引いて母が車の後を押して東京の市場まで出荷していたと、両親からよく聞かされた。それはずいぶんと困難な仕事であったが、特に難関が二つあり、その第一は千住新橋だったそうである。

荒川放水路に架かるこの橋は、その橋のたもとが長い坂になっていて、ここは、とても夫婦二人だけでは登れなかった。そこでどうしたかというと、近所の人々と連れ立って行き、まず一台の車をそこに置いて、他の車に四人がかりでここを登り切る。そうして元のところまで戻り、置いてあった車をまた四人で運ぶ、つまり交互に運ぶわけである。これも当時の暮らしの知恵であろう。

第二の難関は千住大橋であったそうである。ここも先の千住新橋と同じ方法で通過したのだそうであるが、その後「立ちん坊」というのが現れた。すなわち、その時間帯になると、何人かの人々がこの橋のたもとにたむろしていて、そこに来る車の後押しをして、いくらかの賃金をもらうという珍商売である。

これは大いに助かって皆この「立ちん坊」を利用したそうである。こうして朝のセリに間に合うよう、神田市場や駒込市場（現在は巣鴨にある中央卸売市場豊島分場の前身）などに出荷したのだそうである。

話を本題に戻そう。牛馬を持たず、リヤカーや大八車を用いて近郊の地方市場に出荷する人たちは、どうしても東京市場に直接出荷する人たちよりも相場が安い。それは当然のことで、地方市場で買い付けるのは仲買人である。つまり仲買人はここで買い付けた品物を今度はトラックに積んで、東京築地の中央卸売市場や、ときには横浜まで持って行って高値で売り、その中間マージンを得ることで商売になる。

そこで、こうしたデメリットを除くために、同じ立場にある人たちが集まって出荷協同組合を結成し、トラックを一台購入した。村の中心部に集荷所を設け、各人は野菜を自分の畑からこの集荷所まで持参すればよい。従って、自分たちがリヤカーや大八車を引いて行く時間を省くことができるので、それだけ荷作りに労力を回せるから大量出荷もできるというわけだ。

一定の時間が来ると、各戸一人ずつ集荷所に集まり、集められた野菜はトラックに積み込まれる。そのうち二人くらいが交代で、このトラックに、積荷と一緒に便乗して行く。これを上乗《うわ》りと言う。市場に着くと、荷卸や陳列を全部の荷について行う。しかもトラックは夕方出発するので、一時間か一時間半くらいで市場に着く。荷卸、陳列作業を行っても夜の八時か九時には終わる。市場の近くの一膳めし屋で夕食を済ませたり、軽く一杯やったりして、後は市場の仮眠室で朝のセリが始まるまで睡眠を取ることができる。

セリに立ち会ってから朝食をとり、しばらくして仕切り（精算書）が出ると、売上金をまとめてもらい、これを各戸ごとに点検して持ち帰る。自転車か電車、バスを乗り継いで村に帰ってくる。夕方、その日の集荷時に、各戸に前日の仕切りと売上金を渡す、という次第で、これを毎日繰り返す。なお、漬け菜（山東菜、白菜）などの出荷時は荷が多量になるので、トラックを余所から借りて増車し、荷を捌《さば》くということもある。

以上の説明はもちろん事件とは直接関係なく、後年、私が知り得た背景である。さて、前段の状況説明が大分長くなったが、いよいよ事件の本筋に入ろう。

その日は私の家で他に用事があって、出荷作業は休みであった。そこで父は夕方、集荷所での前日の仕切りと売上金の受け取り役を私に命じた。そのとき父は私にこう言った。

「大金だから間違いがあっては困る。仕切りをもらったら、ただちにその足で帰宅せよ。遊ぶのなら一旦家に戻って、仕切りとお金を置いてからにせよ。いいな、これは絶対にそうするのだぞ」

「はい、わかりました」

私はそう言ったものの、そのときはまだ事の重大さを真に感じ取っていたかどうかは怪しい。

夕方、私は集荷所に行き、仕切りとお金をもらった。そのときお金を渡してくれた他家の大人も（誰であったかよく覚えていない）「堅次さん、お金だから、落とさないよう気を付けて持って帰りなよ」と、注意した。「大丈夫だよ」と言いながら、私はしっかりとその金包みを懐中《かいちゅう》にしてそこを離れた。

そして、少し歩いたところで何人かの友達に捕まった。案の定、これから面白い遊びに加わらないかという誘いであった。しかし私は、父の厳命や先ほどの人の注意もあったので、

「僕は、今、仕切りとお金を持っている。これを落とすと大変だから、一旦家に戻って、これを置いてからもう一度ここに来るから、それまで待ってほしい」と断わった。

ところが、友達は口々に「駄目だ、今すぐ行くことに決まったのだ。若柳の足袋屋の浩ちゃんの家の物置小屋で芝居をする。堅ちゃんの役も決まっている。もし今すぐ行けないのならこの役は誰か他の者にする」と言う。

私は迷った。その芝居の役はかねてから私が望んでいたものであり、是非ともやりたい役なのだ。他の者に取られるのはどうしても我慢できない。しかし、もしこのまま行けば父の命令に背くことになる。どうしよう、どうしようと迷っていると、友達が口々に「さあ、行こうよ、さあ、行こうよ」と、せき立てた。自分を庇《かば》うわけではないが、そこは十か十一の子供である。私はつい、ふらふらっと皆の言う通りにしてしまった。もっとも私にも少しは考えることもあった。すなわち、仕切りとお金は夜までに持って帰ればいいんだ、なくさなければいいんだ。よく用心してしっかりと懐《ふところ》に入れておけば大丈夫だと、そんなことを考えて、もう一度懐の金包みの有無を確認して友達と同行したのである。

ところが、そこはまだまだ幼稚だった。いよいよ遊びに入るともう夢中になる。仕切りも金包みもとっくに忘れてしまっている。散々に皆と面白おかしく遊んで、帰途に就いたのは夕闇迫る頃となっていた。

「ただいま」と声を掛ける私の頭上に、「今頃までどこで遊んでいた、馬鹿者」と父の一喝が浴びせられた。続いて、「早く仕切りと金をここへ出せ」と言う。私はそのとき初めてハッとした。そうだ、私は仕切りとお金を受け取りに行ったのであった。私は慌てて懐に手を入れた。しかし、ない、ないのである。金包みが、あれほどたしかに懐にしっかりと入れたはずなのに、それが、何度懐を探しても入っていない。私は驚きで胸がドキドキしてきた。

「どうした、早くここへ出せ」

催促する父の声も耳に入らない程であった。どこへ落としたのであろう。浩ちゃんの家に行く途中か、それともあの藁小屋の中か。もしかすると帰り道か。私は夢中で家を飛び出した。そして暗い夜道を、目を皿のように見開き、地面に額《ひたい》を付けるようにして、一歩また一歩と探した。とうとう浩ちゃんの家まで辿り着いたが、ない、見付からない。やはり藁小屋の中か。仕方がない、浩ちゃんに頼んで小屋の中を探させてもらうより他はない。

私は決心して浩ちゃんの家の表の戸を叩いた。

「浩ちゃんいますか。木曽根新田の小倉堅次です」

すると中から戸が開いて、浩ちゃんのお母さんが顔を出した。私の顔を見ながら家の中に向かって、「浩三、お友達が来ているよ」と呼ぶと、浩ちゃんが出てきた。私が浩ちゃんに一部始終を話すと、浩ちゃんもそれは大変だという顔付きで、「ちょっと待って。今、お母さんに話して頼んでみるから」と言って家の中に一旦戻った。私は不安と焦燥が入り交じって、その辺をぐるぐると歩き回っていた。浩ちゃんの家の中で人々の声がガヤガヤ聞こえたかと思うと、浩ちゃんと家人二、三人が手に手に提灯を持って出てきた。彼らは「皆で藁小屋の中を探そう」と言う。私も一緒に藁小屋に入ってあちらこちらと一生懸命に探し、大人たちも浩ちゃんも真剣になって探してくれたが、とうとう仕切りと金包みは見当たらなかった。私は仕方なく皆さんに御礼を言って、しょんぼりと重い足を引きずりながら、それでも帰途、もしやと思いながら道端まで草を分け、砂利を除けて探した。一歩また一歩進むうちに、とうとう我が家の前まで来てしまう。やはり見つからなかった。

私は家に入ることもできず、悄然と戸口に立ち尽くしてしまった。そのとき祖母の声がして表の戸が開いた。

「何だ、ここにいたのか。一人で飛び出したきり帰ってこないので、今、見に行こうと思ったのだ。さあ、早くお入り」

祖母は私の手を引くが、私はいやいやをしながら家に入ろうとはしない。というよりも入ることができなかった。後悔の念が頭の中をしきりに駆け巡った。どうしてあのとき、断固として友人の誘いを断り、一旦家に帰らなかったのか。あれ程父に固く言われたのに、あの余所の人も親切に注意してくれたのに、馬鹿、馬鹿、馬鹿、僕はどうしてそれを守れなかったのか。父に何と叱られるだろう。父に何とお詫びをしよう。もしかすると今夜は寝かせてもらえないかもしれない。それどころか、家の中にさえ入れてもらえないかもしれない。ご飯も食べさせてもらえないかもしれない。父の厳しい顔が目の前に浮かんだ。

「さあ、早く入りなさい、私からお父さんにはよく謝ってあげるから、お前も一緒に謝って、今度のことは許してもらいなさい」との祖母の言葉に、私は漸《ようや》く一歩家の中に入った。母も、姉さんも、修ちゃんも皆が私を迎え入れてくれる。しかし、父の顔はなかった。座敷で火鉢の前に厳然と座っている姿が目に浮かんだ。もしかしたら父はいないのか、どこかへ出掛けているのか、それならいいが、などと自分に都合の良いことばかり頭に浮かべながら、私は祖母に手を引かれたまま茶の間に導かれた。

祖母と母が盛ってくれたご飯を前に、「頂きます」と言いながら私は箸と茶碗を持つが、ご飯が喉を通らなかった。仕方なくご飯に汁をかけて、一膳をやっと食べ終えて「ご馳走さま」と言って箸を置いた。

「どうしたの、一膳だけでは駄目だよ。もっとお上がり」

祖母も母も口を揃えてそう言うが、私は断わった。

「それでは、いいからお休み」

「お父さんに謝らなくては」

「お父さんは用事で出掛けている。明日の朝謝りなさい」

私はホッとして「お休みなさい」と言って床に就いたが、目が冴えてとても眠れなかった。いろいろなことが頭の中を駆け巡るのだ。それでもそこは子供のこと、いつの間にか眠ってしまったらしい。

翌朝、人の声で目を覚ました。誰か余所の人が来て父と話をしているらしい。あの声は隣のお父さんの声だ。私はそおっと床を出て、表座敷の襖の陰から覗いた。やはり隣のお父さんだ。父が、

「それはそれは、どうも御親切に有り難うございました。わざわざお届け頂きまして本当に有り難うございました。いずれ後程また改めて御礼にお伺いします」と言っている。

「いや、それには及びません。ただ、拾った物をお届けしただけのことです。そんなにされますと却って恐縮ですから。では、これで失礼します」

そう言って隣のお父さんは立ち去ってしまった。私は何のことだかよくわからなかったが、顔を洗いに裏の井戸端に行き、部屋に戻ると、「堅次、ここへ来い」という父の厳しい呼び声に止められた。

父の前に座り、両手を畳について深々と頭を下げ、私は昨日のことを謝った。

「たった今、お前の落とした仕切りとお金を、お隣のお父さんが届けてくれた。通り道に落ちていたのを、今朝早く用事で出掛けた折に見つけたらしい。仕切りに家の名前が書いてあったので、その足で引き返して届けて下さった」

「……」

「いいか、お金が戻ったからそれで良いとお前は思っているだろうが、そうではない。私はお金のことはとっくに諦めていた。落とした物は仕方ない。それよりも、お前が、あれ程私が注意したのに、なぜそれを守れなかったのか、そのことが残念でならない。親の言い付けを守れないような者は碌《ろく》な者になれない。そのことが口惜しい。もし、お前が悪かったと思って謝るなら、これからは絶対にどんなことがあっても、親の言うことや先生の言うこと、あるいは友達同士の約束でも、一旦こうと決めたことは必ず守らなければいけない。いいか、これに懲りて今後は二度とこのような過ちをしないように注意せよ。いいな、わかったら早くご飯を食べて学校に行け、そうして一生懸命に勉強しろ」

それは私が思っていたより遥かに優しい言葉であった。後で母から聞いた話では、父はこう言ったそうである。

「いかに人手がなかったとはいえ、子供に仕切りを取りにやったのは私の間違いであった。少しはしっかりしているといっても、まだ子供は子供だ。大人ならいざ知らず、子供に行かせたのは俺も悪かった」

このような父の反省もあったのである。しかしながら、父の反省よりも、私は自分のしたことに対して痛烈に反省したことは言うまでもない。

この結果が示すように、私は行きか帰りか、道を歩いているときに落としているわけで、夢中で遊んでいるときではないのである。もちろん、行き帰りの道も探したが、やはり重点は藁小屋であった。それは、そこで私が我を忘れて遊んだということが、心に深い傷跡を残していたからであろう。

それはともかくとして、一旦引き受けたことはそれを守らなければならないことのいかに大事かを、このとき程肝《きも》に銘じたことはない。それが幼いときの経験であっただけに、私の人生において この体験が大きく私の人格を支配することとなったのを、今でも明確に自認する次第である。やらなければならないことは、いかなる理由があろうと真っ先にやること、これが私のその後の、と言うより、一生涯の人生訓となった。

失敗談が続いたので、このあたりで名誉挽回といこう。この話も私が二年生か三年生の頃ではないかと思う。その年、学校では学芸会を催すことになった。私のクラスでは私が選ばれて〝お話〟をすることになった。国語読本の、大国主命《おおくにぬしのみこと》と因幡《いなば》の白兎のお話である。それは五、六頁に亘る長い長い物語であった。これを読むのではなく全文を暗唱して、さらにお話にする。私は毎日少しずつ、まず文章を暗記することから始めた。

私は記憶力が悪いのかなかなか進まない。学校では皆と同じ勉強があるからできないし、家に帰っても友達と遊ぶのでできない。結局、練習するのは夜、床に入って寝付くまでの時間だけである。毎晩これをやるのだが、次に進むと前の方を忘れている。また戻ってそこをやると今度は進まない。そのうちに段々と日にちが迫って来る。焦る、気が急くと余計に覚えられない。どうしよう、どうしようと、いらいらしながら布団を被って夜遅くまで練習していると、母がときどき心配そうに覗く。私は仕事で疲れている母親にまで心配させてはと止めて眠る。そうこうするうちに、どうやらやっと全文を暗記できたので、ある日の放課後に、受け持ちの先生の前で初めてお話をしてみた。先生は目をつむり、黙ってしまいまで聞くと、

「よく覚えたね、全文間違ったところはないよ。だが、まだ読んでいるようだ。これからもっと本当にお話するように、ゆっくり、区切るところはきちんと区切って間《ま》をおいてやるように、そういうところを注意して練習しなさい。学芸会の日まで幾日もないから、明日、明後日も放課後に先生が聞くからやってみよう」と言ってくれた。


その晩も私は床の中で練習をしていた。すると突然、母が起きてきて「私が聞いているから、皆さんが大勢で聞いていると思ってやってごらん」と言った。私が初めからやり直すと、母は黙って先生と同じように目をつむって聞き、終わるとこう言った。

「とてもうまくできたよ。だから何も心配せず自信を持ってやりなさい。それに、上手にやろう、失敗したらどうしようというような余計なことは考えず、つかえたら、ゆっくり考えてもう一度やり直す気持ちでやりなさい。お友達やお母さん方など、たくさんのお客様を見るとあがるから、なるべく聞いている人たちを見ないようにして、いつも床の中で独りで練習しているような気持

ちでやりなさい」と話してくれた。母のお蔭で私は大きな勇気と自信が湧いた。

さて当日のプログラムで、私の出番は初めから五番目であった。独唱あり、劇あり、踊りあり、その後とうとう私の番が来た。私は高い壇の上に登った。足が震えた。「落ち着いて、落ち着いて」。自分で自分にそう言い聞かせながら、私は真っ直ぐに立ってお辞儀《じぎ》をした。そして大きく息を吸い込むと話を始めた。

「昔、昔、大国主命という神様がおりました。あるとき、大きな袋を肩にかけて、浜辺を通りかかりますと、白兎が泣いていました……」

私は段々と自分の気持ちが落ち着いていくのがわかった。こうしてとうとう終わりまで、自分でもうまくできたと思う程よくできた。

「私のお話はこれでおしまいです」

そう言ってお辞儀をすると、会場から大きな拍手が起こった。私は急に怖くなって急ぎ足で段を降り、控室に戻ると、先生が「小倉、よくできたぞ」と笑顔で誉めてくれた。学芸会が終わって教室に戻ると、クラスの友達も皆誉めてくれた。私は嬉しくて、ますます自信が湧いてきた。

明日はお父さんやお母さん方の前でやるのだが、きっと今日のようにうまくやれると思った。

私はその日、父兄の前でもよくお話ができた。しかし、私の母がどこにいたかは知らなかった。この日も大きな拍手が起こったが、きっとどこかで私の母も皆さんと一緒に拍手をしてくれたのだと嬉しく思った。先生も「小倉、今日は昨日よりもよくできたぞ」と誉めてくださり、学芸会が終わって下校するときにも、近所のお母さん方から「犟次さん、お話、とてもよかったよ」と誉められた。また、こんな光景も目にした。

「小倉さんのお母さん、犟次さんは勉強もよくできて優等生ですってね。お話も上手にできたし、将来が楽しみですね」と、どこかのお母さんが私の母と話をしているのだ。

「どんなものですか、でも、今日は、どうやらうまくできてホッとしました。親馬鹿というか、私の方がドキドキして心配でした。お蔭様で無事に終わって本当に肩の荷が降りました。今夜はグッスリ眠れそうです」

私は、母もゆっくり眠れない程心配していたのかと思うと、それを有り難いと思い、これからも一生懸命に勉強しようと心に誓った。

その日の夕食時、父も、「そうか、うまくできたか、よし、よし。これからも一生懸命勉強して、もっともっと長い話や難しい話ができるようにならなければ駄目だぞ」と言ってくれた。

祖母も家中の人々も皆喜んでいた。私は苦心して何かをやり遂げた喜びを、このとき初めて心のうちに覚えた。初めのうち、あんなに苦労したのに、諦めずに最後まで頑張れば何事もできることがわかった。

やればできる。このことを悟ったのもこのときである。

為《な》せば成る、成らぬは人の為さぬなりけり。後年に至りさらにこのことを痛感したのだが、その端緒《たんしょ》はこのとき、小学校二年生か三年生の、この学芸会に出演したときであった。この得難い機会を与えて下さった先生に、今また感謝の気持ちを新たにするのである。

さて、学芸会のお話のついでに、次はお伽《とぎ》会のお話をする。現在のようにテレビありラジオあり、映画にお芝居と、あらゆる娯楽があふれている時代では想像もつかないであろうが、私の小学生時代にはお伽会という催しがあった。月に一回、先生方が二人ないし三人、交代でお話を聞かせてくれた。これが私たちにとって何よりの楽しみであった。

その日は生徒全員が講堂に集まる。今日はどの先生がどんなお話を聞かせてくれるかと朝から胸がわくわくする。前回、前々回からの続き物もある。〝アリババと四十人の盗賊〟の話や〝安寿《あんじゅ》姫と厨子王丸《ずしおうまる》〟の物語などは生徒の人気を最高に集めていた。「開け、ゴマ」が流行語となり、

「スズメ、ホーヤレ、ホーヤレホー」が生徒の口の端に上った。その他、世界童話名作選や、あるいは「昔、昔——」で始まる民話などが主流を占めていた。

先生の中には、ときに講談調や活弁調で、生徒の胸を躍らせる特技の持ち主もいた。

生徒は手に汗を握りながら聞きいり、涙を流し、大声をあげて笑った。一年生から六年生までの男女生徒に、それなりに理解できるように話をするのであるから、演ずる先生方の苦心も並大抵のものではなかったであろうと今にして思うのだが、男の先生は勇壮な物語を、女の先生は優しく悲しい物語を演じて、男子生徒には勇壮活発さを、女子生徒には優美さと愛情の豊かさを自然に身に付けるように配慮されていたように思われた。

その副作用とでも言うべきであろうか、男の子は『少年倶楽部』を、女の子は『少女倶楽部』を、各学級ごとに購入してこれを回し読みした。私のクラスでも特に榎本君が物語を読むのが得意であった。他の学科はあまりできる方ではなかったが、人の才能というのは必ず何かあるもので、彼は国語読本や『少年倶楽部』の小説を読むのが上手であった。私のクラスでは、彼を囲んでの読書会が休み時間や放課後などに催された。

こうした影響を受けて私も読書が好きになり、ついに自分単独で『少年倶楽部』や『少年少女譚海《たんかい》』などという雑誌を毎月購読するようになった。そのためにお使いをしたり、イナゴ取りをしたり、草取りや農作業のお手伝いをして、その報酬として何がしかのお金を頂き、これを貯めて、雑誌の発行日には自転車を走らせて草加町の本屋に駆け付けた。新しい印刷インクの匂いがプーンと鼻を突く、新刊本を手にしたときの喜びは今でも忘れられない。

佐藤紅緑《こうろく》の『一直線』『少年連盟』、山中峰太郎の『敵中横断三百里』、大佛次郎の『山岳党奇談』などなど、大分題名なども忘れてしまったが、冒険小説あり、熱血小説あり、海洋物語あり、はたまた山岳物語ありで、まさに血湧き肉踊るの感があった。

また、その物語にある挿絵がよかった。山口将吉郎の武者絵、樺島勝一のペン画、神保朋世の士姿《さむらいすがた》など、今でも彷彿として目に浮かぶものもある。また、田川水泡の漫画『のらくろ二等卒』は、当時一世を風靡《ふうび》した。

こうしたことが私を読書好きにしたことはもちろんであるが、さらにこれに加えてもう一つの要因があった。それは先にも少し触れたが、私の分家に居住していた菊池先生のお蔭である。菊池先生の蔵書は豊富であった。座敷にある書架にはいろいろの本がギッシリ詰まっていた。先生はこれらの本をどれでも自由に閲覧することを私に許してくれた。

私が特に興味を持って読んだのは講談全集であった。その本は全二十巻もあったろうか。深緑色の布地で表装された上に、金文字入りの題名が箔《はく》押しされていた。一冊、何百頁かの大冊で、二ないし三篇が収録されていた。伝記物あり、英雄豪傑伝あり、剣豪小説あり、任侠物ありと、多種多様であった。

いくつか例を挙げると、赤穂義士銘々伝、次郎長外伝、荒木又右衛門、宮本武蔵、馬垣平九郎、乃木将軍と、数え切れない程であったが、私は丹念にこれを一冊また一冊と全巻を読破した。もちろん、それには三年くらいもかかったであろうか。読む程に面白くまさに興味津々というわけで、寝食を忘れる程熱中し、熟読玩味《じゅくどくがんみ》した。

そのため母親には何度お叱りを受けたことだろう。母から「堅次、食事だよ」と声を掛けられること二度、三度に及び、そのたびに私は「はい、はい、今すぐ行くよ」と返事をするものの、目は本を離れない。そのうちに食事は片付けられ、一食抜いたことも何回あったろうか。夜も寝床の中で読んでいると、またまた母親に「目を悪くするよ、いい加減にして休みなさい」と、注意を受けることもしばしばであった。それでも止めようとせず、ついに私は近視になった。中学三年頃から眼鏡を使用し、視力は〇・一くらいであったと思う。

しかし、それでも私の読書熱は一向に衰えることはなく、ますます激しさを加えていくばかりであった。私が少年時代に読書好きになったのは、もちろん私の個性がその主たる原因であることは間違いないところだが、もう一つの誘因として、このお伽会による種々の物語を聞いたことが大きいと思う。さらに文学というものに興味を抱き、理解しようとする意識が芽を出し、育てられたというか、助長されたのもこの頃の読書にあったと、現在に至るもその自覚は変わりない。

こうして自叙伝という名のもとに、拙文を物することができるのも、そうしたことが与かって力となっているわけだ（田中登美男先生の作文教育にも多大の影響を受けたのだが、このことについては後程詳述する）。

さてその頃、一方でお伽会のような情操教育が行われていたのに対し、体育ではこれも学校の全体行事として（三年生以上の男女とも）、毎月一回合同体操という催しが行われていた。

その日は、昼食弁当が済み昼休みの時間も終わると、全員が校庭に集まる。体操主任（教頭先生）の号令一下、校庭いっぱいに広がった生徒が一斉に同じ体操をする。私もその中の一人だからよくわからないが、もし高い所から見たら壮観であろうと思う。今のマスゲームである。しかし、それはもしかするとその反対であるかもしれない。

なぜなら、現在のようにトレーニングシャツだ、体操着だ——それもお揃いで学校名やマークも入っている——と、何もかもあり余っている時代と違って、上着を脱いだだけの者、長袖の者もいれば半袖の者もいる。形も色も種々雑多、男の子のパンツもまたしかりで、白いパンツ、黒いパンツ、横に縦縞の入ったもの、それも一本、二本、三本、太いもの、細いもの……。傑作なのはその頃流行した雑巾パンツというやつだ。剣道着か柔道着のごとく太い糸で刺し子になっている。丈夫だということでいたずら盛りの男の子には、これが一番と、どこの家の母親もこれを買ってはかせたのである。美醜の限りではない。まさに実用一点張りということだ。

それにどの子も裸足である。女の子でさえ何も履いていない。上は男の子と同じ、わずかにブルマーという黒いモンペを短くしたようなものをはいていた。何となく、当時の小学生の、しかも田舎の風俗描写になったきらいがあるが、これは事実なのである。それでも今と変わらないのは元気いっぱい、溌剌《はつらつ》と太陽の下で手足を思い切り伸ばしたり、飛んだり跳ねたりする、子供たちの無邪気で天真爛漫な、明るい笑顔だけである。

肥満児などは一人もいなかった。むしろ痩せた子の方が多かった。しかし日焼けした褐色の肌は、つやつやと汗で光っていた。眼はあくまで澄み切って、声だけが「一、二、三、四……」と、やけに大きいのが目立った。ひょろひょろと背だけ伸びた子より、ガッシリと横幅の広い子が多いのは、日頃から農作業を手伝って、労働によって鍛えられていることを雄弁に物語っていた。

一時間に亘る合同体操の締め括《くく》りは、いつも紅白二組に分かれた綱引きである。直径五センチくらいの麻のロープ、長さは五、六十メートルもあったろうか、この綱に群がって両手でガッシリと持つ。ピーという合図の笛の音で、誰もが顔を真っ赤にして全力を出して引き合う。先生方もやはり紅白に分かれて「オーエス、オーエス」と大声を掛けて応援に懸命だ。このところいつも白組が勝っている。今日はどうしても紅組が勝ちたい。だが今日も今のところ白組が優勢のようだ。見かねて、紅組を応援していた先生の一人が綱に掛かると、白組の先生もこれを目ざとく見付けて加わる。そのうちに先生方全員が綱を引き始める。先生も生徒も一体となって汗を流す。今日は白組が勝ち、「万歳、万歳」の声が白組に湧き上がる。紅組が一斉に拍手してこれを讃える。勝っても負けても同じ学校の生徒、敵対心などは少しもない。まさに和気藹々《わきあいあい》のうちにすべてが終わる――。

　合同体操という名の、月に一回の全校行事は、かくのごとく楽しい思い出の一頁を飾るものであった。

小学生のみならず、中学生にとっても遠足というものは楽しいはずであるが、ここで私の遠足についての思い出を述べてみることにする。

小学生のたしか四年生の頃に、「遠足」という歌が国語読本に載っていた。生徒たちはこれを勉強し、歌も習って歌った。それは楽しそうな情景描写であった。しかし私の学校では遠足という行事はなかったのである。聞くところによると何年か前まではあったが、遠足のときに何か事故があって、それから後は行われなくなったとのことである。

しかし私たちは皆、遠足を希望していた。徒歩で一里か二里の道を行き、母親の手作りのお弁当（お寿司か握り飯）を食べて帰る、ただそれだけの行事に、期待に胸を膨らませていたのである。現在の修学旅行は、列車や自動車、それに連絡船、さらには飛行機まで利用して、三泊も四泊も、中には一週間、十日間という豪華版もあると聞いている。それに比べて何と素朴な願いであったことだろう。まさに隔世の感を深くするものである。

遠足の次は運動会の話をしよう。

運動会もまた、私の学校では隣村の学校に比較して少なかったような気がする。私の記憶では毎年ではなく、一年おき、あるいは二年もの間をおいたこともあったように思う。これには、遠足も運動会も子供たちは非常に喜ぶが、一部の親たちにとっては何かと費用が掛かるので、できるだけ遠慮したい気風があったようである。さらにそうした風潮を一層助長したのは、当時の村長が諸事倹約を奨励したためでもあった。つまるところ、こうした事情は、当時の農村、特に私の村の貧村ぶりを物語るものであったというわけである。

ここでそうした実情の一端を述べてみることにする。

まずは、子弟を義務教育である小学校に上げるのさえ惜しむという風潮が底流にあった。従って小学校六年卒業がほとんどで、女の子に至っては四年生くらいで、他家へ子守り奉公に出されたりもした。また農繁期には家の弟妹の子守りのため、学校に幼い子を背負って通学する生徒も必ずクラスに何人かはいるという状況であった。

私の生家が所在する木曽根新田という一集落で見てみると、当時、戸数は三十六戸、その中で地主として農地を自作する以外に小作人に貸し付けていたのは、私の生家一戸のみであった。小作人は五戸くらいであり、その次に自作農家が五戸くらい、その他はすべて村長の小作人であり、その戸数は三十戸近くに達するという有様であった。これが村全体の縮図である。こうしたことから村長は全小作人四百戸に対して倹約を説き、勤労（特に夜なべ）を奨励した。

勤倹力行《きんけんりっこう》を村是として村政を進めていたので、冗費を節約させるために遠足は取り止め、運動会は隔年実施の方針を実行したわけである。

話が村政にまで及んだが、こうした背景の中で、それでも私は一年坊主のときに運良く第一回目の運動会を経験した。ところがこれは悲惨なものであった。

プログラムに一年生の「ドジョウすくい」というのがあった。徒競走の中間点に、直径一メートルくらいの大きな盥《たらい》が置いてある。張られた水の中にドジョウが泳いでおり、これを一匹掴んで早くゴールインした者から一着、二着、三着というわけである。ところが十人くらいでスタートした私の組で、私だけはどうしてもドジョウが掴めない。他の者は皆ゴールインしたのにまだ掴めない。そのうち次の組がスタートしその組の者たちと一緒になって一生懸命に掴もうとするのであるが、とうとうこの組も全員ゴールインしてまたまた私一人になってしまった。

やむを得ず私は盥の中でドジョウを掴むことを諦め、両手で何匹かのドジョウを盥の中から外に掻き出して校庭の砂でこれを覆い、やっと一匹を手にしてたった一人でゴールインした。

その恥ずかしかったことは今でもはっきり覚えている。穴があったら入りたい心境であった。多分、泣きの涙でクシャクシャになっていたことであろう。涙でドジョウが見えなかったのかもしれない。それにしても何とも不器用なことであった。このとき私は自分の手、指の小さいのが本当に恨めしく思ったが、このことは後年成長してからも幾度となく味わった辛い経験の最初のものであった。

この小さな指のせいで相撲を取っても突っ張りも効かないし、相手の回しもしっかり掴めない。剣道では竹刀がしっかり握れない。柔道でも相手の柔道着の襟や袖口がやはりしっかり掴めない。これらのことは学生時代に痛感したことであるが、さらに軍隊に入ると小銃を持つ力が弱いなど、そのたびにさんざんの苦労を嘗めさせられた。

級友の団扇《うちわ》のような大きな手のひら、私の親指ほどもある小指の大きさなど、私にとって羨ましい限りであった。しかし、このときのドジョウすくい競争は、別の角度から私に勇気を与えてくれた。それは途中で諦めず最後まで頑張った私の行為を、校長先生が誉めてくれたことであった。

次の運動会は私が四年生のときであった。このときの印象は私自身に関する限り何も残っていない。ただし、この頃から軍国主義の台頭が見られたのである。

年に一回、校庭で在郷軍人の検閲という行事が行われた。これは現役兵としての兵役を終え、予備役に編入された人たちが軍服を着て集まり、本郷連隊区司令部より派遣された検閲官、陸軍少佐、中佐などが来て閲兵《えっぺい》するものである。

また、その頃から青年訓練所（後に青年学校と改称される）という制度が施行され、徴兵検査前の農村青年に対して、現役を退いた在郷軍人が軍事教練を行っていた。これは月に二、三回、学校の校庭で実施されていたが、この成果を見るため年に一回査閲というものがあり、やはり連隊区司令部より査閲官として陸軍中佐級の将校が来て、各個教練や、分隊教練などを一日がかりで見たのである。

もちろん、中学、高校、専門学校、大学まで、軍事教練が行われていたことは言うまでもない。青年訓練所の生徒が運動会に参加して模擬の戦闘演習を行い、小銃、軽機関銃を空砲で打ち合い、あるいは煙幕を焚くなど、勇壮な場面を展開したことを覚えている。これらを小学生の前で行うのである。つまり小学生にまで、軍国主義を植え付けようとしたわけだ。その結果は軍人に憧れて少年航空兵、少年戦車兵、あるいは海軍の予科練等に志願する者が続出したことは周知の事実であろう。

話を運動会に戻そう。第三回目の運動会は六年生のときであった。この年は、耕地整理も終わり、新校舎も耕地のど真ん中に落成した。校庭も今までの旧校舎に比べて倍の広さがあった。百メートルの直線コースが取れ、一周三百メートルのトラックもあり、フィールドも幅五十メートルはあった。呼び物は集落対抗リレーで、上二丁目と下二丁目で一組、上木曽根、下木曽根で一組、南川崎と伊勢野で一組、上大瀬と下大瀬で一組、古新田と垳で一組、木曽根新田と若柳で一組の計六組。走者は一年生から六年生までの男女でバトンタッチ、さらに青年学校の男女も加わり、一組の総員は十六人、鉢巻とバトンの色別は赤、白、青、黄、緑、紫であった。見物人もそれぞれの集落の応援に熱中した。

勝敗は別として、とにかく最高の盛り上がりを見せた。なお、来賓《らいひん》の提灯競争では私の父も出場して二着に入った。

私自身の競技についてはこれといった記憶はないが、この運動会で特に気になることがあり、それから五、六年後、私が一つの騒動を起こすきっかけになろうとは、そのときは知る由もなかった。

運動会には必ず、天幕が張られた来賓席が設けられ、その中に職員室や各教室に一個ある職員用の椅子が集められて置かれていた。そこに村長を始め、役場職員、農協職員、村会議員、消防団の役員などが招待を受け着席するのが通例であった。

一般村民の父兄席は校庭の生徒席の後ろ、つまりトラックの周囲の地面に直接筵や茣蓙《ござ》を敷いてそこに座るのが、これも通例であった。このことに私は差別を感じたのである。もちろん、私の父なども消防役員として来賓席にいたのであるから、別に私の僻《ひが》みではないのである。しかし母や祖母はやはり一般父兄席の筵の上に座っていた。

他の人々も皆同じであったが、村長や一部の者は家族まで来賓席に着席させていた。その特権意識というか、階級意識というものに私は強い反発を感じた。後年、私が代用教員として採用された年の運動会のとき、この来賓席の特設を認めず、恒例として設営されたものを、その前夜青年団の友人何人かとともに断固として排除、撤去作業を実施したのである。

当日早朝、一夜にしてなくなった来賓席に、主催者である校長は大いに驚き、さっそく南川崎の鳶職《とびしょく》に電話して、ただちに再度設営を依頼したが、開会時間までに作業が間に合わないということで断わられてしまった。

その結果、来賓席のないまま運動会が行われた。これは私の村始まって以来のことであり、大きな波紋を呼ぶこととなった。

運動会はともかく予定通り行われ、無事に終了したのであるが、その後、村会議員の一部には、自分たちの特権を剥奪された憤懣《ふんまん》から、私たちのやったことを暴挙であると非難する者が出た。一方で村民の間からは快挙であると賛同の声も出た。結局、その後は来賓席を設けないことが定着した。

その底流には小作農民の大部分が、地主である村長に対して面従腹背《めんじゅうふくはい》、つまり反発の心を持っていたことを示すものであった。村長は内務省から地方自治功労者として表彰を受け、また先の耕地整理事業では、日本一の農業振興事業を達成したとして、賀陽宮殿下《かやのみやでんか》の御台臨《ごたいりん》を仰ぎ、村民一同もその光栄に浴したが、真の狙いは自分の小作米の増収を計るためにしたことである。村長はその頃、新校舎の一部に鉄骨で組み立てられたサイレンを鳴らす鉄塔ができ上がったとき、たまたま病床に臥し「鉄塔建ちて我倒れけり」と言ったとか。一方ではこれらを村長の私利私欲であると陰で酷評する者もいた。また、自分自身の銅像を役場の前庭に建立した際も、村民の一部では激しく非難を浴びせる者もいたという。

しかし、そうしたこととは関わりなく、全耕地は碁盤の目のごとく整然となり、道路、灌漑、排水路も縦横に走り、中川から汲み上げられる水は勢いよく全耕地に行き渡り、毎年増収を得たのは厳然たる事実であった。

また、小学校、公会堂、村役場、農協事務所とその付属倉庫、駐在所などが、村の中央部に集合設置されたことも画期的な改善策であった。これにより公的機関は各集落から等距離となり、従来の不公平感を一掃するとともに、特に学童の通学を容易にしたことは大いに喜ばれ、私も小学校六年間の最後の年にこの恩恵に浴したのであった。

この村長が偉大な人物であったことは、これらの事実がすべてを物語っているが、しかし、その影響力もまた甚大なものがあった。ここでその一例を示すことにする。

その頃、国鉄常磐線北千住駅から私の村を通過して、吉川町、流山町、野田市を経由し、茨城県の筑波《つくば》に至る、いわゆる「筑波鉄道」の建設計画があったが、村長は農村の醇風美俗《じゅんぷうびぞく》を破壊するという名目でこれに反対し、阻止した。結果、この計画は中止され、私の村はその後何十年もの間、陸の孤島となった。最寄り駅である東武線の草加、谷塚、竹の塚などの各駅まで、さらには常磐線の北千住、亀有、金町、松戸の各駅まで、一ないし二里を自転車かバスで行くほかなく、東京やその他の各地に出掛けることが甚だ不便であった。

それが昭和六十年になって、筑波科学万博の開催にあたり常磐高速道路が建設されたが、それはかっての筑波鉄道の建設予定地に作られたのであった。もし当初の計画通り、筑波鉄道が建設されていたら、今から五十年以前に私の村は交通至便な土地になり、その発展も遥かに早かったであろうことは想像に難くない。

それかあらぬか、高速道路の建設計画が発表されるや、村は隣村（潮止、八幡、八条）と合併して八潮町となり、現在は八潮市に昇格して、東京都の近郊都市として膨張発展を続けている。従って昔の農村の面影は一かけらもない。村長の功罪云々より時世の変転にただただ驚きの目を見張るばかりである。

私の生家なども数年前に農業はできなくなり、農地跡には住宅、倉庫、町工場などがひしめき合って立ち並んでいる。私の少年時代の記憶にある、小鮒《こぶな》やドジョウが生息する用水堀はなく、蛍飛ぶ青葉の波もない。あるのは自動車の騒音と排気ガスの充満する都市公害の町である。この現状を見るとき、果たして村長の鉄道反対はやはり卓見であったのか、それとも一部の村民が言った私利私欲であったのか、私にとっても未だにわからない難問である。いずれにしても時の流れがすべてであるとしか言いようがない。

（4）

さて私には、小学校五年生のときに苦い思い出がある。

五年生ともなれば次年度は最上級生、再来年は卒業ということで、学校生活にも慣れ、まさに生意気盛りであった。

担任は斉藤啓治先生といって、三十五、六歳かあるいは四十代の男盛りで、かつ教師としての経験も深く生徒の扱い方も手慣れたものであった。この先生のお叱りを受けるようなことを私はしでかしたのである。

それは唱歌の時間だった。その頃、唱歌は教室で行うと他のクラスの勉強の妨げになるということで、講堂に長い腰掛けを並べ唱歌室としていた。音楽教室などという程のものではない。

さて始業時間の鐘が鳴ると私たちはゾロゾロと講堂に入って先生の来るのを待った。当然のごとくガヤガヤと騒いでいた。全体としては何をしゃべっていたかわからないが、私とその近くにいた何人かは、前回から習っていた、当然今日も習うであろう歌について議論していた。その議論の発端《ほったん》は私であった。つまり今日習う歌が気に入らないという意見であり、他の者も私の意見に同調していた。ちなみに、題名は忘れたが、その歌は次のような歌であった。

とろろん、とろろん、鳥が鳴く
ねんねの森から目が覚めた
覚めるにゃ覚めたが、まだ眠い

私がこの歌を嫌った理由は、いかにも柔弱かつ幼稚である、つまり幼稚園か小学生低学年向きで、五年生の、しかも男子生徒の歌うものではないというわけだ。

その頃の時代背景は、満州事変が勃発し、上海事変、北支、中支と戦火が拡大していた最中である。運動会の話でも触れたように、村にも青年訓練所という制度が施行され、私たちの先輩である青年は、月に何回かの軍事教練を私たちの目の前で行っていた。

これは軍の方針で、近い将来壮丁《そうてい》として徴兵検査を受け甲種合格、現役兵として入隊した際に、鉄砲の持ち方も知らないというのでは立派な兵隊になれないという観点から、現役兵の予備軍として全国的に実施されていたのである。

こうした軍国主義の台頭は、いきおい私たち少年の頭にも、勇壮活発な軍国少年の思想を知らぬ間に植え付けていた。私などはその典型的な存在として、〝兵隊ゴッコ〟を毎日のように行い、田んぼや草原を駆け回っていたのであるから、どうしても軍歌のような勇ましい歌を習いたかったのである。

一歩譲って軍歌でなくとも、せめて歴史で習った元寇《げんこう》や源平物語など、戦国時代の戦《いくさ》物語風の歌がよかった。しかも、同学年の女生徒のクラスでは、その頃たまたまこうした歌を習っていたのだ。

吉野を出て打ち向こう、飯盛山の松風に
なびくは雲か白旗か、響くは敵のときの声
あな物ものし八万騎、大将師直《もろなお》いずこにか

彼の首《こうべ》を取らずんば、再び生きて還るまじ

女生徒がこうした勇ましい歌を歌っているのに、男子たる者が「とろろん、とろろん……」ではどうしようもない。速やかに先生に申し出て、こうした歌は止めてもらい、もっと私たちが望む歌に変えてもらおうという意見が一致したのである。

その意見具申は言い出しっぺの私と決まった。丁度そのとき先生が入ってきたので、私は早速先生の前に進み出た。

「先生、唱歌を始める前に申し上げたいことがあります」

「何だ、言ってみろ」

「はい、今私たちが習っている歌を他の歌に変えてもらいたいのです」

「どうしてだ」

「この歌は嫌いです」

「そうか、お前が嫌いなら習わなくてもよい。先生はこの歌が好きだ、歌は私が選んでお前たちに教えている。お前たちの好きな歌を教える必要はない。お前たちは私の教える歌を習えばそれでいいのだ。わかったか」

「先生、この歌が嫌いなのは私だけではありません。歌を変えてもらいたいという意見に先程皆が賛成したのです。私が代表して申し上げただけです」

「そうか、それなら皆に聞いてみよう。今、小倉が言ったこの歌が嫌いな人、他の歌に変えてもらいたいと思う者は手を上げよ」

皆は黙って下を向き、手を上げる者は一人もなかった。

「誰もいないではないか」

「でも、さっきは、そう決めたのです」

「小倉の言うことに賛成した者、もう一度、しっかり手を上げよ」

しかし、今度も手を上げる者は一人もいなかった。

「誰もいない。よし、小倉だけこの歌を習わなくてもよし、そこに立っていろ。他の者は唱歌の練習を始める、いいな」

皆は「はい」と返事をして、先生はオルガンに向かい練習が始まり、私一人だけが皆の前に立たされる羽目になってしまった。

私の頭は混乱していた。同級生の背信行為や先生の態度も横暴ではないかなどと、いろいろのことが脳裡を駆け巡った。同級生のたった一人でも私も賛成ですと言ったら——先程はほとんど全員が賛成したのだ——、もし全員の意見であったら、先生も考えてくれたかもしれないのだ。つまり、先生としては、私一人のわがままを認めるわけにはいかないのだ。もし私の言い分を採り上げたら、他の誰かがまた、この歌は嫌いだ、あの歌がいいと、勝手なことを言い出しかねない。多分、そう考えたに違いない。

また、同級生にしてもあの場合、先生と私とどちらに従うことが有利であるかを判断すれば当然のこと、先生に従うであろう。だから彼らは前言を翻《ひるがえ》したのだ。私の意見に賛成したとはいっても盟約を結んだわけではない。私は軽率だった。同級生の総意と思ったのは私の錯覚だったのだ。

言葉は否定できる。だから、総意である証拠を作るべきであった。例えば同意書を作り、賛同者の署名くらいはもらうべきであった。私が率先して先生に言えば、私も、私も、と手を挙げてくれると思ったのは私の浅はかさであった。

日頃から私は自分のお人好しを嘆くことが多いが、もっと物事は慎重にやらねばならないとつくづく考えさせられた。

こんな反省を頭の中で、繰り返し繰り返し考えているうちに、とうとう唱歌の一時間は終わってしまった。同級生は皆黙って教室を引き上げる。誰も私の方を見ようともしない。側に寄ってきて話し掛ける者もいない。下を向いたままである。先生も私の方には一瞥も与えずさっさと職員室に立ち去ってしまった。私は取り付く島もなく、一人、悄然とその場に立ち尽くしていた。

やがて、次の五時間目が始まる鐘の音が聞こえてきた。と、これはまたどうしたことだろう。講堂の入口に、同学年の女生徒たちがひしめき合っているではないか。

「アッ」

次の時間は女子のクラスの唱歌の時間なのだ。彼女たちがここへ入ってくるのだ。さて、私はどうすべきか。

立たされているのが恥ずかしい。彼女たちが入ってくる前に、この場から逃げ出そう。否《いな》、それはできない。なぜなら、私は先生から許しを受けていないのだ。勝手にこの場を動くことはできないのだ。先生はまだ「もうよい」とは言っていない。私は腹を決めた。男だ、先生がここに来て許すまでは一寸たりともここを動くまいと決意した。

私は度胸を据えて目を閉じた。そのままじーっと立っていた。女生徒は私がいるので誰一人入らない。入口でただガヤガヤと騒いでいるだけである。そこへ担任の千野先生が来た。「何を騒いでいる。早く中に入りなさい」と言いながら先に立って入ってくる。それに連れて女生徒も入ってくる。千野先生は私の前にやってきた。

「おい、小倉、そこで何をしている。もう次の時間が始まっているのだぞ。早く出ていけ、授業の邪魔になる」

「私は渡辺先生から立たされました。まだ、先生のお許しが出ておりませんので、勝手に動くことはできません。このままにしておいて下さい」

私がそう言うと、千野先生は笑いながら、「そうか、よし、では気の済むまで立っていろ」と言って、女生徒の方に向かい、「さあ、授業を始めるぞ。ちょっと邪魔者がいるが気にしないで、いつもの通り練習しよう」と、オルガンを弾き始めた。

私の方を見て、女生徒の何人かがクスクス笑っていた。私は平然とした態度でこれらを無視した。否、見ないように目をつむり、両手を後ろに組んで静止を続ける。

前の一時間もずいぶんと長かったが、今度の時間はもっともっと長く感じた。同級生は校庭で体操の時間だ。きっと終わりには紅白に分かれてドッヂボールであろう。今日はどちらが勝つかな、多分前列の白組が勝つだろう。なぜなら後列の紅組は私が抜けているからな、などとつまらぬことを考えた。時折、校庭の方から歓声が聞こえてきた。

そのうち、やっと女生徒の授業が終わって皆出ていってしまった。後にただ一人残った私だけが立っている。しばらくして、千野先生と担任の渡辺先生が入ってきた。

「まだいたのか。渡辺先生、小倉君は、私の授業時間中もじっと立っていましたよ。授業前にも私が、邪魔になるから出ろと促したのですが、先生のお許しを得ていないからと言って立っていました。もうよろしいでしょう。許してやって下さい」

千野先生がそう言うと、渡辺先生は口を開いた。

「どうもご迷惑をお掛けしました。小倉、千野先生のお口添えもあるので今日のところはこれで許してあげる。もうよろしい。しかしそれにしてもお前もずいぶんと意地っ張りだな。私の授業の終わりに、先生許して下さいと一言謝れば、私は許してあげる気でいたが、お前が何も言わないので、もう少し反省させようと思ったのだが、どうだ、反省したか」

「はい、私が悪うございました。どうかお許し下さい」

そう言って私は丁寧に頭を下げた。「よし、教室に戻ってよろしい」と言う先生の言葉に、私は勢いよく講堂を出て、教室に向かって駆け出した。

同級生は皆私の戻るのを待っていた。そうして口々に「小倉、ごめんよ。だって、仕方がなかったんだ。悪かった」などと私に謝る。私は「いいよ、もう済んだことだ。気にするな」と言って掃除当番を始めた。

しかし、掃除中も下校の途中も、それから帰宅して夜床に就いてからも、今日の出来事が頭から離れなかった。もう二度と今日のような軽率な言動はしないようにと、心に誓って漸く眠りに就いたのである。この苦い思い出は私の人生に大きく作用した。事を構えるときは慎重に、さらに慎重に運ぶべきであること、熟慮断行《じゅくりょだんこう》を覚えさせられた出来事であった。

しかしながら、そうはいっても、人間の性格などというものは、一朝一夕で改められるものではないらしく、またまた私は大失敗をやってしまった。

それは小学校六年生になったある日の出来事である。朝礼が終わると、五年生、六年生の男子は各受け持ちの先生に引率されて、伊勢野の旧役場に向かった。何をするのか私たちは知らなかったが、旧役場の前に着くと、大型のトラックが二台停車していた。幌を脱ぐと荷台には鋳物の火鉢が山のように積まれている。この火鉢を各人一個ずつ、新校舎の講堂に運搬する作業を行うよう、先生から指示された。

まず上級生の六年生からということで、私たち一人一人に運転手、助手の方から火鉢が渡された。私たちはそれを両手で抱えるようにして歩いた。火鉢は川口の鋳物工場で製造された鉄の鋳物である。これは浮き出した文字を読んでわかった。さらに大きな浮き出し文字で、潮止村耕地整理完成記念と刻印されていた。それで私たちは、これは多分、明日講堂で行われる記念式典において、村中の家々に配布されるものなのであろうと話し合った。

私たちは三々五々、途中で一休みなどをしながらこの火鉢運びを続けていた。ところが、後から来た五年生がどんどん私たちを追い抜いていく。ある者は早足で、ある者は駆け足で、まるで競争するかのように追い越して行くのだ。

「何だ、五年生の奴、馬鹿に早いではないか。競争しているのか。こんな重い物、あんなに急いだらしまいには疲れてしまうぞ。あれだけの数では一回では終わらないぞ。二回、三回ともなれば必ず疲れるよ。我々はゆっくりやろう」などと話をしながら行くと、五年生の何人かはもう向こうに火鉢を置いたのか、空手で戻ってくる者に出会った。

しかし、我々は急ぐことなく、自分たちのペースで運ぼうと、ゆっくりした足取りで、ともかく最初の一個を講堂に置いた。役場の職員がこれを受け取って、隅の方からきちんと並べていく。それから元の場所に引き返そうと歩いていくと、半分も来た所で、もう五年生の二回目を持った連中に出会う。

「五年生、馬鹿に張り切っているなあ。また、工藤先生が校長先生の点数を稼ぐために奴らにハッパを掛けたな。何かといえば六年生に負けるな、六年生に勝て、お前たちは今の六年生より優秀なのだ、と言っているそうだからなあ。嫌な奴らだよ、本当に」

「いいさ、やる奴にはやらせておけばいい。我々は、あいつらと競争する程馬鹿ではないよ。我々はあくまで我々のペースでやるだけだ」

「そうだ、そうだ、点数稼ぎのオベッカ野郎などの真似はできないさ」

私たちの中にはそんなことを言う者もいる。

しかし、六年生も決して怠《なま》けているわけではないのだ。スタミナの配分を考えてそれなりにやっていたのだがこの結果が凶と出た。

旧役場前のトラックの所に我々が戻ると、受け持ちの先生の顔付きがいつもと違う。顔面蒼白、しかも目は吊り上がり口元が歪《ゆが》んでいる。これはまずいなと思ったが、素知らぬ振りをしてトラックに近づき、次の二個目を運転手さんから受け取ろうとした途端、先生の声が掛かった。

「六年生は全員こちらに集合せよ」と、まるで絶叫するかのような大声である。

ぞろぞろと集まった皆に、先生は、「お前たちは何だ、六年生だろう、上級生だろう。どうして五年生より早く出て、遅く帰ってきたのだ。五年生はお前たちより後から出て、既に早い者はとっくに二個目を持って行った。お前たちは途中で怠けていたのか。それとも、この仕事が嫌なのか。わけを言え、わけを」と、目の色を変えて怒鳴ったのである。誰も何も言わない。無言である。私は仕方なく発言した。

「先生、私たちは怠けてなどいません。途中で一休みしましたが、これは競争ではないのでしょう。誰が一番早いか、五年生と六年生でどちらが早いか、どちらが勝つかを決める競争などとは初めから聞いた覚えはありません。それに荷物の量を見て、一回ではとても終わりそうもないので、二回、三回ともなれば、あまり早くやれば疲れるから、それよりゆっくりと最後までやった方がよいと判断して、自分たちのペースでやったまでです。五年生の方が早いのは五年生のやり方なのでしょう。彼らはまるで競争しているようでした。あれでは最後にはへバッてしまいますよ」

皆は「そうです、そうです」と私の発言に同調した。先生はこう答えた。

「それはお前たちの勝手な理屈だ。一生懸命にやって疲れたら、こちらで指示して一斉に休ませる。勝手に休むなどもってのほかだ。第一、下級生に負けてお前たちは恥ずかしくないのか。嫌な者は止めてすぐに帰れ」

私は激昂《げっこう》している先生の言い分に対して、さらに反論した。

「先生は私たちを怠けている、だから五年生に負けているとお考えのようですが、それは誤解です。私たちは故意に負けてなどいません。もし最初から、この火鉢運びは五年生と六年生の競争だぞ、しっかりやって負けるな、と言って下されば、私たちもその気になってやったでしょう。しかし、先生はそう言いませんでした。だから私たちは私たちの判断でやったまでです。その結果、競争意識を持ってやった五年生が早く、私たちが遅いからといって、私たちが怠けていると思われるのは心外です。しかも競争なら出発も同時でなければ不公平です。私たちは何も知らずに先に出たのです。後から来た五年生が駆け足で私たちを追い越して行くので、びっくりしました。何であんなに急ぐのか不思議でした。きっと、六年生に負けるな、六年生に勝てと指示を受けたのでしょう。しかし、今も申し上げましたように、私たちはそうした指示は受けておらず、従って競争する気持ちなど全くなかったのです。つまり考え方、やり方が違っただけです。一生懸命にやっているか、怠けてやっているかという問題ではないと思います」

「たしかにこれは競争ではない。だから私も五年生に負けるなと指示はしていない。しかし後から出た者が、先に出た者より早く帰ってきたら、怠けていると思うだろう。第一、お前たちは後から来た者がお前たちを追い抜いて行くのに、よく平気でいられたものだ。よし、負けるなと、競争心が起きないのがどうかしているのだ。これから遅れを取り戻すように頑張ってくれ、いいな。嫌な者はやらなくてもよい。邪魔になるから帰れ、わかったな」

こうして何人かが作業を始めたが、私は先生の言うことが納得できないので、「帰ります」と言って皆から離れ、学校に向かって歩き始めた。すると、何人かが私と一緒に歩き出したのである。しばらく歩くと、火鉢を取りに戻る同級生の何人かに出会った。

「おい、もう終わったのか」

「いいや」

「どうして火鉢を持っていないのだ」

「火鉢運びは止めたのだ。先生が嫌な者は帰れと言ったので、私は帰る」

結局、このようにして同級生の十人くらいは学校に戻ってしまった。しかも、そのまま下校してしまったのである。

さて、その翌日が大変だった。私たちは職員室に呼ばれ、受け持ちの先生ばかりか校長先生にまで、きついお叱りを受けたのである。先生はきつく睨みつけながら、「なぜ家に帰った。一番先に帰ったのは誰だ」と問い、誰も黙して語らないのを見ると、「小倉だろう、首謀者は。昨日、屁理屈を付けたのもお前だ。しかし、これに同調した者も全員罰だ」と言った。

そばにいた校長先生は、「お前たちはなぜ昨日の作業をボイコットしたのだ。あの仕事は、村長さんから私が頼まれて引き受けたのだ。浅見先生と工藤先生にお願いして、お前たちにやってもらうことにしたのだ。それを五年生は全員一生懸命にやってくれた。六年生もお前たちを除く他の者は最後までやった。お前たちだけだ、途中で止めたのは、この怠け者めが。今日一日、罰として職員室の前の廊下に立っていろ。そうして、よく反省しろ、いいな」ときつい口調で言った。

しかし私はここでも、校長先生に次のように反論した。

「私たちは決して怠けた覚えもなければ、怠け者でもありません。先生の指示が的確でなかったのと、私たちの考え方と先生の考え方に、違いがあっただけです。まず第一に、先生は初めから競争しろとは言いませんでした。第二に、先生は止めて帰れと言いました。だから私たちは帰ったのです」

「私は学校に帰れと言ったのだ。家に帰れとは言った覚えがない」

「学校に帰れとは言いません。ただ、帰れとだけ言ったのです。帰れと言われれば家に帰るのが当然のことでしょう」

「屁理屈を言うな」

「屁理屈ではありません。屁理屈と言うなら、私はまだ言うことがあります」

「何だ、言ってみろ」

「私たちは学校に勉強に来ています。勉強を止めて火鉢運びなどをやっていいんですか。なぜ、校長先生はこんなことを引き受けたのですか。私は村長さんの考えも変だと思います。あのトラックを学校の講堂前に着けさせれば、火鉢運びは必要ないのです。どうして、そうさせなかったのか、私にはわかりません。しかも、勉強を止めさせて、生徒に運ばせるなどとは間違っていると思います」

校長先生はこれに対し、「勉強も大切だ。たしかに学校は勉強する所だ。しかし、勤労も大切な勉強なのだ。勉強は本を読むことだけではない。村長さんも、お前たちに火鉢運びという勤労奉仕をさせることによって、働くことの大切さを悟らせたいということで、私にお頼みになり、私も同意したのだ。お前たちは先生の言うことを聞いて黙ってやればよい。理屈を言うのはまだ早い、もっと大人になってからでよい。お前たちはまだ子供だ、子供は子供らしくせよ」と答えた。

私は校長先生の言われたことに何か釈然としないところを感じつつも、これ以上言うことは子供らしくないと思い、潔く罰を受けることにした。

十人は職員室の前の廊下に並んで立った。一時間目の授業が終わる鐘の音とともに、他の先生方がぞろぞろと職員室に戻ってきて、ジロジロと私たちの顔を見ていた。女の先生二、三人は私たちの顔を見ながら、クスクスと忍び笑いをした。先生方の目は一様に「この悪戯《いたずら》者めが」というような目付きであった。

他の学年、特に五年生の級長、副級長など、職員室に用事で来る者もいて、彼らも私たちの前を通るたびに悪者を見るような目付きをした。皆はそのたびに恥ずかしさで身の縮む思いがした。立っている仲間でも何人かは、小倉に同調しなければこんな目に遭わずに済んだのに、というような顔をしていた。

しかし、私は全く別のことを考えていた。村長は大地主で、学校の子弟はすべて小作人の子供たちである。小作人二世に今から勤労の美徳の名のもとに、ひたすら働かせようとする下心が感じられて仕方なかった。不快だった。

村長なら何でも自分の思い通りになるという思い上がり、つまり、その権力志向が嫌いであり、さらにそれに抵抗できない権力に弱い校長、そしてその校長の意のままに動く担任の先生はなおさら嫌いであった。すなわち、校長によく思われようとするかのごとく、受け持ちの生徒を競争させてまで酷使する五年生の受け持ちの先生、それに反発するどころか同調しようとする私たちの担任の先生、大人の世界の現実を見るような気がして、私の正義感はますます胸中に燃えたぎった。

私は罰を受けて立たされているという屈辱感などは少しもなく、昂然と顔を上げて先生方や前を歩く生徒たちを睨み据えていた。

私の反骨精神はこの頃から芽生えていたようである。

(5)

　このあたりで話題を変えて、子供の頃の遊びについて書くことにする。分家の修ちゃんが六年生であったのだから、私が小学校の二年生かあるいは三年生の頃の出来事である。二年生と六年生が同じ時刻に下校するということは、その日は祝祭日であったのであろう。学校では式だけで皆一緒に下校したのだ。その途中の出来事である。前述の通り、私は二年生であるから事のいきさつはわからない。つまり、どういう経緯で石合戦が始まったのかはわからなかった。

　場所は学校を出て横山の家の角を曲がり、榛《はん》の木大臣と呼ばれていた家の脇を過ぎ、伊予田と浅古という家の間を通り過ぎた所だ。そこからは耕地になり、民家は大分離れた所にあるのだ。その耕地の中に耕地整理でできた新道が上二丁目まで延びている。この道を歩いていたときのことである。その日はまたずいぶんと大勢で歩いていた。

普通であればこの道は、私たち木曽根新田と若柳の二集落の生徒のみの通学路であった。すなわち、上木曽根、上二丁目の生徒は、中川の川沿いに続く集落の中にある県道を通るのである。それがこの日は、先に示した私たちの通学路を彼らも私たちと一緒に通っていた。ということは、予《あらかじ》め学校にいるとき、上級生の間ではこの道で石合戦をやる計画が立てられ、打ち合わせ済みであったのかもしれない。

従って、彼ら五年生、六年生たちがやる石合戦に、私たち低学年の生徒までが巻き込まれたことになるわけだ。そういえば合戦が始まった頃、「一年生や二年生は危ないから早く帰れ」とか、「危ないから遠くに退《ひ》いていろ」といった怒鳴り声が聞こえた気がする。

しかし、相手の木曽根、二丁目組の一年生や二年生の小さい者までもが参加して、どんどん石を投げてくるとなれば、私たちも黙って見ているわけにもいかないし、まして帰ることなどなおさらできない。とうとう私たちもこの合戦に加わることになった。

先方の大将は六年生で、上二丁目の唐臼《からうす》屋の子で体格の大きい人だった。副将も六年生で上木曽根の糞大臣の長ちゃん。それから五年生でデカ正と言われた、大人のように大きい清水正治。もう一人デブ正と言われた太った子もいた。その他、四年生から一年生まで十五、六人もいたろうか。味方の大将は家の修ちゃんである。同じ六年生で野尻の政ちゃんが副将、それに隣の延治さん。五年生は一人で竹三さん。四年生は彦右ヱどんの房ちゃん、前の家の富ちゃん、それに屋根屋の梅ちゃん、水谷の賢ちゃん、紺屋の吉ちゃん。六年生がもう一人いて若柳の屋根屋の辰さん。三年生は林松さんと紺谷の浩三さん。二年生が私と一男君、徳ちゃん、英ちゃん、弥蔵さん、清松さん。一年坊主は寅松さんと、伸ちゃん。総勢二十人くらいで、敵味方ともにほぼ同数であったと思う。

二手に分かれて合戦が始まった。道路に敷かれた砂利を拾って相手に投げつけるのである。初め、私たち低学年の者は道路の砂利集め、つまり弾《たま》拾いであったが、いつの間にか皆と第一線（前の方、敵に近い所）に出て投げていた。石を拾っては投げ、拾っては投げるのだが、身体が敏捷に動いているからお互いになかなか当たらない。しかし、どうした弾みか、特に大きい石が私の頭に当たってしまった。私は一時、目が眩み、その場にしゃがみ込んでしまった。その痛いこと痛いこと。

ところがしゃがみ込んでいると余計に弾が飛んで来て当たるので、私はやむなく後に退いた。あまりに痛いので頭に手を当ててみると大きなコブができていた。私は痛さを堪えていたのだが、そのコブに触ると急に泣き出してしまった。しばらくして合戦は終わった。どちらが勝ったのか負けたのか私にはわからなかったが、ともかく合戦は終わり、双方に分かれて帰途に就いた。

負傷者は私一人であった。大将の修ちゃんを始め皆が心配して、用水で手拭いを濡らし、私のコブが引けるように当ててくれたり、また誰かが稲の穂を取って歯で噛んで、米の汁を作り、これをコブに付けてくれた。これは蜂に刺されてコブができたときに、米粒を噛んで付けるとよく効くので試してくれたのであるが、あまり効果はなかった。

家に帰って、お婆さんに富山の毒消しを付けてもらったところ、大分痛みは少なくなったが、腫れはなかなか引かなかった。その晩、とうとう父親に見つかってお叱りを受けた。特に修ちゃんが叱られた。

「男の子だから、少しくらい乱暴するのは構わない。しかし、石合戦は止めろ。もし眼にでも当たって眼が見えなくなるというようなことにでもなれば大変だ。その子の一生の大事となる。これからは特に小さい子供は仲間に入れるな」

その後、石合戦はなかった。私にとってたった一回だけの痛い経験であったが、それだけに今でもこうして思い出の一齣《ひとこま》になっているというわけである。

次の話は、小学校の四年か五年生の頃のものである。私を含めた同級生六人が、学校でとある約束をした。相手は上木曽根の同級生の五人であった。その約束の内容はこうである。

上木曽根は中川の岸に沿っている集落のため、同級生は皆、自分の家から川まで百メートルか遠い者でも二百メートルくらいの距離にあり、兄や先輩たちに教わるともなく泳ぎを教わって、河童《かっぱ》なのである。今では川幅の広い所で優に百メートル以上もある地点を、対岸まで泳ぐことくらいは朝飯前で、中には三、四回も往復する者、川舟の底を横に潜り抜けるばかりか、縦にも潜り抜けられると自慢する者までいる程である。

それに比べて私たち、木曽根新田や若柳の連中は、川から一キロメートルないし二キロメートルも離れているから、「一メートルも泳げないであろう」と馬鹿にされたために、つい「そんなことはない。我々だって今度、耕地整理でできた用水所から流れる幹線水路（幅五メートル、深さ一メートルのコンクリート製、長さは五百メートル程度）で泳いだり、また葛西用水（幅十メートル、深さ一メートル五十）でも泳いでいる。だから中川でも泳げる」と、言い張った。そこで、「それなら今日中川に来て、我々と泳ぎの競争をしよう」という約束に至るのである。

放課後、私たちはカバンを背負ったまま上木曽根の連中と中川に同行した。そこは丁度、川舟の船着き場になっていて、もっとも川幅の広い所で百五十メートルくらいはあったろうか。しかも船着き場のため、岸からすぐに深くなっていて、水深は四メートルくらいあるという。

そんなわけで私たちはすぐに川に入ることができず、しばし逡巡《しゅんじゅん》していたところ、彼らは何のためらいもなく着物を脱ぐと、ドボン、ドボンと勝手に水に入り、スイスイと泳ぎ出した。見る間に五人は対岸まで泳ぎ着くと、こちらを向いて立ち、早く君らも泳いで来いよと言わんばかりに、手を大きく振っている。

私が皆に、「どうしよう、泳ぐ?」と聞くと、誰も返事をする者がいないのだ。一人は少し青ざめた顔付きで「俺は止めるよ、俺、自信ないよ」と言い出す始末である。私もそう言われると全く自信がない。他の者も右に同じで「帰ろう」と、もう逃げ腰である。独り、国枝君だけが「少しくらいは泳げるだろう」と、楽観的なことを言う。

そのうちに彼ら五人はまたもスイスイと泳いで戻ってきた。そして「おい、どうした、泳がないのか。約束を破るのか、卑怯だぞ。男が一旦約束したのだ、泳いでみろよ」と、迫る。それに同調して他の者も異口同音に「早く、早く」とせき立てる。私たちは困ってしまった。もし、約束を破って泳がなかったら、明日、学校で同級生の皆にこの話をされ、卑怯者、臆病者と蔑《さげす》まれるのは火を見るより明らかだ。そうかといって自信もないのに川に入ったら、あるいは溺れてしまうかもしれない。そうなったら余計に大変だ。

第一、そうなったとき、彼ら五人は果たして私たちを助けてくれるだろうか。あるいは助けることができるであろうか。そのことも心配だ。私はとうとう決心して、彼ら五人に謝り、そうしてこのことは学校で内緒にしてくれるように頼んだのである。皆も一緒になって悔しいけれど、彼らに頭を下げて頼み込んだ。

ところが意外にも彼らは「そんなに頼むなら仕方がない」と、あっさりこれを認めてくれた。しかし、これで安心するのは早計であった。彼らには次の策略が隠されていたのである。彼らは次に私たちにこう提案してきたのだ。

「それでは、泳ぐのは止めにして、ここに空舟があるから舟遊びをしよう。皆この舟に乗れよ、僕が漕いであげるから。なあ、それならいいだろう。せっかく、ここまで来たのだから、泳がなくてもせめて舟でこの川を向こう岸まで渡ってみたら」

私たちはそれならということで、全員賛成してこの川舟に乗ったのである。

彼らのうち二人が、手慣れた手つきで竹竿を操り、舟を漕ぎ出した。舟が岸から一メートル、五メートルと離れて、やがて川の真ん中あたりに来たとき、何を思ったのか二人は手にした竹竿で私たち五人を次々と川に突き落としたのである。

カバンこそ岸辺に置いたものの、私たちは泳ぐのではないから着物は着ていた。その着衣のまま、しかも水深は五メートルもあろうか、一番深い、流れも速い所であるからたまらない。もう夢中で犬掻きやら何やら、ともかく何とか浮いていなければ溺れてしまうので、手足をバタバタさせて、それでも全員川舟の縁に掴まることができた。

彼ら五人は面白がってワイワイはやし立てる。中にはゲラゲラ笑っている者もいる。私はこのときほど同級生の彼らを憎らしいと思ったことはない。しかし、この場は仕方なく彼らの手を借りてどうやら川舟に上がることができたが、全く一時は生きた心地もないくらいであった。こちらの仲間たちも大分水を飲んだらしく、ゲーゲー吐き出したり、鼻にも入ったらしく痛さを堪えてその顔は半分泣き顔である。

彼らはやっと溜飲《りゅういん》が下りたと見えて、それでも舟を岸に着けてくれたので、私たちは早々に岸に上がり、着衣を絞るとそのまま手に持って、カバンを拾い上げ、さよならも言わず一目散に駆け出して帰路に就いた。

翌日、彼らはやはり川筋の他の集落の泳げる連中に昨日のことを吹聴《ふいちょう》したらしく、級友の皆から私たちは大いに冷やかされる羽目になったことは言うまでもない。私たちは恥ずかしさに身のすくむ思いであった。しかし、それは二、三日のことで済んだが、それよりも私はこのことがあってから水が怖くなり、その後は一度も川で泳ぐことはなかった。他の人たちももちろん同じようであった。

私は後年になってから、高等農林に在学中の一夏、千葉県の館山での合宿で水泳の訓練を受けるまで、全く泳ぐことを知らぬ海洋日本の少年であった。ちなみに我々の仲間であったうちの一人秋山弥蔵君は、徴兵検査の結果、甲種合格で海軍水兵として横須賀の海兵団に入営した。その後、大東亜戦争で戦死を遂げたが、彼が海兵団で水兵としての水泳訓練で、どんなに辛い思いをしたかを彼自身の口から聞くことはできなかった。

この日の彼我十人の悪童たちの中から、秋山君の他、国枝君、大山益雄、大山藤助の両君と合わせて四人が戦死者となった。今、この思い出の一項を書き終わるにあたり、彼らの冥福を心から祈念する。

ついでにもう一つ、冬の雪の日の思い出を書くことにする。私の故郷は関東平野の最南端、東京都との境に位置することは冒頭に述べたが、その地勢上から降雪は非常に少ない。一尺（約三十センチ）も積もれば大雪である。しかもそれは二、三年に一回くらいである。たまたまこの日はその大雪の日であった。

朝起きてみると、昨夜から降り続いた雪であたり一面はまさに銀世界。庭の松の木の枝が今にも折れそうに垂れている。朝飯も早々にカバンを背負って家を飛び出した。次々に出会う友達の顔も、久し振りの大雪に上気している。

「雪だ、雪だ、大雪だ」。あちらからもこちらからも歓声が上がる。まだ誰も歩かない新雪を踏もうと我先に駆け出した。中には道を外れて畑や田んぼを走る者もいる。早くも何人かずつで雪合戦が始まる。雪が好きなのは犬と子供とはよく言ったものだ。まさに犬ころのように転んだり滑ったりしながら走りに走る。こうして校門まで辿り着く。教室に入るとカバンを投げ出すように置いて校庭に出る。誰彼なしに雪の投げ合いが始まる。もっとも校庭の隅の方で一生懸命に雪達磨《だるま》を作っている者もいる。こうした様相はいずこの校庭でも見られる風景であろうが、突如、異様なことが始まった。誰かが音楽教室から長い腰掛けを持ち出してきて、これを逆さまにしてその上に何人かが乗り、校庭の一角にある築山の斜面を滑り降りたのである。

これを見て我も我もと真似をし始めたからたまらない。一つや二つのときはよかったが、五台、十台と数を増すと、あちらでもぶつかり、こちらでもぶつかりして、そのたびに腰掛けが壊れ、とうとう十何台全部壊してしまった。

ところがこの悪戯をやった者が六年生、つまり私たち最上級生であるから、下級生は誰も面白がって見ているだけで止めることができない。私は級長として何回か止めるように言ったのだが、遊びに弾みがついてか、誰も言うことを聞いてくれない。それでもさすがに先生方が登校してくる頃には、壊れた腰掛けを全部物置にしまって、何事もなかったように授業が始まった。雪の日であったからいつものように校庭での朝礼はなく、先生方は全くこのことに気付かなかった。ところが午後になって、三年生のクラスが唱歌の時間で音楽教室に入ったところ、長い腰掛けがないので驚いて受け持ちの先生に報告した。先生がそれを確認して職員室に戻り、教頭先生にそのことを知らせたので騒ぎが起きたのである。

教頭先生はさらに自らそのことを確認して校長先生に報告したらしい。三年のクラスは取り敢えず床に座って唱歌の授業を済ませた。

さて、各学年の先生方もそれぞれ授業が終わって職員室に戻ると、緊急の職員会議が行われた模様であった。その結果、まず小使いのおじさんが呼ばれて事情を聞かれたが、おじさんは何も知らなかったらしい。そこで次に六年生の級長である私が呼び出された。私は自分の目撃したことを正直に話した。

もちろん、何度か止めるように忠告したが、止めさせることができなかったことも話した。その結果、六年生全員がお叱りを受けたのである。その日のうちに出入りの大工さんが来て、長い腰掛けの壊れた足は全部修理され、翌日の授業には支障がなかった。

私は校長先生を始め、受け持ちの先生に言われるまでもなく、悪戯を阻止できなかった自分の無力を嘆くとともに、付和雷同《ふわらいどう》というか、群集心理の恐ろしさを痛感させられた一つの出来事であったので、今でも鮮やかに脳裏に焼き付いて離れない。

さて、こうして小学校六年間の思い出は枚挙に暇《いとま》がないが、まずはこのあたりに留めて、次にやはりこの時代に見聞し体験したお祭りについてお正月から月を追って書くことにする。

第二章　お祭りの記録

（1）

正月——弓《ゆみ》撃《う》ち——

毎年正月の十五日に行われる行事である。前日に幟《のぼり》建てがある。各戸一人ずつが出て、氷川神社の入り口に二基建てるのである。私も一度参加したことがあるが、地面に大きく穴が掘られ、まず欅《けやき》でできた枠が埋められる。この枠には閂《かんぬき》が二本付いていて、これも土中に埋められ、枠を保持する役目を果たす。一組が二本の枠でできている。この枠の底部に穴が開けられていて、その穴に竿の基部にある穴を合わせ、簪《かんざし》を差し通す。これで竿は枠に固定されるわけである。次に竿の先端にロープを結び、このロープの先にさらに細い藁縄《わらなわ》を何本も付ける。

こうしておいて、何人かの力自慢の男たちが竿の根本に集まり竿を持ち上げる。ヨイショ、ヨイショと掛け声を掛けながら、力を合わせて大人たちの背の高さくらいまで持ち上げたところで、これに梯子を掛け、順々に梯子を建てていく。これに合わせて竿の先に結んだロープを反対側から引くと、竿は徐々に建ち上がりついに垂直となる。

この竿には丸い輪が何個か付けられており、この輪に幟旗を結び、先端に取り付けられた滑車によって綱を引くと、幟旗はするすると引き上げられる。これより先、竿は枠の上部にある簪で固定される。つまり、竿は上、下二個の簪によって枠にガッチリと固定されるため、相当の強風で幟旗が煽《あお》られても、倒れるようなことは滅多にない。

幟旗には筆太の氷川神社の文字が鮮やかに染め抜かれている。これまで説明したような順序で二基の幟が建て終わると、御神酒《おみき》が出て、焼きいか、里芋の煮物、たくあん、その他漬物などで茶碗酒を飲み、一騒ぎして解散となる。

さて十五日の当日は、朝早くから神社の太鼓が鳴り響き、各戸から続々と神社にお参りに出掛ける。大人も子供も晴れ晴れとした明るい笑顔で、声高に挨拶を交わしながら神社への道を急ぐ。皆白い息を吐いている。でも身体は段々と温かくなる。幟の間を通る頃はもう村の人たちでいっぱいである。

石の鳥居を潜って拝殿の前に進み、鈴を鳴らし拍手《かしわで》を打って拝む。後から続々と参拝人が連なる。そうして弓撃ちの儀式が始まるのを待つ。

拝殿の向かって右手の広場に、既に的《まと》は二個設《しつら》えてあった。一方は男、片方は女の文字が太々しく書かれている。この文字的を目がけて矢が射られるのだ。男文字の〝田〟の真ん中の十字に矢が命中すれば今年は豊作と言われる。女文字の真ん中の白い空間に矢が当たれば、今年は穏やかな、天災地変のない年であると言われる。

やがて神主の長々しい祝詞《のりと》が読まれ、お祓《はら》いが行われ、年男の中から選ばれた射手が二人、袴を着けて上衣の片袖を脱ぎ、筵《むしろ》の敷かれた定められた場所に座る。二人は同時に弓に矢をつがえる。キリキリと引き絞り、ヒョウと矢が放たれる。矢は見事二本とも命中する。どっと上がる歓声が氷川神社の森にこだまする――。

太鼓が大きく鳴って村中に矢が当たったことを告げると、神社に来ない人々も各戸で神棚にお灯明《とうみょう》を上げ、今年の豊年と無事息災を祈っていたに違いない。その人々の安堵の笑顔が見えるようだ。人々は三々五々家路に就く。誰の顔も明るく華やいで見える。特に娘たちの晴れ着が眩しい。こうしてこの年初めての行事「弓撃ち」はつつがなく終わる。

二月――初午《はつうま》――

節分の豆撒《ま》きが済むと、その年の第二回目のお祭りである初午が催される。もちろん二月最初の日（干支）である。その年の宿（当番）では、当日より一週間も前から準備が行われる。まず村内の各戸を大きな袋と一升マスを持った人たちが回って、精米一升をもらう。お米を生産していない非農家からはお金を志だけもらう。お米はその一部を麹《こうじ》と取り替え、お金の少ないときはお米を売ってお金にし、先にもらった金に加えて酒や酒の肴を買う。宿では麹を使って甘酒造りが始められる。

当日は朝早くから御稲荷様の境内からドン、ドンと、威勢の良い太鼓の音が聞こえてくる。この太鼓の音を耳にしながら、今日の楽しみを胸に描いて学校に行くのである。中には授業中もこのことが気になって勉強に身が入らず、先生にたしなめられる者もいる。やがて授業が終わると我々は一目散に家に帰り、カバンを座敷に放り投げると、その足で稲荷神社に駆けつける。

正一位稲荷大明神の幟がはためいている。赤い鳥居を潜り抜けると、真っ先に大太鼓に近づき、太鼓のバチを取り合って我先にと打ち鳴らす。拝殿では車座になった各家々の旦那連中が、母親や若い娘さんたちのお酌でもう相当のご機嫌だ。

声高《こわだか》な話し声、歌を歌う者、皿や小鉢を箸で叩いて拍子をとる者、大きな掛け声を張り上げる者で、あたりはもう大変な騒ぎとなっている。拝殿の前の庭には縁台がいくつも置かれ、各戸から持ち寄ったたくさんのご馳走が、あるいは大皿に盛られ、あるいは重箱に詰まり、あるいはおかもちが並べられ、自分の好きな物をてんでに小皿に取って食べている。もちろん、食べ放題である。

大きな桶から柄杓《ひしゃく》で、これも大きな黒塗りのお椀に、甘酒が並々と注《つ》がれ何杯でも飲める。おじいさんもおばあさんも、お母さんもお嫁さんも、お姉さんも子供も一緒になってガヤガヤと賑やかに飲んだり食べたりしゃべったり、それはそれは忙しいことだが、皆の笑顔でいっぱいだ。誰一人として渋面《じゅうめん》を作っている者はいない。

いつもはあまり仲のよくない人たちも、またあまり親しくしていない人々も、今日ばかりはニコニコ顔である。祭りの効用ここにありという感慨ひとしおである。

境内には駄菓子屋やオモチャ屋が出る。小遣いを頂いた子供たちは、日頃から欲しいと思っていた玩具を手にして大喜びである。駄菓子のいっぱい詰まった紙袋を抱えるようにして食べながら遊んでいる子もいる。

夕方になると提灯《ちょうちん》やぼんぼりに灯がともされ、今日ばかりは子供たちも夜遅くまでお稲荷様にいることができる。こうして農村の豊年満作を祈念する初午の行事は、夜の更けるまで続けられる。

これは祖父の代から父親の代へ、父親の代から息子の代へ、そうして孫からひ孫へと、何十年、何百年と伝承されてきた楽しい行事なのである。文化、文明、科学がいかに発達しても、この素朴な行事は続けたいと考えるのは私一人だけの郷愁であろうか。

残すべき風習や伝統は是非残したいものである。

四月——花祭り——

八重桜が満開の頃、否、桜花爛漫《おうからんまん》と言った方が適切な表現であるかもしれない。この日、四月八日は学校でも全校生徒が講堂に集められ、お釈迦様の講話がある。村内のお寺の住職が交替で来校し、生徒の前で有り難いお話をされる。その後私たち生徒はお釈迦様の歌を歌ってこの式を終わる。こんな歌であったと思う。

昔々三千年、花咲き匂う春八日
響き渡った一声は、天にも地にも我独り
円い世界の真ん中で、富も位もありながら
独りお城を抜け出でて、山にこもりし十二年

この後三番、四番と続くのであるがよくは覚えていない。ところが末尾の歌詩だけははっきりと覚えているのである。それにはわけがある。

すなわち、その歌詩は「我らも負けずに励みましょう」というのであるが、これを「我らも負けずに禿見《はげ》ましょう」と替えたのである。それはたまたま同級生である高橋君の後頭部に一銭銅貨程の禿があり、これをからかったのである。もちろん、子供の茶目っ気がしたことで悪気はない。しかしながらこの日から二、三日は高橋君にとっては御難の日々であったことを思うと慙愧《ざんき》

に耐えない。
さて、学校の授業が終わると私たちは菩提寺に駆けつける。本堂前に飾られた桜の花のお家の中にお釈迦様の像が立っている。天上天下唯我独尊《てんじょうてんげゆいがどくそん》を表す、片手を上に、片手を下にしたこのお像の頭に、子供たちは柄杓で甘茶を掛ける。別に甘茶をもらい自分たちもこれを飲む。これは「お釈迦様にあやかって、頭の良い勉強の良くできる子になるようにと、祈りながら飲みなさい」と住職が言うので、その通りにしたものである。

信心深い老人たちも大勢本堂に上がって、数珠《じゅず》をまさぐりお経を唱えている。私の家も真言宗とかで「南無阿弥陀仏」と手を合わせて拝むことを幼時から教えられた。また、集落には念仏講という講中があって、月に何回かお年寄りたちが集まってお念仏を唱え、御詠歌《ごえいか》を歌い、あるいは和讃《わさん》というやはり歌のようなものを唱えていた。

念仏太鼓を叩き、鈴を鳴らし、鐘を打ち、極楽往生を祈願していたようである。私の祖母もそれはそれは信心深い人であった。念仏講には欠かさず出て、読み書きができたことから、前述の御詠歌や和讃の原本をお寺から借り受け、これを写し取って何人かの朋輩に配り、便宜を図っていたようである。

それは半紙を二つ折りにしたものに毛筆で、なかなか達筆な仮名書きであった。この筆写を私も手伝ったことがあるので知ったのである。なお、私の集落は菩提寺と半道《はんみち》も離れていたため、幼児やお年寄りには遠すぎるという配慮から、集落にお釈迦様が出張することもあった。大八車に乗ったり、あるいはリヤカーに乗ってきたこともある。集落の照福寺（菩提寺である普門寺の分寺）の境内に安置され、皆々でこれをお参りしたものである。

このように幼い頃から仏教の行事に参加し、祖母並びに父母を始め、家族がすべて信心に篤い環境に育った私は、もちろん宗教心もいささかは持っていた。しかし、現在は無宗教者である。それはあの大東亜戦争、沖縄での戦いで、私は運良く生き残ったものの、多くの戦友を失い、同時に宗教心も失ったのである。神に祈り、仏にすがり、アーメンを唱えながら死んでいく多くの人々を目の当たりにして、宗教の無力さをいやという程見せつけられたからに他ならない。

しかしながらそれはそれとして、幼い頃の思い出の一つとして書き残すことにやぶさかではない。

五月――端午《たんご》の節句――

花祭りが終わると農家は仕付《しつ》けに入る。まず最初に行うのは、池やあるいは大きな桶などに種子（モミ）を浸すことだ。この場合は種子を叺《かます》に入れるが、布や麻袋に入れて風呂桶に浸す家もある。一週間か十日くらいであったと思う。種子が膨らみ少し芽の出掛かった頃、これを苗代に播種する。

これに先立って、泥さらいという行事がある。冬の間の雪や氷などで用水が凍結して、両側の土が崩れ落ち、用水が埋まって浅くなっているのを掘り下げて深くすることで、通水をよくする。その日は朝早くから村人はショベルや鋤《すき》、鍬《くわ》（そういえば、泥さらいというズバリその物を表す農具もあった）といった農具を持ち寄り、御稲荷様の境内に集合する。それからそれぞれの受け持ち区域を定め、人数割りをして、さらにその地区の責任者を定め出掛けるのである。

用水堀の中に入って泥を掬い上げる者、その泥を始末する者、などなど。全身泥だらけになる重労働である。それ故に昼のお弁当は一升飯といって、重箱や小振りのお櫃《ひつ》にご飯がいっぱいに詰められる。

子供たちは、学校が休みであれば早朝からこの作業に加わる。学校があれば下校するやただちに各方面に分かれて作業現場に駆けつける。そしてその作業に加わる。もっとも、加わるといっても大人たちに混ざってこの重労働を行うわけではなく、大人たちが掬い上げた泥を掻き回して、ドジョウやタニシ、烏貝、たまには鮒や鯉、ナマズなどもいるので、これを拾い上げるのである。これがまた結構な収穫があるのだ。

さて泥さらいが終わった後、子供たちが採ったこうした魚や貝を料理して、大人たちが一杯やるわけだ。このときは子供たちももちろん、相伴《しょうばん》に与る。ドジョウ汁、ナマズの天ぷら、烏貝の味噌煮など、どれもこれも美味しいものばかりである。

こうして用水が綺麗に掃除されたところに、堰が開けられて春の水が流れてくる。しかしこの頃はまだ流れも弱く満々たる用水堀というわけにはいかない。従って、苗代作りに必要とする水なども自然に苗代に流れ込むという程ではなく、どこの家も水車や釣瓶《つるべ》などを使って水を汲み上げることになる。

この水車や釣瓶の水汲みは子供たちも手伝う。私もよくこの仕事を手伝ったのであるが、初めの頃はこの水車に乗ってもバランスが取れず、前に落ちたり後ろにずり落ちたりしてなかなかうまくいかない。しかし慣れてくるとどの辺に乗ればバランスが保てるかがわかってくるので、一本の棒に片手で掴まったくらいで充分に身体が安定して、水車はその人の重みでグルグル回り、羽根が一枚水から揚がるごとに水がドブン、ドブンと田に入る。

釣瓶の方は二人で向かい合い、二本の綱を両手にそれぞれ一本ずつ持ち、これを操《く》るのであるが、これは二人の呼吸が合わないとうまくいかない。拍子《ひょうし》をとることが大切で、これができれば後は何の苦もなく水を汲むことができる。続いて五十回、百回と同じ動作を繰り返して、必要なだけの水を汲み上げてゆく。

こうして水を入れた苗代に、前述の種子を播くのである。それからは毎日毎日一定量の水を保持しなければならないのであるが、日中は水を切って日光に晒し、地表の温度を高めて発芽を促進し、苗の生育を図る。

このときもっとも注意すべきは雷雨である。

たまたま水を切って苗代を乾かしているとき、にわか雨が走ったり、雹《ひょう》が降る場合など、その雨、雹に叩かれることになる。芽を出した種子や伸び掛かった小さな苗を守るために、苗代に水を張らねばならない。こうした緊急の場合は、先程の水車や、釣瓶などはもちろん、バケツ、桶などあらゆる器具を使用し、家中の者を総動員して苗代に水を汲み入れる。種子の上一寸（約三センチ）くらいまで水を張ってこの被害を防ぐことが肝要であり、こうした場合は子供でも悉く《ことごと》これに参加したものである。私も何度かこうした経験をした。

蛙の被害から苗を守ることも大事である。夕方、苗代に水を張ると蛙がたくさん入って暴れ回り、発芽したものや既に生育中の苗を足で掻き回し、大切な苗を駄目にしてしまうことがある。これを防ぐために夜、ガン灯を点けて苗代に行き、三ツ又で蛙を刺すのである。多いときは五、六十匹も捕れる。蛙は鶏やアヒルの餌になる。この蛙捕りも子供の仕事であった。

この三ツ又とは自転車のスポークをヤスリや砥石で研ぎ、先を鋭く尖らした物を三本、竹竿の先に付けた代物である。私も手製でこれを作ったことがあるが、三本の先を広げる角度が難しい。角度をあまり広げ過ぎると、蛙に一本しか刺さらないため、蛙が暴れると外れて逃げられてしまう。逆にあまり角度が狭いと蛙に刺さりにくい。これをうまく調整するのがコツと言える。刺した蛙は三ツ又から外し、腰に吊るした籠《かご》に入れる。籠が重くなると、翌朝には鶏やアヒルが大喜びというわけである。

苗は播種《はしゅ》してから四十日くらいで田植えができるくらいに成長する。じっくりと固い丈夫な苗を作ることが大事で、あまり大きく伸び過ぎた苗は好ましくない。私の故郷では五月の下旬から六月の上旬にかけてが田植えの最盛期であった。

従って五月の節句はこの田植え前の行事で、これから本当に多忙となる前の楽しみということになる。

爽やかな薫風《くんぷう》に鯉のぼりが勢いよく大空に踊る。殊に初節句の家などは吹き流しの五色がなびき、真鯉の、黒くて力強い大きな腹に風をいっぱいはらんで、大空高く泳ぐ姿は何とも勇壮である。その次に緋鯉が続く。華やかな彩りが真鯉とは対照的で、その優美な姿もまた美しき限りである。大きな物から小さな物まで、十個以上も連なって泳ぐ姿は何とも形容しがたく美しい。

この伝統美は日本人の美的感覚を象徴するものと言うべく、幼い頃の私にとっても、ひときわ深い感動を覚えたものである。この日、家々の軒端には菖蒲《しょうぶ》と蓬《よもぎ》の葉を藁《わら》で結んだ物が供えられる。その夜は、お風呂に菖蒲が何本か、これも藁で束ねられた物が入れられる。そのかぐわしい香りについては何とも表現の仕様がない。私たちの祖先が男の子の無事成長を願い、尚武《しょうぶ》を菖蒲にあやかり、武勇を尊んだ祈りの心が私の心にも感じられるのである。

私たちはこの菖蒲湯に浸り、鯉のぼりを仰ぎ見て、丈夫な良い子に育つようにと願う親たちの慈愛の心を感ぜずにはいられない。そうした気持ちでこの歌を歌ったのである。

鯉のぼり

いらかの波と雲の波　重なる波の中空を
橘薫る朝風に　高く泳ぐや鯉のぼり
開ける広きその口に　舟をも飲まん様見えて
ゆたかに振るう尾ひれには　物に動ぜぬ姿あり（以下省略）

鯉のぼりが外に飾られるのに対して、内のぼりといって家屋内に飾られるのもある。床の間に金屏風《びょうぶ》が広げられ、その前に鎧《よろい》、兜《かぶと》、弓矢、陣太刀、陣太鼓などが並べられ、さらに金太郎や桃太郎などの武者人形も飾られる。

この日はどこの家も柏餅を作り、それをお供えするとともに家人全員でこれを食べる。小豆餡《あずきあん》と味噌餡があったが、どちらもそれぞれの風味があって、今でも懐かしくその味を思い出すことができる。この時期になると、東京でも餅菓子屋の店頭に山のように並べられるのでときどき買って食べてみるが、餡が甘すぎたり柏の独特な薫りもないので、お世辞にも旨いとは言えない。あの祖母や母親の手づくりの素朴な味わいが、もうどこにもないのが甚だ残念である。

七月――獅子舞――

端午の節句が済むと農家は急に忙しくなる。田んぼには水が入り、何回か土が返され、そのたびに土が細かく砕かれていく。苗代の早苗も丁度良い具合に育っている。

いよいよ明日は田植えだ。毎年手伝いに来てくれる二合半領の人たちの手配も済ませた。明日の朝は早いぞ、代掻《しろか》き馬も昨日のうちに馬喰《ばくろう》さんが連れてきて馬小屋に繋がれている。夕べは飼い葉もたくさんやったから明日はしっかり働いてくれるだろう。

五時頃、もう全員起きている。朝飯の支度もすっかりできている。手伝いの人々の到着を待つばかりだ。子供たちもその活気に満ちた中で何となく弾んでいる。

来た、来た。女たちは菅笠《すげがさ》と蓑《みの》を持って、男たちは真新しい麦藁帽子を被っている。娘たちの襷《たすき》の色が鮮やかだ。腰に小さくきりっと結んだ帯、それを上から押さえるように結んだ腰紐が赤く華やいで、紺絣《がすり》の仕事着とよく似合う。その上仕事着の袖口をまくり裏地を美しく見せている。

「おはようございます。今日はよいお天気で、おおきに仕事も捗《はかど》るでしょう」

「朝早くからご苦労さまです。どうかよろしくお頼みします」

手伝う方、頼んだ方がこのようにそれぞれ挨拶を交わす。

「まずお茶を、それから朝飯をどうぞ」

出迎えた家人の声に、それぞれ荷物を置いて席に着くとお茶を注ぎ、飯を盛る。汁もお新香もおかずも、この日のために丹精した自慢の味だ。「頂きます」と言って一斉に箸を付け、「ご飯がよく炊けている。お味噌汁も相変わらず美味しい。この家のお新香は絶品だ」などと口々に誉めそやしながら、食べる食べる。

農家の人は食が太い。娘さんでもご飯を軽く三膳は食べる。男盛《ざか》りは五、六杯も食べる。食べなければ重労働はできない。腹いっぱい食べて精いっぱい働く。これが農家の鉄則だ。食事が終わると一服する間もなく、「それでは出掛けますか」と言って、先に立つ人に続いてゾロゾロ立ちあがる。

家人の案内で田んぼに向かうと、まずは苗代に行く。苗代では既に二、三人の手慣れた女たちが苗採りをしている。手際よく束ねられた早苗がたくさん水に浮かんでいる。「すみませんが、それぞれ両手で五、六把《わ》ずつ持ってくれませんか。取り敢《あ》えずそれで植えて頂いて、後は籠で運びますから」と言う家人の指示に従い、両手に持てるだけ早苗を手にする。「それでは、こちらです」と、家人の案内で田んぼに向かって歩いていくと、そここで同じような人々に出会う。既に田の中で植えている家もある。田んぼに着くと威勢のよい馬方の掛け声が聞こえ、代掻き馬がマンガ（万鍬《まんぐわ》のなまり）を引いている。代掻きの終わった所に植え手が入る。手にした早苗を適当な間隔に配り一列に並ぶと、縄を張り、左右の畦でピンと縄を張り終わるのを待って、植え手が苗を植え始める。

皆、苗捌《さば》きも手慣れたもので見事に植え付けられていく。まずは縄に添って植えられ、その手前に一条、縄の上に一条、つまり三条植えで、これが縄張りのリードによって順次繰り返され、植え手が後ろに退くに従い、見る見るうちに泥田が青田に変貌する。

若い衆が若い娘をからかって何か面白いことでも言ったのか、突然、黄色い歓声があがる。横に一列に並んだ植え手は、男女合わせて十五、六人もいる。その田んぼの三分の一くらいも済んだ頃、家人が籠に苗を山のように盛り上げたのを天秤棒《てんびんぼう》で担いで来る。

これを程よく田んぼ中に撒き散らす。先程の代掻き馬は馬方ともども、次の田んぼに移動したらしくその姿はない。やがて田植えも終わって、さすがに曲がった腰を伸ばす。中には両手で腰を叩いている者も見受けられる。こうして次の田から次の田へと植えていく。午前中にこの人数で三、四反も植えるであろう。そうすると今日一日で一町歩くらいは植え終わる算段になり、明日は早目に全部植え終わるかもしれない。

昼時はいつもより早く、十一時頃に田から上がり家に帰る。昼食は煮魚なども付いて、朝食より一段と濃厚な料理が出る。手伝いの皆さんが、午前中に一生懸命に植えたので仕事も捗り、家人の機嫌もよく、話も盛り上がって食事も賑やかである。昼休みはたっぷり取って、午後の仕事は一時頃から始まる。

「昼の上がりは他家よりも一足早く、仕事に掛かるのは他家より一足遅く」というのが、我が家のしきたりであると、父は常日頃からよく言っていた。「これが他人様、つまり手伝いの人々を働かせるコツである」とも言っていたことを私は覚えている。

反対に少しでも遅くまで働かせ、少しでも休みを少なくするというやり方は、一見能率が上がるように考えるが、これは下手なやり方だ。こうすると仕事中に怠けられたり手を抜かれたりして浮苗《うきなえ》（きちんと植えられていないため、後で苗がプカプカ浮いてしまう）が多く、手直しのため余計な手間が掛かるなど、良い結果を生まないというのが父の意見である。

私はもっともなことであると思った。こうして田植え一つ取っても、人情の機微《きび》をとらえなければ良い結果が得られないということが、理解できたような気がしたのである。

他人を使うコツは、まさに使われる人がいかに気持ちよく働くことができるかが大事なことで、この配慮こそ人を使う人の心得の第一であると教えられたのである。

この日は穏やかな日和《ひより》に恵まれ、お蔭で能率もよく、予定したよりもたくさん植え付けが終わり、父も母も上機嫌であった。夕方も早仕舞いで、明るいうちに風呂に入ってもらい、それぞれ浴衣に着替えて座敷に上がり、疲れ治しということでお酒も出された。ご馳走も近所の料理屋から仕出しを頼み、尾頭付きの魚やら鮪の刺身なども付いて豪勢なものであった。そのせいか歌なども出て、座敷は賑やかで華やいだものとなった。

一年中私の家の肥料の運搬を請け負っている、上二丁目の「田中の新ちゃん」、といっても、もう四十代の人だが、この人は馬車で下肥を東京から運んでいる。それは我が家の専用であった。この人は美声の持ち主として知られ、一杯機嫌で馬の手綱を取って歌う歌は、その道筋で知らぬ者はないくらいの評判であった。

その喉で大分泣かせた娘もあったらしく、今の内儀さんもそのうちの一人で、押し掛け女房という評判が高かった。

この日も父の意向で、この新ちゃんを呼ぶことになり、私が自転車で迎えに行った。

この人の歌で座敷は一層盛り上がり、近所中にはばかる程の賑わいとなった。明日もあることなので、それでも九時頃には切りあげて、手伝いの人たちは帰路に就いた。翌日は昨日あまりにも好天に恵まれたお返しか、朝から雨であった。しかし田植えは予定通りに行われた。

雨笠を被り蓑を着ての作業で大変だった。ときに豪雨となり、篠突く雨に全身びしょ濡れという有り様だったが、午後には小雨となり、どうやら予定通り、田植えは夕方までに完了した。さて、今夜は早苗振《さなぶ》りである。代掻き馬も早く上がって、大だらいで湯を使い、早苗振り餅も食べさせてその労をねぎらう。麬湯もたっぷり飲ませ、飼葉も真菰《まこも》をたくさん刈ってきて、藁と混ぜ手桶にいっぱい与えられ、それを旨そうに食べている。

手伝いの人々も風呂に浸かって濡れた身体を暖め、昨夜にも増してのご馳走にありつく。今日で田植えも終わりとあって、皆一様にほっとした安堵感が現れて、何かゆったりとした顔付きに見えたのは、あるいは疲労のため身体の動きが鈍っていたのかもしれない。いずれにしても酒の酔いも回りが早く、皆ご機嫌で高い調子の話し声と早くから歌も出る。

父も相当のご機嫌で、座敷箒とはたきを持ち、バイオリンを弾く真似などもして、金色夜叉などを歌った。私は父のこうした様子など生まれて初めて見た。母も驚いて呆《あき》れたような顔で見ていた。

農家にとって春の仕付けが終わるということが、いかに大事かを思わせる風景であり、それは取りも直さずまさにお祭りであった。水田地帯、稲作を主体とする農家にとって、田植えはその年の収穫を期する第一歩なのである。それをやり遂げた農民たちの喜びが満座に満ちみちていた。その夜は更けるまで賑わいが続いた。酔いしれて家に帰らず、私の家の座敷にそのまま泊まる人も何人かいた程である。

こうして田植えは終わった。後は水回りを怠りなくし、そのうち一番草（除草作業のことを言う）が始まる。その次の二番草が終わる頃ともなれば夏本番を迎え、七月一日、大瀬と戸ケ崎の獅子舞、つまり夏祭りがあるのだ。

毎夜青田を渡る涼風に乗って、獅子舞の稽古の太鼓の音と笛の音が聞こえてくる。団扇《うちわ》を片手に浴衣で田の畦道で、蛍を呼ぶ子供たちの声も聞こえてくる。

ホー、ホー、蛍来いよ、しろ来いよ
あっちの水は苦いよ、こっちの水は甘いよ
甘い方へ飛んで来い

夜空にスィー、スィーと飛び交う蛍の光は、平和のシンボルとでも言おうか、農村の穏やかな点景はまさに一幅の絵である。しかしながらそれは子供たちの世界である。大人たちは背中からは真夏の太陽を浴び、田の水が湯のように熱くなった中を這いずり回って、終日除草作業を行うのである。腰が割れる程痛むのを我慢して、毎日、毎日、一反、一反というより、一株一株、稲の根株の周囲の草を丁寧に取る。

私も何回かこの体験をしたことがあるが、農作業の中でもっとも辛い仕事であると思った。今でもそれを思い出すと、腰の痛みが蘇るような錯覚を覚える。しかし、この辛い作業も祭りまでである。祭りまでには終わらせる。そして楽しい祭りを迎えるのだと、それを心の張りにして連日の苦行に耐えるのである。

さあ、いよいよ祭りの日が来た。

この日は上天気であった。朝から暑い日差しが照り付けていた。アブラゼミが早くからジー、ジーと鳴いている。学校は休日に当たらず、皆若干の不満を胸のうちに収めて登校した。もちろん、半日授業であることを心に期待しながら。

学校では朝礼前、獅子舞の話で持ち切りであった。特に大瀬の上、下の生徒は自分の集落のことだけに、誰が花笠を被るのかとか、家のお兄ちゃんが今年は中獅子を舞うようになったとか、家のお父さんが今年は笛の師匠であったとか、身内の話が多く、他集落の者は出店で何を買うつもりだとか、女の子は今年は揃いの浴衣なので長袖の着物が着られないのでつまらないとか、浴衣でどの帯を締めたらいいだろうとか、女の子らしい話題が弾んでいた。

朝礼で校長先生から、「今日は祭りなので授業は午前中だけにする。従って午前中の授業は身を入れてするように。授業中から祭りのことを考えて、上の空で勉強するような者があれば、半日は取り消しにする。しっかり勉強しなさい。運悪く掃除当番に当たった者も、早く帰りたいからといって、掃除をいい加減にすると、やり直しをさせるから、早く帰ってお祭りに行きたいと思ったら、最初から一生懸命にやって、一回でパスするように」などと注意があった。

しかし授業が始まっても、友達を見ると何となく落ち着かない様子である。笛や太鼓の音が風に乗って窓から教室に入ってくると、一層落ち着きを失ってしまう。先生もそれに気がついているようだが、あえて注意もせず淡々と授業が進められていく。もっとも先生方も午後から祭りに招待を受けているはずで、毎年、何人かの先生が特設の桟敷《さじき》に姿を現すのは通例である。

主としてそれは新任の先生で、まだ一度もお祭りの獅子舞を見物したことがない先生が多い。だから今年は何々先生と何々先生であろうなどと、私も余計なことを考えている。長いような短いような午前中三時間の授業が終わり、幸い掃除当番でもないので私たちは駆け足で下校する。それでも途中で、どこで待ち合わせするかを決めることは忘れなかった。

家に帰ると、母が用意してくれた着物や帯が座敷に出ていた。私は早速それに着替えた。白絣の着物と真新しい三尺帯があり、桐の駒下駄も縁側の所に揃えてあったのでそれに履き替えた。先日父が草加町で買ってきた、これも新しい麦藁帽子を被り、留守番の祖母からお小遣いを三十銭もらい、これに麻紐を通して、なくさないように三尺帯に括《くく》り付けて家から駆け出した。

集落の外れの箸屋の前、先程決めた待ち合わせ場所には、既に国枝徳太郎君が待っていた。間もなく鈴木一男君が来たので、三人連れだって田んぼ道を急いだ。

途中で一級下の鈴木喜佐次君が仲間入りした。前耕地から大瀬道に入り、大正落とし（大正時代にできた排水路のこと）の土橋を渡るともう大瀬の集落に入る。中川の土堤に上がると、その下に級友の初山良三君の家がある。潮止橋を渡ると目の前に氷川神社と浅間《せんげん》様の境内である。石の鳥居までの道の両側にはズラーッと出店が立ち並び、それから鳥居を潜って拝殿に至るまでの両側も同じである。

ゾロゾロと多くの人出で賑わっている。氷屋の旗が揺れ、綿菓子の機械が回っている。アイスクリームも売っている。母親かお婆さんに手を引かれた小さい男の子が、赤い羽根の付いた風船を一生懸命に吹いては、ワー、ワーと篠笛を鳴らしている。その傍らで女の子が、タコの形をした風船を飛ばさないようにしっかりと持って歩いている。境内は人、人、人でごった返していた。

私たちは一応拝殿に向かって鈴を鳴らし、大人のように拍手《かしわで》を打って拝んだ。ただし、お賽銭は誰もあげない。子供だから神様は必ず許してくれるはずだと初めから決めているのだ。

拝殿から戻ってくると、多くの級友に会った。古新田の榎本善七君、榎本秋蔵君、伊藤政雄君、川鍋藤四郎君、それに古新田にある煉瓦会社の連中も、細谷由松君、織原信雄君、高塚銀造君、沢田金四郎君、倉田才蔵君、作本新太郎君、垳《がけ》の高橋貞二君、矢沢定信君、小沢伸夫君など、ほとんど級友の顔が揃っている。

私たちは一集団を作って、出店を一軒一軒回って見た。毎年出る馴染みの店、太郎さんのオモチャ屋、級友の石井英治君の家の氷屋などは例年同じ場所に店を出している。私たちはまず石井君の店で氷水を飲むことに決めた。

この日は石井君も店の手伝いをしている。私は五銭の赤いイチゴを頼み、鈴木君は緑色のメロン、国枝君は砂糖水をかけたスイである。スイは三銭だ。石井君がこの三杯を持ってくる。石井君のお母さんが言う。「英治のお友達だからおまけだよ、盛りがいいよ」。

なるほど、今にも崩れそうに山盛りになっている。まず崩れないように上からギューと手のひらで氷を押さえ、それからガラスのコップの回りから、少しずつスプーンを使って溶かしながら食べる。他の連中も同じように縁台に腰を降ろして一生懸命に食べている。折から獅子舞の太鼓の音と笛の音が、宿の方からこちらに向かって近づいてくるようであった（宿とはこの集落で一番の旧家で、獅子舞の身支度を整える家を言う）。

皆は一斉に氷を食べるのを急いだ。しかし、私は氷を急いで食べると頭が痛くなる体質なのであまり急げない。それでも獅子がここに来るまでには食べ終わらないと、見物するのに良い場所が取れない。鈴木君も国枝君も既に食べ終わって、「小倉君、早く行こう」とせきたてる。「待って、いや、先に行って良い場所を取っておいて。僕は後から行くから」と頼む。

二人は駆け出して行き、私は一生懸命に氷を食べた。やはり頭が痛くなる。額の所がジーンと痛む。しばらく治まるまでジーと我慢して、漸《ようや》くよくなったところで二人の後を追って駆け出した。もう獅子は舞う場所に着いていた。

四本の丸木の柱を建てた四隅には、花笠を被った男の子が四人立っていた。花笠の青いカヤを透かして見ると、級友の鹿野弥一郎君、甲山信二君、それに遠田四郎吉君、もう一人は遠田新一君の四人である。四人とも私たちに気付いたらしく、笑顔でそれとなく合図を送ってきた。砂が撒かれた舞の場所には大獅子、中獅子、女獅子の三頭が順に並ぶ。笛の音が一段と高くなると舞が始まる。まず大獅子が腹に付けた太鼓を両手で鳴らしながら勇壮に舞う。その間、中獅子と女獅子は並んで太鼓だけ大獅子に合わせて打つ。

ドン、ドン、ドド、ドン。ドン、ドン、ドド、ドン。繰り返し打ち鳴らしながら舞を続けていく。大獅子の舞が一区切り付くと、今度は中獅子が交替して舞う。すると、大獅子と女獅子が並んで、中獅子の打つ太鼓に合わせて打つ。次に女獅子と交替する。女獅子の舞が佳境に入る頃、この舞に大獅子が加わって二頭で舞い狂う。次に中獅子と女獅子が舞う。やがてこれに大獅子も加わり三つ巴となって舞う。

聞くところによると、大獅子と中獅子はもちろん雄で、二頭の雄の獅子が一頭の女獅子を争って舞うのだそうである。

舞には題名とそれによる物語があり、さらには台本と振り付けもあり、それに従って順序よく舞うということであった。またそれぞれの舞には小道具が用いられる。例えば「太刀」という題名の舞がある。これは白鞘の日本刀を大獅子と中獅子が奪い合い、勝った方が女獅子を獲得するという物語である。

また「綱」という題名の舞がある。これは舞の場所を定めた四本柱のうちの二本に太い麻の綱が張られ、この綱を大獅子と中獅子とが引き合い、勝った方が女獅子を獲得するという物語である。さらに「橋」という舞がある。これは舞う場所に設けられた木橋を、大獅子と中獅子が渡ることを争い、この橋を渡り切った方が女獅子を獲得する。いずれも二頭の雄の獅子が一頭の雌の獅子を巡って争う恋物語である。笛は三人ないし四人で、他に竹でできたギー、ギーと音を立てて拍子を取るササラという楽器のような物がある。

また、舞を見物する周囲の人々から、舞が佳境に入ると「セイコッ」という掛け声が掛かる。子供たちはふざけて「セイコッ、ドンブラコ」などとも言う。

こうして一舞は約一時間にも及ぶ。七月の初夏とはいっても暑い日もある。その日中、重い獅子頭をスッポリ被り、背中は幾重にも付けられた鳥の羽根で覆われ、下に袴を着け、手甲脚半《てっこうきゃはん》にわらじ履きで、腹には太鼓を付け、二本のバチを振るって踊りながら太鼓を打ち鳴らすのであるから、全身汗みどろの重労働である。

もちろん、血気盛んな若者のうち、さらに体力の勝る者が選ばれて、背丈の大きい者から大獅子、中獅子、女獅子の順になる。

先に舞の物語を簡単に説明したが、いずれの場合も大獅子が中獅子に勝つことが多く、中獅子が大獅子に絡んで舞い、女獅子の舞いは比較的に少ないようである。

従って大獅子の役を、しかも長丁場の前記「太刀」、「綱」、「橋」などの物語を完全に舞い納めることができる者は集落でも数少なく、大獅子役すなわち、立派な若者という太鼓判を押されたことになる。つまり優秀な青年として娘たちの憧れの的となり、老人たちからも頼もしい若者として、よき後継者ができたと喜ばれるわけである。また、子供たちからは、僕もいまに大きくなったら、あのように舞える若者になろうと、これまた憧れの的となる。まさに現代でいうスターというわけだ。

このスターたちは五月から毎晩、先輩または古老の指導を受け、舞の練習をしてくる。これが大変なことで、朝早くから夕方まで農作業を行い、夜業として練習を行うのであるから、既にこの練習の過程から体力がなければできないことで、血気盛んな頃でなければ到底不可能なことなのである。

一方、笛についても、厳しい指導と練習が舞と同じく連夜行われる。こちらは舞程の体力は必要としないが肺活量の強さを要求されるので、それなりの体力が伴わなければできないことは当然である。しかし、こちらは相当の年齢に達するまでできるので、名人上手と言われて師匠格になる人は、十年はおろか十五年、二十年と修練を重ねた人々である。あの冴えた音色、高い調子は祭囃子《ばやし》の笛とはまた一味違って、獅子舞独特の音色を持っている。これも素朴な農村の伝統芸能として永く後世に伝承したいものである。

さて、私の級友の何人かは花笠を被り、舞の場所で四隅に立ち、その舞が終わるまで立ち尽くしていたのであるが、これも我慢のいることで、ただ立っているだけに子供としては結構辛い。しかし周囲には何十人、いや、ときには何百人という見物人の目もあり、姿勢を崩すことはできない。もし飽きてしまって身体を勝手に動かしたり、キョロキョロあたりを見回すようなことをすれば、その子の人格と体力が疑われることになる。いわば彼らは次の舞い手の予備軍であるから、こうしてその資質を試されるのである。これに合格すれば近い将来立派な舞い手として認定され、厳しい練習にも耐えて、初めてスターの座を獲得するというわけである。

現今のテレビタレントのごとく、ある日突然降って涌いたごとく出てくる手合いとは、土台根本から違うというわけである。

獅子舞の一踊りを見終わった私たちは、次に歩いて二、三十分の所にある戸ケ崎の氷川神社に移動する。ここでも同じように獅子舞が行われているが、私たちの目的は別にある。ここでは例年、小屋掛けの芝居とか見世物、サーカスなどが催されるので、これを見ようという魂胆《こんたん》なのだ。

果たして今年の見世物小屋の呼び物は「人間ポンプ」ということで、大きな絵看板が出ていた。呼び込みのおじさんが、ここを先途《せんど》と声を枯らしてわめいていた。

大人二十銭、子供十銭の木戸銭を払い、私たちが筵《むしろ》張りの小屋の中に入ると、その「人間ポンプ」の出し物がこれから始まるところであった。人垣をかき分けて一番前に出ると、程なく幕が開いて舞台の上に二人の男が現れた。

「さて、皆さん、世にも不思議な人間があるものだ。この人は一旦飲んだ水をもう一度吐き出すことができるよ。しかも自由自在にできるのだ。今この金魚鉢に放してある金魚をよく見てごらん、元気よく五匹が泳いでいるね。これを一度水ごと飲んだ後で、その金魚を一匹ずつ出して見せるよ。さあ皆さん目を大きく開けて、お見逃しのないように。それでは人間ポンプの始まり、始まり」

口上《こうじょう》よろしく一人が引き込むと、舞台に残った人が大きなガラスの金魚鉢に満々とたたえられた水を、たしかに赤い金魚と一緒にガブガブと一気に飲み干してしまった。

それから、やおら大きく膨らんだ腹のあたりを両手のひらで撫でていたが、「エイ」と一声気合いを掛けると、一匹の金魚がその人の口から飛び出して、先程の空の金魚鉢へ戻ったのだ。固唾《かたず》を飲んで様子を見守っていた見物人から、大きな拍手が沸き起こる。私たちも周りの大人たちの真似をして手を打つ。次にまた一匹、さらに一匹、今度は一度に二匹を出してひとまず終わる。

拍手の鳴りやむのを待って、さらに前と同じように金魚を十匹程飲み込むと、先程の口上を述べた人がこう言う。

「さて、皆さん、今度は皆さんの注文通り、一匹でも二匹でも、いや、数だけではないよ、皆さんが白と言えば白い金魚を、赤と言えば赤い金魚を出してみせるよ。さあ、始まり、始まり」

言い終わるや、見物人の中から「赤二匹」と声が掛かると、「ハーイ、赤い金魚二匹」と復唱して、赤い金魚が二匹、口から飛び出す。次に「赤一匹、白二匹」と言う声が掛かる。すると、苦もなくその通り出すのだ。見物人から割れるような拍手が起こってその人は舞台を去る。

次は「何でも食べる人間」というのが始まる。この人はガラスの破片、瓦かけ、何でもムシャムシャ食べてしまう。ガラスのコップを端の方からガリガリ食べて、口から血も出ない。それを飲み込んで喉に刺さらないのであろうか。私たちは魚の小骨一つ刺さっても大騒ぎであるのに、この人は平気な顔でついにガラスのコップを全部平らげてしまった。見物人は皆驚いてポカンと口を開けて見ているだけである。まさに茫然《ぼうぜん》自失《じしつ》の体《てい》というべきか。

最後は「火を食べる人間」という出し物であった。私など火を食べるどころか、焼き立てのお餅を食べても舌を火傷してしまうというのに、火を食べるとはどういうことかと見ていると、脱脂綿にアルコールをたっぷり含ませてこれにマッチで火をつける。その火のついた脱脂綿をちぎっては食べ、ちぎっては食べ、とうとう全部食べてしまって平気な顔をしている。見物人は度肝《どぎも》を抜かれて拍手すら起こらない。さらにその人はガソリンを一リットル程入れたカップを持ち出し、これをゴクゴクと飲み干すと、口元に火を持って行きバァーと炎を吐き出す。人間火炎放射器でもある。炎の長さは優に一メートルはあるように見えた。これを何回か繰り返し、ついにガソリンが尽きて終わる。

それまで静まりかえっていた見物人がやっと我に帰り、万雷のような拍手が沸き起こる。その拍手はしばし鳴り止まず、私たちもただただ驚き呆れるばかりであった。

さて、すべてのショーは終わった。夢から覚めた私たちは見世物小屋を出て、また元の大瀬の氷川様に戻る。級友たちも花笠を脱いで私たちと一緒になる。私は太郎さんの店で噴水のオモチャを十銭で買った。これはバケツに水を張り、少し高い所に置くか、紐で吊るすかしてセルロイドの管を入れて下から水を吸うと、それからは自然に水が出て噴き上げ、小さい水車を回す仕掛けになっているのだ。

一男君はオモチャの連発式のピストルを買った。ブリキでできた黒光りするこのピストルは、カンシャク玉を丸めた物を弾倉に入れて引き金を引くと、連続的にパンパンと音を出すものだ。

一男君は買うとすぐに弾を入れて、やたら級友に向けて撃っている。

徳ちゃんは何も買わなかった。小遣いが少なかったのであろう。いや、そんなことはない。彼も三十銭もらったと私に話した。まだ十銭くらいは余っているはずだ。だとすれば、彼は貯金をするのか、きっとお小遣いを貯めてもっと高い物を、五十銭くらいの物を買う気かもしれない。しかし、彼はそうしたことなど一言も話さなかった。

獅子舞はまだ続いていたが、夕方になったので級友と別れて私たちは帰路に就いた。帰り道は見世物の話で持ち切りだったが、私は噴水のオモチャを試したくてその話には上の空で帰り道を急いだ。箸屋の前で連れ立った友達と別れると、私は家に向かって駆け出した。

井戸端でバケツに水を汲み早速試してみた。噴水は見事に水車を回した。私はしばらくジーッとこれを眺めていた。祖母が傍らに来て、「いい物を買ったね」と言ってくれたので私はとても嬉しかった。父母が畑から帰ったら何と言ってくれるだろうかと思うと、思わず胸が膨らんだ。

父母が帰ってくると私は早速見てもらった。しかし、父も母も一瞥しただけで何も言ってくれなかったのは甚だ残念であった。私は噴水をそっと外して手拭でよく水を拭き取り、寝るときは枕元に置いて眠った。夜中に水車が壊れて回らなくなった夢を見た。翌朝早く起きてもう一度試してみると、水車は昨日よりも勢いよく回ったような気がした。

学校から帰ったら友達にもやって見せようと、大事に大事にしまって登校した。学校では朝礼が始まるまでお祭りの話で持ち切りであった。

夏祭りの第一陣、獅子舞はこうして幼い頃の楽しい思い出となり、八十一歳の今も郷愁に胸の高鳴りを覚えるのである。

笛の音、太鼓の音、勇壮な舞、そうして人々のざわめき、その一つひとつが胸中深く納められているわけである。

八月――七夕、お盆――

七月中にはもう一回獅子舞がある。それは十五日で、集落は上二丁目の氷川様である。上二丁目、下二丁目、それに若柳の三集落が氏子である。

獅子舞の様子は前述の大瀬、戸ケ崎とほぼ同じであるが、なぜか子供たちはこれを区別してこう呼んだ。すなわち、大瀬の獅子を重箱獅子と言い、二丁目の獅子を田の草獅子と呼んだのである。そのいわれがいつ頃からなのか定かではない。私は子供心に不思議に思い先輩に聞いてみたところ、大瀬の獅子の面が角張って四角い重箱の形に似ており、それで重箱獅子というと言い、二丁目の獅子は丁度その頃、田の草取りの二回目が終わって、農家の人々も疲れている頃で、この疲れを休める頃合にあること、さらに獅子舞の中で太鼓を打つバチで地面を掻きならす所作《しょさ》があり、これが、あたかも田の草を取っているように見えるところから、田の草獅子と言い習わしたのだと言う。

ちなみに戸ケ崎の獅子はコブタンコ獅子と呼んでいた。これも獅子の面に宝珠《ほうしゅ》のようなものが付いており、丁度コブタンコができているように見えるところから、この呼び名が付けられたのだそうである。

さて、獅子舞の話はこれくらいにして、本題のお盆について書くことにする。東京では新暦の七月に行うが、私の田舎では旧暦の八月に行う。従ってこの月をお盆月と言う。

まず八月一日は灯籠《とうろう》建ての日であり、釜の口とも言われている。これは祖母から聞いた話であるが、この日、地獄の釜の蓋が開き、先祖代々から最近亡くなった方々の霊までもがこの世に出てこられる日であるというところから、「釜の口」と言うのだそうである。

この日、新盆の家では庭先に高灯籠《たかとうろう》を建てる習わしがある。これも初めて帰ってくる仏様に、家を間違えないようにその目印としてなるべく高く灯籠を建てて、仏様にわかり易くするための配慮であるという。

高灯籠は生の杉の木を使う。杉林から高さ五メートルくらいのものを選び、これを根本から切り倒し、先端の青い枝葉を少し残して、後の枝葉は全部切り払う。庭先に穴を掘ってこれを建て、灯籠を吊り下げる。なお、この灯籠は、杉の柱の先端に滑車が付けられ、そこを通したロープによって上げ下げが可能であり、夜中や雨の日などは降ろしておく。

七日になると七夕祭りが行われる。この様子を子供心に覚えているのでこれを述べてみよう。

七夕祭りというのは、いわば子供のための祭りと言って差し支えない。何から何まで子供たちが主体となる。もっとも農家ではやはり、その年の作物がよくできるようにという五穀豊穣《ごこくほうじょう》を願う祭りでもある。この日は朝早くから祖母と母は麦饅頭（田舎饅頭とも言われる）を作るのに忙しい。

祖母は小豆餡を気長く煮詰める。急ぐと焦げ付く、焦げ付くとその匂いが付いて良い餡とは言えなくなる。根気よくとろ火で煮るのは老人の役目としてじつに適していると思う。母親は小麦粉を練って饅頭の皮を作る。餡ができるとこれを適当な大きさに丸めて皮で包み、セイロに入れて蒸すと黄色い麦饅頭ができあがる。これを七夕様にお供えするのが毎年のしきたりである。

主役の子供たちも早起きして、里芋の葉や蓮の葉に溜まった朝露を集めて硯《すずり》に取り、墨を摺る。父親が竹藪から切ってきた笹竹二本に短冊を付けるのだが、色紙（赤、青、黄、緑）に半紙の白を加えて五色とする。これに思い思いの事柄を毛筆で書く。これは、その願いを叶えて下さいということと、もう一つ、字が上手になるようにとの、二つの願いが込められている。

その文句には若干時代相が反映されることもある。例えば、満州事変や上海事変の頃は、「陸軍大将小倉犟次」と書いたり、爆弾三勇士と書いたりしたが、通常はやはり勉強を主題として、算術がよくできるようにとか、絵が上手になるようにとか、素朴な子供の願望が多かったような気がする。

書き上がった短冊には、シュロの葉を細く裂いてその先端を結んだものを通し、笹に括りつける。笹竹に短冊を全部付け終わると、父親が表庭に杭を二本打って、これに笹竹を結んで建てる。次に真菰《まこも》の縄を二本の竹に渡し、稲の初穂を始め、胡瓜《きゅうり》、トマト、茄子、トウモロコシ、豆など、田畑に作られている作物を全部取ってきてこの縄に吊るすのである。その下に青竹を一本、左右の笹竹に横に渡し、かねて作り上げられた真菰で編んだ牛と馬を飾り付ける。これは数日前に子供たちが、用水や、池、沼などから刈り取って天日で乾かしたものを父親が結んだのである。私もこれをよく見ていて覚えているから材料さえ手に入れば今でも編めると思う。

さて、こうしてお飾りが整うと、その前に台を設けて、前述の麦饅頭をお供えし、家人もこれを食べる。

翌日、学校から帰ると、祭壇は既に父親が取り壊してあるので、笹竹に付けられた短冊を一枚一枚取り外し、これを牛と馬に飾りつけ、子供たちはこれを引き回して遊ぶ。なお、笹竹は焼かれ、お供え物は川に流される。この七夕の牛馬の飾り物は、その後二、三日は子供たちの格好の遊び道具としてもて囃《はや》されるのであるが、その後は焼かれるか、これもやはり川に流される運命にある。

学校からの帰り道、川岸に流れ着いたこの牛馬を見かけることがあるが、充分に子供たちの遊び相手となった残骸を見ると、一抹の憐憫《れんびん》の情を催してしまう。私はやはり焼却した方がよいような気がする。

十三日はお盆の入りであるが、その前日はどこの家でもお墓掃除が行われる。バケツと古いタワシ、それに柄杓《ひしゃく》などを携えてお墓に行く。まず周囲の草などを取り除き箒で掃き清める。墓石に水を掛けてタワシでゴシゴシと洗う。古い年代のものは苔が出ていて、緑色の水が流れる。これがなくなるまで丁寧に何回も洗うと、見違える程に綺麗になる。この墓石の前に真菰と割り竹で作った線香を供える台と、青筒竹の花生け、さらに割り竹を削ったローソク立てを地面に突き立てる。

十三日からは定められたお供え物をする。朝は何、昼は何、夜は何ときちんと決められている。十四日、十五日も同様で、母は祖母と話し合って、その伝承をかたくなに守っているようであったが、私は男なので詳しいことは知らない。わずかに朝はお団子、昼はソウメン、夜はご飯と、それに合わせたおかずが添えられている模様であった。

十三日、昼の暑さ休みに父は仏様を座敷に飾る。仏壇からご本尊様、先祖代々のお位牌、さらに仏具などを全部出して、それぞれ洗ったり磨いたりする。お位牌はもちろんのこと、仏具なども毎日のお線香の煙ですっかりくすぶっている。真鋳《しんちゅう》製の鐘やローソク立てなども磨き粉を付けてピカピカにする。これは主として祖母の役目であるが、私たち子供もこれを手伝う。

父は仏壇の前の畳一畳に、一尺程の高さの祭壇を作る。これは両側に麹板を四個ずつ重ねるのである。その上に六尺戸を載せ、真菰で編んだ筵を敷き、さらにその上に花茣蓙《ござ》を敷く。手前は青い杉の葉を使って青竹の枠で固定する。それに麻幹《おがら》を用いて菱形の模様を付ける。杉の葉の深緑と麻幹の白が美しい取り合わせとなり、清々しさの中にくっきりと模様が浮かび上がる。先人の美的感覚の深さに、ただただ驚嘆の目を見張るばかりである。

祭壇の上の天井下に真菰の縄を張り、これに七夕のときと同じように稲穂や田畑の作物を吊るす。ここに白張りの大提灯《ちょうちん》と今晩《こんばん》提灯、それに子供の数だけの鬼灯《ほおずき》提灯が下げられる。

これが普通の飾り方で、新盆の家では祭壇の前の座敷に、親戚中より贈られた岐阜提灯の数々が天井いっぱいに所狭しと吊るされる。さらには座敷にボンボリ、行灯《あんどん》型なども飾られる。丸型、角型、菱型など、工夫を凝らした見事なでき栄えのものもあり、思わずうっとりと見とれたこともあった。

夕方になると、家族は家長である父親を先頭に、家中でお墓に仏様を迎えに行く。父親が白張りの大提灯を持ち、母親が今晩提灯を、子供たちはそれぞれ鬼灯提灯を手にする。提灯の中にはローソクが入れられるが灯はともさない。その他の者は水やお花やお線香などをそれぞれに持ち、静かに歩を運ぶ。隣近所の人々に出会うと、「今日はお静かなお盆でおめでとうございます」とか

「お静かなお盆でよい塩梅《あんばい》です」と、挨拶を交わすのがしきたりである。

お墓に着くとまず仰願寺《ごうがんじ》（細く小さいローソク）をローソク立てに何本も立てる。持参した花を供え、水を注ぎ、墓石にも水を掛ける。次いでお線香に火をつけ、家族全員に分配する。父親がまずお線香を上げ、年長順に祖母、母親、その他のお客様などに続いて、最後に子供たちが親たち、大人たちを見習って上げる。

それから全員打ち揃って丁寧に頭を下げ、長い間お祈りを捧げる。終わってローソクに灯をともし提灯にも灯を入れて持つ。お墓を出てからはこの灯を途中で消さないように静かに歩を運ぶ。何かのことで子供たちが駆け出すようなことがあれば、親たちから厳しく叱られる。長い袂《たもと》を引きずるように着た女の子はとても走れないが、男の子もいつもと違った神妙な顔付きで静かに静かに歩く。

これは、この提灯の中に仏様が御出《おい》でになり、提灯の灯とともに我が家にお連れするのだと、言い聞かされているからである。

家の門口まで来ると、予《かね》て用意された藁を束ねた松明《たいまつ》に火をつける。これは迎え火と言って、仏様に我が家に着いたことを知らせるとともに、門口を明るく照らして我が家に入る案内をするためと言われている。座敷に上がると、お墓より持ち帰った提灯の灯から、祭壇の大きなローソクに灯を移す。そして線香を上げ、鐘を鳴らして、つつがなく仏様をお迎えしたことを告げ、家長である父親がねんごろにお経を上げ、祖母や母親が用意したお供え物をお供えする。父親が終わると、祖母、母親が拝み、順々に子供に至るまでそれぞれお線香を上げ、鐘を鳴らして仏様を拝む。それから静かに夕食を頂くのである。

ここで前述の父親が作った祭壇について、その模様を今少し補足しよう。背面の中央には南無阿弥陀仏の六字の名号《みょうごう》が、筆太に書かれた軸が架けられる。そしてその正面にご本尊の大日如来像が置かれる。名号軸の左右には仏画の軸が架けられ、その前には中央から左右にもっとも古い物から順々にお位牌が並べられる。右の隅には蓮の花を模した大きな造花が置かれている。この花と対称的に、左隅には生花が大きな花瓶にいっぱいに盛られる。

さらにピカピカに磨かれたローソク立てや、鐘、香炉などが置かれ、その間に所狭しとお供え物が置かれているという具合である。茄子や胡瓜または白瓜などを用いて、麻幹で四本の足を作り、牛や馬を象《かたど》りお供えしたのを他家ではよく見かけたが、我が家ではなぜかこうしたお供えはなかった。

夜になると仏前では、祖母の長い長いお経が始まる。それはゆうに二時間くらいにもなろうか、次から次へと唱え上げられる。その頃、私たち悪戯《いたずら》盛りの腕白どもはお墓に行って、各家々で上げた仰願寺の燃え残りを次々と集める。そして昼の間に作ったカボチャ提灯、水瓜提灯、茄子提灯などに灯をともして、そのでき栄えを競い合うのである。女の子は長い袂を気にしながら、軒端で線香花火などに興じている。大きな水瓜が割られて盆に載り縁側に置かれる。夜目にも鮮やかな赤い色の前で、子供たちは母親の「お上がり」の声を待っている。まさに、夏の夜の風物詩である。それは平和で心豊かな、そして貴重とも言える風景であった。

この平和も戦争という人類最大の愚行の前には容赦なく破壊されたのである。それから数年後には、私を始め多くの若者が戦場に駆り出され、故郷は空襲に怯え、お盆どころではなかったという話である。その後五十有余年の間ずっと平和が続いている。お蔭で毎年穏やかなお盆を過ごすことができるのは何と幸せなことであろうか。戦争はいかなる理由があろうとも断じてするべきではない。平和こそ人類最大の悲願であると思う。

十四日も大体十三日と同じように過ごされる。ただし父親は盆礼（正月礼というのもあり、親戚への挨拶回りのこと）のため家を留守にする。もっとも我が家にも何人かの客がある。それは叔母やその子供たちであったり、嫁に行った姉さん、奉公先から藪入《やぶい》りした分家の治平や、吉五郎さんという人もよく来た。この人は私の家とどういう関係の人か知らなかったが、伊勢野の吉野という家に奉公人として働いていたが、盆、正月には必ず私の家に見えた人である。祖母の話では遠い親戚筋に当たるが、やはり分家と同じように両親を失い、可哀想なので我が家で面倒を見ているということであった。

十五日は菩提寺の住職が見えてお経を上げていく。お坊さんもこの日は御布施稼ぎで檀家を飛び回るとか。そのせいかお経も短い。

夕方のお墓参りは仏様を迎える十三日と全く反対である。祭壇の灯明から灯を取って各自の提灯に灯を移し、門口では送り火を焚く。お墓にお参りした後は、提灯の灯を消して家に帰る。つまり仏様を提灯の灯でお墓に送り届けるというわけだ。要するに仏様をお迎えするのも、お送りするのも、すべて提灯の灯をもって行うというわけである。

十六日はお盆のために造られた祭壇を取り壊して、すべてが通常の仏壇に戻される。お盆もこの日で終わりである。

さて、これまで我が家のお盆の様子を述べてきたが、このあたりで地域社会に目を向けてみよう。この期間中は盆踊りが各所で行われる。また「ドサ回り」の芝居小屋など、地方巡業の興行がある。

中馬場の紺豊という紺屋の張り場で、よく筵芝居が催された。三日間の興行で、一座の代表者や花形役者が、何人かでチンドン屋のように幟旗を押し立て、三味線、太鼓などを叩いて賑やかに触れ回る。辻に来ると立ち止まり、口上を述べて客寄せを図るのが習わしである。

「東西、東西、ここもとお目に掛かりまするは、板東菊之助一座にござりまする。ご当地初のお目見えにござりまするが、次郎長外伝のうち、森の石松の仇討ちを筆頭に、狂言もいろいろと取り揃えまして、皆様のご機嫌を伺いたいと存じます。座長菊之助を始め一座の面々、張り切って演じますれば、どうかご近所お誘い合わせの上、賑々《にぎにぎ》しくご来場下さいますよう、伏してお願い奉りまする。まずは口上、東西、東西」

その後出し物を書いたビラを配りながら次々と集落を回る。子供たちがその後をゾロゾロと付いていく。ビラをもらった人々の間でひとしきり噂話が盛り上がり、今夜は是非とも芝居を見物しようということになる。

夕方、明るいうちに風呂に入り、浴衣に着替えてサッパリしたところで墓参りを済ませ、早夕食も済ませて芝居小屋に出掛けていく。三々五々ここでも噂で持ちきりである。

「あの役者がいい男だ」とか、「いや、あの女形が美人だ」とか、大人同士の話もいろいろである。

小屋に近づくと寄せ太鼓が威勢よく鳴り響き、入り口では呼び込みの若い衆が声を張り上げている。

「さあ、さあ、いらはい、いらはい。お嬢ちゃんもお兄ちゃんも、お母さんもお父さんも、じいちゃんばあちゃん、誰でも彼でも皆いらっしゃい。この芝居を見なけりゃ一生の損だよ。お嬢ちゃんやお兄ちゃんには、学校の勉強よりためになるよ。お父さんお母さんには夫婦和合の秘訣がわかるよ。じいさんばあさんにはこの世の極楽があるよ。もうじき満員札止めだよ。今のうちに入らないと席がなくなるよ。お早くどうぞ、早い者勝ちだよ」

その声に釣られるように、見物人はゾロゾロと小屋の中に吸い込まれていく。私も隣の大工さんに連れられて中に入ると、もう筵敷きの土間はほとんどいっぱいである。子供の私にはここからでは舞台が遠くよく見えない。どうしたものかと思案していると、若柳の同級生のカネちゃんが前の方の自分の席から立ち上がって、私の方を見て手招きしているのでそちらへ移動する。

人と人とが座っているわずかな隙間をまたぎながら、やっとカネちゃんの所に近づくと、「ねえ、後ろの方では見えないでしょ。私の所が少し空いているからここで一緒に見ましょうよ」と言って席を譲ってくれる。「どうも有り難う」と、私は礼を言いながらそこに座る。ここなら舞台にも近いので芝居もよく見えるし、科白《せりふ》もよく聞こえる特等席である。

この場所を取るのにカネちゃんの家では、余程早くから来たのであろうなどと考えていると、間もなく幕が開き芝居が始まる。ところが狭い一人分の席に二人座ったのだから、私の身体とカネちゃんの身体がぴったりとくっつき合って、女の子の匂いと温かい体温が薄い浴衣を通して直《じか》に私に伝わってくるので、何ともむずがゆいような、こそばいような感じで、そのことが気になって芝居の方に身が入らない。

カネちゃんはそんなことには一向に気付かないらしく、一生懸命に芝居を見ていて、私の手をギューと握ったり、怖いところでは私の肩に腕を回して抱き付き、私の胸のところに顔を伏せたりする。そのたびに私はドキドキして、多分真っ赤な顔をしていたに違いない。中入りになると、今度は重箱に詰めたいろいろのご馳走をお母さんが出してくれ、カネちゃんはそれを私にも取ってくれて、「食べて、私も一緒に食べるから」と勧める。

初め私は遠慮していたがあまり勧めるのでご馳走になる。土瓶から湯飲み茶碗にお茶を注《つ》いでくれたり、それを狭い場所なので私がこぼすと急いで手拭いで拭いてくれたり、先程の舞台でのお芝居の夫婦者の女将《おかみ》さんを真似するかのように、一生懸命に世話をやいてくれるので、私はカネちゃんのような女性をお嫁さんにしたらいいなあなどと考えたりしていた。

やがて、また芝居が始まり、私も段々に慣れてそれからはカネちゃんと二人で、芝居に身を入れて見物することができた。

芝居が終わって帰り道、途中まで一緒であった。カネちゃんは別れ際に、「明日も一緒に見ましょうよ。あの席は紺豊の人に私の家で頼んだ場所なので、遅く来てもいいからね。きっと来てね」と言った。

「ウン、必ず来るよ」と、私も約束して別れた。

結局、三日続けてこの芝居見物を、カネちゃんと一緒にしたのであるが、その間に私はカネちゃんが私のことが好きらしいということがわかった。もっとも日頃から紙芝居などを集落のお稲荷さんの境内で見るときなども、いつの間にか私の近くに寄ってきているのは、何度か私も気付いていたが、この芝居見物で私とカネちゃんは急速に親しさを増したのである。

それからは、大勢の友達と遊ぶときもいつも二人はペアであった。かくれんぼのときなど、二人だけであまり長く隠れていて皆が帰ったのも知らず、二人がやっと出てきたときは薄暗くなっていて、私が家までカネちゃんを送っていったこともあった。そうしたある日、私はかねて思っていたことをカネちゃんにズバリ聞いてみた。

「カネちゃんは僕が好きなのだろう」

「大好き」

「では、いまに大人になったら、僕のお嫁さんになってくれる」

「お嫁さんにしてくれる？　嬉しい、本当よ、きっとよ」

こう言って、二人は指切りゲンマンをしたのだった。それからずっと私たちは仲良しであった。私は中学を出てから寄宿生活の高等農林に進学し、帰省したときや同窓会に出席したときなどにときどき会うだけとなったが、それでも二人は仲良くしていた。

ところが、その後私が足掛け七年、丸六年という長い戦争から帰ったとき、カネちゃんは他家に嫁いでいた。つまり私のお嫁さんにはならなかったのである。

これが初恋とでも言うのであろうか。少年少女のある年のお盆に田舎芝居を一緒に見てから淡い恋心が芽生え、それが実を結ぶかと思いきや、無情にも戦争という悪魔のために断ち切られたのである。こうした例は全国至る所に、私たちの世代には数限りなくあったことであろう。私もその一人であったことを書き残したかっただけである。いみじくも、八月十五日のお盆は、終戦記念日でもある。この日は、祖先を祀り、戦没者の霊を弔い、そうしてまた過ぎし日の思い出を想起する日となった。

九月――十五夜様――

九月十五日には月見がある。この日を私の故郷では十五夜様と言う。我が家のその日の模様を述べてみよう。

月見団子がこの日のご馳走のメインである。お盆にも団子を作ったが、ここで、お餅と団子の違いを簡単に述べてみよう。ご承知のようにお餅はモチ米から作る。まず、精白したモチ米を一晩水に浸け、これを翌朝ザルに上げて水を切る。これより先、竃《かまど》でお湯を沸騰させる。焚き物はなるべく堅木がよい。別に蒸篭《せいろう》を用意し、中に濡れぶきんを敷き、これに先程水を切ったモチ米を入れる。このとき、中央部を少しへこませる。これはどうしても蒸篭の周りから早く蒸せるので、均一に蒸せるようにするための工夫である。蒸篭は大体四段から五段くらい重ねる。

その頃に、臼《うす》と杵《きね》、それに桶に手水を用意する。臼の下には藁を敷き、座りを良くする。臼の内側や杵などはよく洗っておく。これで用意万端整ったわけだ。

さて、蒸し上がった蒸篭からモチ米を臼に入れていく。これを餅搗《つ》き男がまず杵でよくこねる。充分にモチ米をこね終わったら、杵で力強く搗き始める。このとき、こね取りが手水を使って上手にこねる。この動作を続けると餅は搗き上がるのである。

こうして搗き上がった餅は、臼から直接ちぎって、丼に用意された醤油や生姜、あるいは大根下ろしなどで食べる。これを搗き立ての辛味餅と言う。また、小豆餡で絡めた物をアンコロ餅と言い、きな粉をまぶした物を安倍川餅と言う。そのほか胡麻、くるみなどなどいろいろの物を使って賞味する。

暮れや正月のお餅は、打ち粉を敷いたのし板に取り、お供えやのし餅にする。これを焼き餅、雑煮などにして食べるのはご承知の通りである。以上で餅の作り方はおわかり頂けたと思う。

それではこれから団子の作り方を説明しよう。

団子はうるち米を使う。うるち米を精白するまでは同じであるが、水には浸けない。この米を石臼で粉にするからである。この粉を水またはぬるま湯を使ってこねる。水やぬるま湯を少しずつ加えて丹念にこねることが大切である。こね上がりは、大体手で握って塊になるくらいの適当な大きさにする。この塊を先程の餅の場合と同じように、蒸篭に入れて蒸す。蒸し上がった物をこれも同じように臼に入れて杵で搗く。搗き方も餅の場合と同じである。

搗き上がった物を適当な大きさにちぎって、これを丸めて団子にするわけである。

すなわち、餅は米を蒸して臼で突き、団子は米を粉にして、それをこねた物を蒸してから臼で突くという違いであると言える。これで餅と団子のでき上がりまでが大体おわかり頂けたことと思う。

それではこのあたりで本題の月見の話に戻すことにする。

午後の三時頃から祖母と母が準備した蒸篭が蒸し上がったようだ。これを父と母が搗き上げ、祖母と母が丸めて団子がたくさんでき上がる。これを大きなお皿に山盛りにする。その頃私は先程取ってきたススキを花瓶に生ける。

夕方、表座敷または縁側に机を出してススキの花瓶を飾る。そこへ母が団子の大皿をお供えする。それからこの時期に収穫される野菜や果物を、これもやはり籠やお盆などに山のように盛って供える。里芋、薩摩芋、柿、栗などである。

家人は夕食に団子を食べる。ご馳走もたくさんある。団子もご馳走もたらふく食べた後、表座敷に集まる。その頃十五夜の満月が昇ってくる。この月を愛《め》でながらしばし団欒《だんらん》の一時を過ごすのである。中秋《ちゅうしゅう》の名月を祝うこのお月見行事は、これから晩秋、初冬にかけて、収穫の多忙な時期を迎えるための栄養補給を考えた生活の知恵であろうか。私はそのようにも考えるのである。

子供心にはこの日を基準に、柿が食べられるようになることが喜ばしい。まだじつは青いが白い粉をふいていて、それを拭き取ると薄く色付いた黄色が見え、かじると中には胡麻が付いていてもう甘い。栗もイガが弾けて拾い頃となる。

二百十日、二百二十日、台風シーズンの後はたくさん落ちている。それを朝早く起きて拾うのが楽しみである。

十月——お日待ち——

九月十五日が十五夜様と言ってお月様を祀るのに対して、十月十五日はお日待ちと言って、お日様（太陽）を祭る日である。また、十五夜が団子を作ってお供えするのに対して、お日待ちには大きなお供え餅が供えられる。

ススキは同じように飾られるが、この日は夕方ではなく朝である。さらに野菜や果物などがたくさん供えられることも同様である。

十五夜様がこれから始まる秋の農繁期に備えて、一時の憩いと栄養補給をする先人の生活の知恵ではないかと私は前に述べたが、このお日待ちも米の収穫が終わり、これから始まる冬野菜（漬け菜、白菜、山東菜、京菜、小松菜など）の出荷で多忙になる境目として、一区切り付ける行事である。

つまり、収穫に感謝して太陽を祀り、これからに備えて心身ともに栄養補給をする生活の知恵であることは同じであり、いわば共通の行事であると言うことができる。

十一月――お酉《とり》様――

酉の日は暦の上で二回と三回ある年があり、三回つまり三の酉まである年は火が早い（火事が多い）という言い伝えがあるが、私の経験上ではたしかなこととは言い難い。

私の生まれ育った故郷では、暦の上の「酉の日」に関係なく、十一月十五日をお酉様と言って、この日に七五三などのお祝いをするのが通例である。

私も七歳のとき、「帯解き」と言って、晴れ着を着て祖母に連れられ、花畑のお酉様に参詣したことは前にも触れたが、このことをもう少し述べよう。

この時期になると関東地方は北風、いわゆる関東のからっ風が吹いて一段と寒さを感ずるようになる。その日、私は朝早くから、祖母と母親の二人掛かりで着付けされた。下着から一切新調の物であった。羽織には、丸に剣かたばみの家紋が付いていた。袴を着け、白足袋《しろたび》を履いて、下駄は桐の駒下駄であった。

帽子を被っていたかどうかは記憶にない。手には扇子《せんす》を持っていたような気もするが、これも定かではない。祖母も紋服を着ていたようである。

前々から話し合っていたのか、裏の家のお婆さんと一男君が、新助どんの家の前で落ち合い同行した。

まず村内の稲荷神社の境内にある子育て地蔵にお参りをした。これはかねてから祖母が私のために願をかけていた御礼参りということであった。それから若柳に出て、中馬場の石橋を渡り、桶屋の脇からトロッコ道を歩いて大曽根の八幡様の裏に出る。このトロッコ道は煉瓦会社の土を運ぶために敷設されたものであるが、その頃はトロッコは通っておらず、表通りの県道よりも大分近道のため、花畑方面に行く人々が多く利用していたらしい。

綾瀬川に架かった土橋を渡り切るとそこは花畑で、お酉様（大鳥神社）はさほど遠くはなかった。鳥居を潜って長い参道を歩くと、両側に店が並び、甘酒や飴を売っていた。

私たちと同じように、両親や祖父母に連れられて参詣する人々が何組も見受けられた。社務所の受付に寄って何か手続きをしたらしく、案内されて拝殿に上がると、しばらくして神主さんが見え、お祓《はら》いを行い、祝詞《のりと》を読んで終わる。それからまた社務所に寄ってお守りとお札を頂く。これですべて終わったようで、先程歩いた長い参道を戻る。

鳥居近くの甘酒屋に上がって甘酒を飲むが、私は甘酒の粕が浮いているのが嫌いで、上澄みの方ばかりを少し飲んで止めた。それから袋に入った千歳飴をたくさん買った。これは持ち帰って近所の家々に配るためである。

先程来た道を先に立って歩いていると、祖母が、これから親戚である浮塚の家に立ち寄ると言う。そこで皆と別れて、土橋のたもとから綾瀬川の土手をしばらく歩いて土手下に降りると、そこが浮塚の家であった。

この家は、私の母の姉さんが嫁いだ家であるという。私のためにお祝いを頂いたので、そのお礼にお伺いしたと、出迎えた家人に祖母が丁重に挨拶を交わし、何度も何度もお辞儀を繰り返していた。私も祖母の指示に従って頭を畳に付けた。

私たちが立ち寄ることを予め知っていたのか、やがてたくさんのご馳走が出された。あまりに美味しいので私は一生懸命に食べた。祖母は先程の甘酒でお腹が膨れたらしくあまり食べなかったが、私は祖母の分まで食べた。お蔭で「堅次さんは体格もよいが食もよい」と誉められる始末であった。

私たちが浮塚の家を辞去して、先程来た土手を歩いていると、カバンを提げた少年が向こうから歩いてきて、帽子を取って祖母に挨拶した。私よりも年上に見えるこの少年は、浮塚の家の長男で信太郎さんであると祖母が教えてくれた。

信太郎さんは学校からの帰り道であった。隣村、八幡村尋常高等小学校の高等科二年生で、来年の三月に卒業であるらしい。祖母は信太郎さんと別れると、私の頭を撫ぜながら「お前も早くあのくらいになるといいがね」と言った。私は、年寄りはずいぶんと先のことを考えるものだと思った。

途中、八幡神社にお参りしたりしたため、家に帰着したのはもう夕方であった。今日はもう遅い、祝い事は午前中でなければということで、近所への挨拶回りは明日にすることになった。その晩は内祝いが行われ、一杯飲んだ父も上機嫌であった。私も長い道のりを歩いたせいか、夕食が終わると疲れて早く床に就いた。

翌日はまた祖母と連れ立って、村内で親しく付き合っている家や隣組に、一軒一軒挨拶回りをして、お祝いのお返し物を届けて歩いた。その日もとうとう一日がかりであった。

どこの家でも、「大きくなったね、来年は学校だね」、「小倉さんは初めての子を亡くしたが、堅次さんがこんなに大きくなってもう安心だね」といった同じような言葉があり、そのたびに祖母は「お蔭様で」を繰り返していた。私はその傍らで黙ってこうした大人同士の会話を聞いていた。お酉様と私の帯解きのお祝いを合わせた、幼い頃の思い出の一齣である。

十二月——恵比寿講《えびすこう》、草加市《そうかいち》——

寒い冬の日であった。何日であったかは覚えていない。父は修ちゃんと私に小鮒を捕ってくるように指示した。三角網とバケツを持って二人は用水堀に出掛けた。

堀は水も少なく、薄氷が両側に張り付いていていた。三角網で何度も何度も掬《すく》ったが鮒は一匹も入らず、腹の赤いイモリや源五郎ばかりであった。二人は場所を変えて根気よく掬ったが一向に入らない。諦めて帰ろうとすると、そこへ野尻のおやじさんが通りかかって私たちに声を掛けた。

「恵比寿講の魚捕りか。今年は夏場も魚が少なかったからもうおるまい。五、六匹でいいならうちの堀込みで捕りなよ。もっとも、枯れ枝をたくさん入れてあるから、網を破らないように気を付けないとな」

案内された場所に行くと、枯れ枝を除いて一網入れただけで鮒が大小混ぜて八匹入った。

「これくらいでいいだろう」

おやじさんが言い、私たちは大喜びでお礼を言って家路を急いだ。家に着くと、父親に先程のことを話した。

「そうか、それは良かった。寒いのにお前たちが根気よく頑張っていたので、神様が助け舟を出してくれたのであろう。後で私からも野尻のおやじさんによく礼を言っておこう」と父は言った。鮒は綺麗な井戸水の入った丼の中で元気よく泳いでいた。

その夜、神棚から恵比寿様と大黒様が降ろされ、座敷に用意された机に改めて飾られた。そしてその正面に一升マスが置かれ、鮒はその横に置かれた。ご馳走もたくさん皿に盛られて供えられた。

父が大きな財布をマスに入れ、その後家族全員がそれぞれ自分の財布や蝦蟇口《がまぐち》を入れる。私も修ちゃんも小さな財布を入れた。このようにしてお祈りをすると財布の中身が倍になるという。すなわち恵比寿様も大黒様も財産を形成する神様というわけである。

夕食のお膳は盛りだくさんであった。

翌日、鮒は川に流した。私と修ちゃんは「大きくなれよ」と言いながら一匹ずつ放してやった。来年の恵比寿講にはこの鮒が捕れるといいなあと二人で話し合いながら。

恵比寿を祀る行事は関西、特に大阪商人の間では大きな祭りであることを後年知り得たが、商人ではない、農家である我が家にこうした行事が伝承されていることに、不思議な思いがしたものである。

師走月ともなると、子供心にも何となく周囲が忙しげに見えてくる。

我が家では漬け菜の出荷が毎日行われる。霜が真っ白く降りた日や、北風のピュウピュウ吹く日には特に辛い仕事だ。早朝まだ菜の葉に霜が消えない頃、一株一株を鎌で根元から刈り倒していく。それをまた一株一株小脇に抱え込み、小刀でその根を削り、大、中、小と株の大きさで分別してゆく。

私も小学生の五、六年生の頃にはこうした仕事も結構手伝ったものである。分類された漬け菜の株は、両側に竹の杭を畑に打ち込み、その間で結束作業を行う。これは父親の仕事であった。

藁縄を下に敷いて、株の株面《つら》などを見て、まず六株並べ、次に上株を六株並べ、藁縄で結束する。真ん中で鼓《つづみ》を取る（束の真ん中を結ぶことで、鼓の結びと似ていることからこう言った）。これは上下の縄を中央でさらに締めて束を固定するためである。こうして上下十二株を一把として、これを多いときは五、六十把も作るのである。

こうして結束されたものは、丸竹を使ってできた簀《す》の子の上に、株を上にして並べられる。これをまた一株、一株、バケツの水を付けたタワシ、刷毛、あるいは雑巾などで丁寧に洗う。厳寒の日は指先が真っ赤になり、冷たいというより痛いと言った方が近い。ときどき別のバケツのお湯に手先を浸して温めながら行う。冬の間の辛いきつい仕事である。父は「相場の良いときはその辛さも忘れて励むが、相場の悪い時は一層こたえる」と言っていた。

東京都民はもちろん、横浜市民など町場の人々の、正月のお新香として、なくてはならない漬け菜の出荷は、こうした農民の辛い仕事によって食卓にのぼることを果たしてご存知であろうか。恐らくこの仕事を一度でも経験した者でなければわからないのではないかと思う。

漬け菜の出荷が終わると、正月用、つまり雑煮の材料として小松菜、京菜、大根、カブなどの出荷が続く。こうして暮れ前の多忙な仕事が一段落すると、いよいよ農家も自分たちの年越し準備に取り掛かる。

その手始めとして毎年二十五日、草加町に市が催される。

私が初めて父のお供で草加市《いち》に行ったのは、小学生の五年生くらいの頃であったろうか。この日、父は細身の樫木でできた天秤棒と、大き目の木綿の風呂敷を持って家を出た。草加町までは約一里の道のりである。父は歩くのが早いので、私は遅れまいと小走りに付いていった。

途中村内を抜けるまで、会う人々が口々に父に声を掛ける。

「旦那さん、今日は草加市ですか、息子さんもお供で。ずいぶん大きくなりましたなあ。しっかりした後継ぎができて、ご安心なことで」

父は軽く会釈するだけで多くを語らない。やがて村を外れると八幡村の中馬場に入る。日頃、買い物などで顔見知りの桶屋の主人とか、東屋という呉服屋の番頭とか、豆腐屋の女将などが、父の顔を見て挨拶をする。父は相変わらず無愛想に足を急ぐ。葛西用水に架かった橋を渡ると、右手に八幡村小学校の校舎が見える。広い校庭は冬休みで生徒の姿は一人も見えない。西袋に入ると綾瀬川に架かった柳の宮の橋を向こう側に渡って右に曲がる。

二百メートルくらい行った左手に、大きな米倉が並ぶ一石屋という米屋がある。父はこの家に立ち寄る。毎年我が家では馬車二台くらい、五十俵あまりの米をこの一石屋に初荷として売るのが慣例となっている。父はその相談をするらしい。

店に入って上がり端に腰を降ろすと、女中らしい人が慌てて座蒲団を出し、お茶と茶菓子を持参する。父がお茶を啜《すす》っていると、女中さんが奥にいるこの屋の主人に、父の来たことを告げている声が聞こえる。間もなく主人が小腰を屈めながら、急ぎ足で畳を摺って出てくる。

「これはこれは小倉さん、ようこそおいで下さいました。毎度お世話になっております。使いの者でも寄越して下さいましたら、こちらからお伺い致しましたのに、誠に恐れ入ります。つきましては例年のお取引については、本年はいかが相成りますか。どうかよろしくお願い申し上げます」と、一息に捲《まく》し立てる。

父は、ゆっくりとお茶を飲みながら答える。

「暮れで売り急ぐためか、ちょっと相場が悪いようなので、年を越していくらか値上がりの兆しが見えたら、倉出しするつもりなので、そのように承知して下さい」

「承知致しました。それでは春になりましたら、当方から参りますので、その節はよろしくお願い申し上げます」

ということで、一応話は整ったらしく、後は世間話に移る。しかし、それもほんの少しだけで父は立ち上がる。

一石屋を出ると、父は先程と変わらず急ぎ足でスタスタと歩く。手代《てしろ》に入ると曲がり角に宮田屋という洋品や足袋などを売る店がある。ここにまた立ち寄る。冬の下着類、シャツ、ももひき、足袋、手袋など、家中全員の物を注文するためである。毎年のことらしく、店の主人は心得顔に「お帰りにお寄り下さい。全部取り揃えておきますから」と言う。

しばらく行って左側の鍛冶屋に寄る。先月集めに来たとき修理に出した鋤、鍬、万能、鎌などのでき上がりを聞いている。

「たくさん集まりましたので、小倉さんのもまだできておりません。二、三日中には必ず当方からお届け致しますので、どうかご了承下さい」との由で、また店を出て先を急ぐ。

藤波病院の前を籠屋の所で細い路地に入る。この道は裏通りであるが、近道なので父はいつもここを通るらしい。本通りに出るとすぐに左に曲がり、その左側の二軒目に峰村屋という大きな呉服屋がある。この店の番頭は春物、夏物、秋、冬と季節の反物を持って近郷を売り歩くのだ。大きな風呂敷包みを背負ってよく家にも来たので、私もその顔を覚えている。出っ歯に金冠を被せてあるので、それが話をするたびにキラキラと光り、まるでお獅子のようだと陰で子供たちが笑ったあの顔が出てきた。

先日家に見えた折、父の着物で柄が気に入られず、他に適当な物を選んでおくように指示されたらしい様子で、何反かを父の前に出している。父がその中から一反選んで、帰りにもう一度寄るから包んでおくように指示して店を出る。

駅前通りの武州銀行（後の埼玉銀行）に寄る。この銀行の支店長は小倉松太郎といって、父の叔父に当たる人であることは、先に祖父の遺影の項でも述べた通りである。ここでこれからの買い物や、先程の宮田屋、峰村屋の支払金を用意する。預金引き出しの手続きを済ませてから支店長室に入ると、大きな机を前にしてその人が座っていた。

父との挨拶が取り交わされて、勧められた席に着くと、お茶とお菓子（モナカ）が出される。父が頂いてもよいと言うので、私はそのモナカを食べた。父とその叔父が話すうちに行員がお金と通帳を持参したので、これを受け取った父と支店長室を辞去した。

表通りを少し行くと、両側は出店が所狭しと並んでいる。黒山のような人出に囲まれた一角に立ち止まると、売り手が大きな声を張り上げている。

「いいかね、お客さん、よく見て下さいよ、このシャツ。こうして広げた所に、このバケツの水をあけますよ、ほら、一滴も漏らないでしょう。さて、この水をまた元のバケツに戻します。はい、お客さん、誰でもいいから、このシャツに触って御覧なさい、少しでも濡れていたらお代はいらないよ。ほら、シャツは、全く濡れていないでしょう。あら不思議、このシャツは水に濡れないのだ。それはなぜか、このシャツは防水加工が施してあるのだ。いいかね、このシャツは卑しくも、帝国海軍の水兵さんが着るシャツなのだ。水兵さんが海に飛び込んでも、このシャツは全く濡れないようにできている。海軍の払い下げ品として、私が手に入れた物で、数はいくらもない。ごくわずかだが、今日は皆さんにお分けしたいと思う。値段は少し高く付くが、その辺の洋品屋で売っているシャツとは、できが違うから仕方がない。この冬はこれを着ていたら全く寒さ知らずだよ。ほら、私もこうして着ている。雨の日、雪の日、これを着ていれば、上着もカッパもいらないよ。上下一組で〇〇円、さあ、買った、買った、早い者勝ちだよ。後これだけだ、ここに出ているだけだよ。売り切れてから私も欲しいと言っても駄目だよ。どこに行ってもこのシャツはないよ。ハイ、旦那、どうも、ハイ、旦那も二組、それは駄目だ、欲張ってはいけないよ、なるべく多くの人に売りたいから、一人、一組だけだよ。ハイ、一組、ハイ、そちらも一組、後はないか、お後は」

父はしばらくじっと見ていたが、「行こう」と私を促したのでその場を離れた。しばらく行くと、またしても人垣が幾重にもできている。名物の蝦蟇《がま》の油売りだ。

「さあ、さあお立ち会い、御用とお急ぎでない方は、寄っていらっしゃい、見ていらっしゃい。ここに取り出《いだ》しましたるは四、六の蝦蟇。四六、五六はどこでわかる。前足の指が四本、後ろ足の指が六本、人呼んでこれを四六の蝦蟇と言う。これより東の方、筑波山の麓に棲んで、オオバコという草を食べて生きている。これを捕らえて箱に入れる。この箱には四面に鏡が貼られている。蝦蟇はこの鏡に映った己の姿に驚き、タラーリ、タラーリと油汗を流す。この油を集めて三七が二十一日の間、トローリ、トローリと煮詰めてできたのがこの蝦蟇の油だ。さて、お立ち会い、この蝦蟇の油は何に効くか。すり傷、切り傷は言うに及ばず、肩の凝りから腰の痛み、この膏薬《こうやく》を塗ればたちどころに治る。そればかりではないよ、いかなる刃物もこの油を一塗りすれば、刃止めとなって切れなくなるから不思議だ。いいかお立ち会い、ここに取り出したるは正真正銘《しょうしんしょうめい》の日本刀だ。抜けば玉散る氷の刃《やいば》、この刃に油を塗れば、どうだお立ち会い、引いても突いても切れないだろう。一度この油を拭き取れば、取り出したるは一枚の半紙、一枚が二枚、二枚が四枚、四枚が八枚、八枚が十六枚、十六枚が三十と二枚、三十と二枚が六十四枚、吹けば飛び散る落花の舞い」

言うなり日本刀を一振りし、パーッとあたり一面に白い紙吹雪が舞い落ちる。

「さて、お立ち会い、本日は宣伝のため、一缶五十銭のところ二十銭でお分けしよう。さあ、さあ、早い者勝ちだよ。一缶二十銭、備えておけばどこのご家庭も安心だよ」

剣道着に袴を着け、キリリと額に鉢巻きをして、襷《たすき》十字にあやなしたいでたちは、お芝居や映画に出てくる仇討ちの侍《さむらい》のようだ。しかもその髭面はおおむね敵役、打たれ役というところか。父に促されてそこを離れる。

正月の門松用に赤松の若木一束を父が求めている間に、私は隣の店で凧に魅入られてしまう。それは武者絵の四角凧だった。今まで鳥凧や、トンビ凧、やっこ凧などを買ってもらったが、四角凧はまだ揚げられないからと、一度も買ってもらえなかった。後ろから「それが欲しいのか」と、父の声である。私が欲しいと言うと、「よし、買ってやろう」と、店の者に「その武者絵の凧はいくらだ」と聞く。

「ハイ、〇〇銭です」

「うん、ずいぶん高いな」

「旦那、見て下さいよ、紙は手すきの美濃紙《みのがみ》ですよ。それに絵も手書きですよ。裏の骨を見て下さい、一本残らず巻き骨（竹でできた骨に細く切った和紙を巻き付けて、丈夫にしてある）です。こんな丁寧な作りは、他にありませんよ。決して高い値段ではありません」

「少し負からないか、市の買い物だぜ。少しは色を付けろよ」

「とんでもない、正真正銘の値段ですよ、一銭も負けられません」

「そうか、それでは縁がなかったものと諦めよう」

父が言いながら立ち去ろうとすると、店の主人が慌てだす。

「旦那、ちょっと待って下さいよ。旦那も気が早いな。それでは、こうしましょう、この凧糸をおまけに付けます。これでどうでしょう」

「うん、そうか。しかし一房ではこの凧は揚がらないよ、もう一房付けてくれたら買おう」

このあたりで店の者も砕《くだ》ける。

「旦那も買い物がうまいや、こちらが負けました。ハイ、二房お付けしましょう」

ということで商談成立。私はほっとして主人が差し出す四角凧を受け取った。大事に抱え込んで、人混みで破られないように気を付けて歩く。

その後、一通り市を見物して、帰り道に峰村屋と宮田屋に寄り、買い物を受け取る。父はこれと市で買った正月用品を、同じ重さに巧みに分けて二包みとし、これを天秤棒の前と後ろに括《くく》り付けてこれを肩に担ぎ歩き出す。私はその後を大きな四角凧を抱えて付いていく。嬉しさに思わず足が躍った。

村内に入ると、辻々に屯《たむろ》して遊んでいる友達が、私の凧を目ざとく見つけて駆け寄ってくる。

「いい凧だなあ、草加市で買ったのか、高かったろう。俺もこんな の欲しいなあ。正月になったら揚げるんだろう、高く揚がるだろうなあ」などと口々に言いながら、中には凧に触ってみる者までいる。

家に着いたのは丁度昼頃であった。畑から母や皆が帰ってきて昼食となる。食後、買い物を広げてみて皆大喜びである。これで正月を迎える用意ができたわけだ。暖かそうな下着類を自分の手で触れてみて、お正月晴れ着の下に着る着心地を試してみるかのように一頻《ひとしき》り話が弾む。

私は大事な凧を納屋にしまう。ウナリに使うゴムを太郎さんの店で買っておこう、それに使う篠竹も用意しよう、糸目は明日の昼休みにでも父に教えてもらって付けよう——。もう心はお正月の凧のよい日の中である。広い田んぼで大空高く、ブゥーンというウナリ音を響かせて舞い揚がる、この四角凧の勇姿を瞼《まぶた》に描いて胸がドキドキする。友人たちがこれを見上げる顔が浮かんだ。

その夜私はなかなか眠れなかった。欲しかった四角凧を手に入れた興奮やら、今日一日体験したいろいろの事柄が、走馬燈《そうまとう》のように私の頭の中を駆け巡るのだ。水兵さんの下着だと言ってシャツを売る香具師《やし》のこと、大道芸人とでもいうのであろうか、あの蝦蟇の油を売る人の口上、凧を買ったときの父と商人との駆け引き、そうだ、父は帰り道でこんな話をした。

「市の買い物は、買う人と売る人との駆け引きに妙味《みょうみ》がある。負けさせるのも、負けるのも当たり前のことだが、それにはコツがある。売り手を怒らせる程の馬鹿な値引きは下手なやり方であり、売り手もあまり頑固ではお客が逃げてしまう。その頃合いをうまく引き出して、売り手も買い手も機嫌《きげん》よく売買が成立することが望ましい」

父はこのあたりのところを実地に勉強させようとして、私を市に連れていったのかもしれなかった。凧を手中にした喜び以上に、よい体験をしたと思い、幼いながらも、今日という日が有意義な一日であったことに気がついたのである。

こうして学校の勉強だけでなく、いろいろと見たり、聞いたり、自らやってみたりして、一日、一日と成長していくのだと自覚するとともに、どんな些細なことでも、決して疎《おろそ》かにしてはいけないのだと自らに言い聞かせるようになったのは、この日からであったような気がする。

草相撲――村内、八幡様――

毎年夏場になると、各所で草相撲（素人相撲）が催された。私の集落でも、隣の集落にいる草相撲の大関であった水谷さんという人の指導を受けて、小学生から若い衆まで毎晩稲荷様の境内で稽古相撲が行われた。呼び出しは村一番のひょうきん者と言われた音さんであり、行司は若柳の種さんの父親が上手であった。

まわしは母親や祖母の、古くなった帯芯《おびしん》で作った。私たち小学生の部では、新五郎どんの寅さんが私より一級下であったが、体格もよく強かった。若い衆では若柳の吉ちゃんという人や、野尻の政ちゃんが強かった。私の家にいた分家の修ちゃんも、体格もよく強い方であったが、小さいときに左の足に怪我をして血管を切った部分が発育不全で細く、そこを狙って攻められると、どうしても負けることが多かった。

隣の家の延治さんは下に潜るのが得意で、この手でよく勝った。私もその頃は小学校の五、六年生であったが、現在と変わらぬくらい身長も体重もあった。クラスでも一、二番の体格をしていたことは先にも触れたが、その上ずんぐりむっくりという体付きは、相撲に向いているらしく、結構強い方であった。

相撲はまわし一本で裸の勝負であるから、強い若い衆はもちろん、若い女の子つまり娘たちにもてた。何と言っても裸であるから体格が一目でわかる。その上力が強いか弱いかもわかる。年頃の娘にしてみれば、やはり立派な身体の男が頼もしく見えるのは当然のことである。

相撲大会で優勝でもすれば、その褒美《ほうび》はもとより、娘たちにもて囃されるのが、若い男にとっては何より得意になる要素でもあった。

当時は軍国主義の台頭期でもあり、青少年の体位の向上が叫ばれていた時代で、相撲は道具もいらず、土俵さえ造ればどこでも簡単にできることから、大いに奨励されていたわけである。ときには他村からも力自慢が飛び入りで加わり、親睦の輪も拡がるという効用もあった。

私たちも上木曽根の相撲大会に参加したり、南川崎の稲荷様で行われた大会にも参加した。水泳ぎで大分やっつけられた連中には、今度は相撲で敵《かたき》を取ってやろうとずいぶん一生懸命にやった。相撲では彼らに負けなかった。

南川崎のときは戸ケ崎からの飛び入りで強いのがいた。彼の村では横綱であるとのことで、村内の若い衆は全員負けてしまった。商品の米俵一俵も彼の物となった。

草相撲に限らず、昔から田舎には力自慢を競う催し物が多かったようである。私の祖父もその一人であったと父から聞いたことがある。

家の奥庭に椎の古木があった。もっともその木は後に枯れてしまって他の木が植え替えられたが、この木の根回りに十個くらいの玉石が置かれていた。その石には十貫目、十五貫目、二十貫目という具合に、その石の重さが刻み込まれていて、一番重いのは五十貫目というのがあった。キロに換算すると約二百キロということになる。これらの玉石は力石といって、誰かが寄贈した物であり、稲荷様の境内にあった物であるという。毎年、力自慢が集まって、いわゆる力比べをしたのだそうであるが、そのとき優勝した者がその石を記念に持ち帰ってもよい習わしになっていて、この奥庭の石はすべて私の祖父が持ち帰った物だったのだ。

力持ちであった祖父は草相撲も相当に強く、五人抜きで優勝した際、四斗俵の賞品を稲荷様から担いで自分の倉に運び入れたのには、家人はもとより村内の人々も驚嘆の目を瞠《みは》ったとのことである。

私も試みに一番小さく軽い、十貫目という玉石を持ってみた。約四十キロであるが、持つことはどうやらできたものの、到底、肩に担ぐことは不可能で、腹から胸に持ち上げることはできなかった。それは私の力不足であることは言うまでもないが、玉石というくらいであるから楕円形であること、どこにも手掛かりがないので非常に持ち辛いこと、さらに硬い物であるから、もし足の上にでも落としたら忽《たちま》ちペチャンコになってしまうであろうと思う恐怖心から、とても思い切ったことができないというハンディもあった。従ってこれをやり遂げるのには、その倍以上の物を持ち上げる力が必要というわけである。

この力自慢の催しには曲芸のようなものもあって、同じ重さの石でもこれを平地でなく、例えば基盤上で行うとか、一升マスの上で行うといった具合に、ハンディを付けて行われたという話も聞いたことがある。

そうした例で、私の隣家の高橋宗吉さんという人は、力比べの折に誰かが「一升マスの上で四斗俵を担ぐことができたら、その米俵をくれてやる」と公言したところ、直《ただ》ちに衆人環視の中でこれを行い、あまつさえその米俵を、「約束だからこれはもらうよ」と言って、そのままそこから五百メートルもある自分の家までスタスタと持ち帰ったという話がある。このときは言った人も、周囲で事の始終を見詰めていた人々も唖然としたとのことである。

この人もやはり相撲が大変強かったということで、草相撲というのは力自慢の延長線上にあったとも言えるのではないだろうか。

草相撲の話から力自慢と、話が横道にそれてしまったが、このあたりで本題に戻そう。その頃、草相撲の花形はやはり大曽根の八幡様の大相撲ということになる。私も父に連れられて一度見物したことがあるが、呼び出し、行司なども立派な衣装を着け、本場の両国、国技館の相撲にも劣らないと評判が高いものであった。

境内の一角に土を盛り、立派な土俵ができていた。本場と違うのは吊り屋根でなく、四本柱に直接屋根が造られていたことと、見物席が筵敷きであることくらいであった。

見物人も近郷近在の相撲好きがわんさと詰めかけ、黒山の人だかりであった。賞品も豪華な物で、しかも数も多く、うず高く積み上げられていた。

最後の五人抜きの勝者には米俵五俵、三人抜きには清酒五升や反物五反とか、金子《きんす》五円といった具合である。その上、好勝負には見物人からお捻《ひね》りがポンポン投げ込まれるという次第。従ってどの力士も豪華な賞品を手に入れようと意気込み、熱戦が数多く展開された。

当時の横綱は吉野山という人で、地元大曽根の住人だった。この人は上背もあり筋骨隆々、その上色白の美男子だった。出場する各力士も三里四方と言われる村々のいずれも力自慢、相撲自慢の人々で、その村の大関、横綱を張る錚々《そうそう》たる人たちであったから相撲の技もなかなか高度なもののように見受けられた。

ショッキリなどという余興もあり、これは子供心にも愉快なものであった。軽快なテンポで行われるユーモアあふれる技の一つひとつが、じつに滑稽で見物人の拍手喝采を浴びていた。

三人抜き、五人抜きともなれば、それぞれの贔屓筋《ひいきすじ》があり、特に我が村出身ともなれば、その村からの見物人は挙《こぞ》って応援し、その力士が勝てばワーッという歓声が八幡様の境内の森にこだました。負ければ負けたで、その悔しがりようもまた大変なもので、一喜一憂、その度にどよめく歓声は社殿を揺るがした。興奮のるつぼの中に浸り切った私は、あたかも自分が相撲を取ったような感じで疲れ果て、父に手を引かれて家路を辿る足取りはじつに重かった。

幼い頃の草相撲の思い出は、今でも強烈に私の心に残っていて、それかあらぬか、本場所の蔵前国技館にも足を運び、年六場所のテレビ放送は欠かさず見ているという具合である。男と男が裸でぶつかるあの筋肉の躍動美、瞬間に決まる技の切れ味、小よく大を倒し、柔よく剛を制するなど、相撲の醍醐味《だいごみ》は尽きるところを知らない。

盆踊り

お盆の頃は田舎芝居あり、草相撲あり、それに盆踊りがあった。草深い田舎は田舎なりに、暑い夏の夜の寝苦しさから逃れて、夜更けまで楽しく過ごすことを心得ていたのである。

東京音頭が流行《はや》り、桜音頭が一世を風靡《ふうび》した。浴衣や薄物で身体の線が美しく出て、品《しな》の良さも目立ち、あの娘の腰付きがよいとか、いや、この娘の胸の膨らみが気になるとか、踊りにかこつけて嫁の候補を選んでいる者もあれば、一方の娘たちも、あの人の声がよいとか、節回しが素敵だとか、恋人探し婿探しにも一生懸命である。

娘十八、番茶も出花とはよく言ったもので、何と変われば変わるもの。よだれを垂らしたり、鼻水を袖で拭いていた女の子が、目を瞠るばかりの美しい娘に変身している。男の子まで、いじめて泣かす程の気の荒い子だったあの女の子が、なよなよと身体をくねらせてあふれんばかりの色気を、いつ、どこで身に付けたものか、まさに化粧とはよく言ったもの、女はまさに化け物であると感慨を持つ。

しかし、その化け物に現《うつつ》を抜かすのもまた、男の本性でもある。夏の夜の一時、若い男女が盆踊りの輪を作るのは、平和の一語に尽きる思いがする。この盆踊りもそれから数年後、戦争という悪夢に中断され、娘たちはモンペをはき、男たちは戦場に駆り出された。私がここで述べる盆踊りとは、言うまでもなく戦前のことである。

世の中は不景気風が吹き捲っていたのに盆踊りは盛んで、どこにもここにも櫓が立ち、鬼灯提灯が揺れていた。宵闇があたりに迫る頃ともなれば櫓太鼓が鳴り響き、レコードが拡声器からボリュームをいっぱいに上げて流される。三々五々どこからともなく集まる男女の群れは次第に踊りの輪を作り、それがいつの間にか二重にも三重にも拡がっていく。

その頃私は小学生であった。多分、五年か六年生であったと思う。夜ごと行われる盆踊りに熱心に参加した。それは踊りが好きであったからではない。目的は踊りに事寄せて出てくる女の子にあったことは言うまでもない。

ちなみに、私が沖縄の南大東島に守備隊として駐留し、敗戦後の虚脱状態にあった頃、島民がお祭りを催した。そのときの祭り太鼓を打つ歌にこんなのがあった。

太鼓叩いてなアー　人様寄せてヨー

俺も会いたい女《ひと》があるヨー

言い得て妙と言うべきか、南大東島は亜熱帯にあり、南方特有の開放的な雰囲気にあったが、それでもやはり男女の仲はままならなかったのである。いわんや、内地の、しかも戦前の村落ではなおさら、男女七歳にして席を同じうせずの儒教の教えは厳しかったのである。

女の子、娘たちは夜、家を出て遊び歩くなどということは到底許されなかった。男の子と女の子が一緒に遊ぶことができたのは小学校に入学するまでである。小学校に入学すると、男子組と女子組に分けられ、兄弟姉妹の兄と妹、姉と弟の間柄でさえ、友人たちの見ている前では口をきくことさえはばかられた。

ましてや一緒に連れ立って歩くなどはもっての外で、やむをえず兄と妹、姉と弟が歩く場合は、少し離れて歩くという程であった。夜間、暗闇の中を男女が連れ立って歩くのを他人に見られれば忽ち噂が立ち、陰口を言われるのは覚悟しなければならない。

学校を卒業した若い男女も、人目をしのんで交際する場合が多かった。それは現在のような明るい大らかなものではなく、暗い陰湿なものであった。

こうした時代背景の中で、お祭りや盆踊りは、両親や世間の人々の目もお構いなく、男と女、好き合った者同士が公然と会うことのできる唯一の機会であったのである。

その頃私が会いたい女の子はお夏さんといった。

家は私の家の西の方角にあった。通称、野尻の家と言っていたので、私を始め誰もが野尻のお夏さんと呼んでいた。お夏さんは色白で目鼻立ちもよく器量好しであった。さらには美声の持ち主であり、その上運動神経が抜群で、運動会の花形であった。踊りも上手でその品《しな》の良さには定評があった。品位は誰に習ったというのではなく、自然に備わったもので、まさに天分と言うべきであろう。

さて、近郷近在から集まった踊り上手が何十人、中には踊りの師匠格の人や村々を教えて歩く人などもおり、東京の踊りの先生の所に通って腕を磨いたという熱心な人もいるこの年の盆踊りの大会で、お夏さんは見事に優勝したのである。年齢的には一番下の方で、並みいる大人たちを尻目に堂々と第一位を獲得した。

その手振り、足捌《さば》き、腰の座り、それにも増してにこやかな笑顔、どれもこれも満点であった。もちろん、私も一票を入れたのであるが、それだけに私も非常に嬉しく感じた。もとより本人の喜びようも格別であった。

お夏さんと私が仲よくなったのは、夏休みに私が勉強を教えている間である。私は男兄弟なので、お夏さんを可愛い妹のように思い、お夏さんも私を実の兄のように慕ってくれた。

先に述べたが、夏休みの勉強だけは稲荷神社の拝殿の中で、一年生から六年生まで、男女一緒になって勉強した。約一カ月間、もちろん、他の子の勉強も見るのであるが、特にお夏さんの勉強には力を入れた。そのことが自然にお夏さんにも感じられたのかもしれない。

それからは祭りとか盆踊りなどで、公然と男女が連れ立って歩いてもよいときには、お夏さんはいつも私に纏《まと》わりついた。私も可愛いのでつい手をつないで歩いているうちに、いつの間にか村内で、小倉さんの畢ちゃんは、野尻のお夏さんが好きらしい、お夏さんもまた畢ちゃんが好きらしい、つまり二人は好いた同士で、行く行くは夫婦になるのではないかという噂が拡がった。

二人はそんな噂を気にもせず、相変わらず仲よくしていた。

お夏さんの家では、親たちも兄弟連中も、誰一人として二人の仲を邪魔する者はなく、むしろ二人が会うことに便宜を図ってくれる程であった。しかし、一方私の家はこのことを好ましく思ってはいなかったようであるが、それでも止めさせようとはしなかった。

他人の噂も七十五日、いつの間にかそんな噂をする人もなくなった。盆踊りにまつわる少年の頃の思い出の一齣である。

後年、私が沖縄の戦場から復員して、お夏さんが戦時中疫病《えきびょう》にかかり、はかない命を失ったことを知った。そのときお夏さんは十九歳であったそうである。お夏さんには一人の姉さんがいた。その姉さんは私と同学年である。ここでこの姉さんのことも話すことにする。

姉さんは小学校六年を卒業するとすぐに、上二丁目のある家に女中奉公に入った。この家は先にも述べた、代々村長を務める村一番の大地主である。その家にはA子さんというお嬢さんがいた。このA子さんは姉さんの同級生であった。

当時、A子さんは東京上野の女学校に通学していたが、毎日自宅から東武線の草加駅までお抱《かか》えの人力車で通っていた。一方、お夏さんの姉さんはなかなか頭の良い子で、学校の勉強も良くできた。しかもお嬢さんのA子さんより成績は上のはずである。

成績のよい方の姉さんが上級学校に進学できず、逆に成績の悪い方のA子さんが、東京でも名門と言われ、名家の子女が多いと噂される女学校に毎日人力車で送り迎えされているのを、姉さんは女中として直接近い所から見ていたのであるから、その心中はいかばかりであったろうか。

姉さんはそれにもめげず、向学心に燃えて中学の講義録などを取って、独学で勉強していたと聞いたが、心身ともに疲れたのか、二年か三年後、健康を害して家に戻り、ついにある日自殺をしたとのことである。このことは私が高等農林に在学中、帰省した折に友人から聞いて知った。そのとき姉さんは十七歳であったという。姉妹二人して若くしてこの世を去った。まさに悲劇の姉妹であった。

今、私は八十一歳。あの戦火を潜り抜け、戦後の荒廃の中を生き抜いてきた。これをしも天命と言うべきか、人間の運命とはわからないものである。静かに目を閉じて往年の在りし日を思い浮かべながら二人の冥福を祈りたい。

紙芝居

私が小学生の頃は紙芝居の全盛期であった。

当時、自転車で玄米パンを売り歩く小父《おじ》さんがいた。ブリキで作ったメガホンを口に当てて、「ニコニコ商会、玄米パンのホヤホヤ」と言いながら売り歩くのである。その玄米パン屋が、ある日突然紙芝居屋に変身した。

自転車の荷台にパンを入れていた箱に代わって紙芝居の舞台を置き、メガホンの代わりに拍子《ひょうし》木《ぎ》を叩いていた。ときには大きなドラムを積んで来て、これをドン、ドン、ドンと叩くことなどもあった。これを合図に、村の子供たちが続々と稲荷様の境内に集まり舞台を取り囲むのである。誰が指図するでもないのに、小さい子を前に、段々と大きい者が後ろの方に並んだ。私はその頃大きい方であったから、いつも一番後ろに立って見ていた。

黄金バットが子供たちの人気の的であった。しかもこの元玄米パン売りの小父さんは思ったより紙芝居の説明が上手であった。活弁調の名調子で、子供たちがすぐにそれを真似る程の人気者となったのである。

「正義の味方黄金バットは、破邪顕正《はじゃけんしょう》の利鎌《とがま》を振りかざしてどこからともなく現れ、弱い者を助けるのでした。太郎危うし、花子危うし、今日もまた黄金バットは現れるか、太郎と花子の運命やいかに、後は明日のお楽しみ」

と、こういった具合に明日へ、明日へと続いていくのである。私の後ろの方では、多くの大人の連中も結構楽しんで見ていた。

紙芝居は無料ではない。その頃は二銭か三銭の飴を買うのである。五銭も買えば上得意というわけで、中には始まる頃に来て、ただで見るずるい奴もいる。すると小さい子は正直に、「小父さん、この人、ただ見よ」などと、告げ口をする。しかし、小父さんは黙認した。

私たちのように五年とか六年生くらいになると、一度に十銭くらい出して、「小父さん、覚えておいて、これ十日分だよ」などと、大人めいた口をきいたものである。小父さんが「よしわかった、わかった」などともののわかりのよい態度を示すのも、子供たちに人気のある所以《ゆえん》でもあった。

ところが思い掛けない問題が生じたのである。紙芝居が結構商売になるらしく、次第に盛んになるに連れて、何人もの同業者が現れるようになり、子供たちもそうそう何人もの紙芝居屋と付き合うわけにはいかなくなったのである。すなわち、子供たちの小遣いが続かなくなってしまったのである。親たちも一日に一回ならともかく、二回も三回もお金をくれはしない。

そこで稲荷様の境内は、何人も来る紙芝居屋のうち、一体誰の占有とするか、縄張りを決めようということになった。ではどうしてこれを決めるのか。

元玄米パン屋は、私が一番先にこの場所に来たのだから、つまり私が一番古いのだから私の縄張りだと主張する。これはもっともだと賛成の意見が多かったが、しかし他の紙芝居屋は、我々も生活が掛かっているのだからと一歩も譲らない。

そこで紙芝居屋が何人かが共演して、それを見た子供たちが一番良いと言った者に、この場所を与えようということになったのである。

ある日、紙芝居の大会が行われた。その日は五人の紙芝居屋さんが集まり、それぞれ得意の出し物を熱演した。その結果、元玄米パン屋の小父さんの黄金バットが第一位で、私たちの集落、つまり稲荷様の境内は、結局この小父さんの縄張りと決定したのである。

私は紙芝居が大好きであった。家のお手伝いを済ませると毎日見に行った。この小父さんが何カ所かの持ち場を回って、私の集落に来る頃は夕方だったので、時間帯としても都合がよかった。

その頃、芝居見物の項で前述したカネちゃんが、友達と連れ立ってよく紙芝居を見に来ていた。これはまだ本物の芝居を見に行く前の話である。カネちゃんはいつも私の傍らに来て見ていた。いつの間に来るのか、気が付くと私の横に並んでいる。私はその頃カネちゃんが好きという程ではなかったが、嫌いでもなかった。だが、もしかするとカネちゃんの方は私が好きなのかもしれないと思い、ある日私はそれを試してみようと思いついた。

紙芝居の最中に、私は知らん顔でカネちゃんの手をそっと握ってみた。きっとビックリして手を引っ込めるだろうと思ったのに、彼女はそうしないのである。いや、それどころか私の握った手をさらに強く握り返したのである。これには私の方がビックリして、そっと彼女の顔を覗き込むと、知らん顔で一生懸命に紙芝居を見ている。

私は何か馬鹿にされたような気がしたので、その手を振り解《ほど》こうとしたところ、彼女は一層力を入れて握り締め、振り解けない。私は仕方なくそのままにしていた。彼女は紙芝居が終わるまでじっとそのままであった。

紙芝居が終わって皆が動き始めると、カネちゃんは周りの人たちに気付かれないようにそっと私の手を放し、私の方を見ようともせず静かに立ち去ったのである。

その次の日である。私が立って見ていると、この日は彼女の方から先に私の手を握った。私が気付いてグッと力を入れると、彼女も力いっぱい握り返して、そのままずうっと昨日のように終わりまで握ったままになった。

それから後は毎日、二人とも誰にも気付かれずにそうした日が続いたのである。少年と少女の、恋と言うには及ばないまでも、そこに何かほのかなものを感じたのは本当である。

（2）

昭和二年の四月に小学校に入学して、いよいよ卒業年次となった。この年は何かと変わったことが多かった。

その第一は、耕地整理事業の完了に伴い、村の中央部に小学校、村役場、農協、駐在所が新築され、それぞれ移転したことである。

新しい小学校は二階建てであった。旧校舎はもとより、その頃近隣の小学校は皆、平家建てであったので、当時としては近代建築ともて囃されたものである。

職員室も別棟であり、それに理科の実験室と音楽室も別棟に設けられていた。講堂も広く立派なものであった。特に珍しかったのは鉄塔である。これは国旗掲揚塔でサイレンも付けられていた。祝祭日には大日章旗が翩翻《へんぽん》と翻《ひるがえ》り、十二時には昼を知らせるサイレンが鳴り響いた。火事や洪水など、緊急事態発生の場合も、これを村中に知らせる役目を果たした。

しかしながらその後五、六年して、防空演習の空襲警報やその解除を知らせるのに多く使用されるようになったのは皮肉なことと言うべきで、そもそもこの鉄塔は何か初めから悲劇的な要素が付きまとっていた。

まず、この鉄塔が完成した祝賀行事の席で、この大事業を推進してきた立役者である当時の村長が倒れた。氏はその当時、既に相当の高齢ではあったが矍鑠《かくしゃく》たるもので、二階建ての校舎建築中には、高い足場を自ら登り、大工や左官、鳶《とび》職などに細部に亘って指示監督する程であった。それがどうしたことか急に倒れた。

氏はそのとき、「鉄塔建ちて我倒れけり」と言ったと伝え聞いたが、その後約一カ月くらい病床にあってついに不帰の客となった。

その村葬はじつに盛大なものであった。小学校の校庭に白木造りの特設斎場が設けられ、その前には千人も収容できる大テントを張り、会葬者は何千人という多数であった。

従四位勲三等の位も贈られ、天皇陛下より祭祀料も賜り、内務大臣を始め埼玉県知事、県会議長、その他近隣の市長村長と、会葬者の顔触れも村始まって以来、いまだ嘗《かっ》てない盛儀であった。

もちろん、村では全世帯の戸主が参列した。

在郷軍人会、青年団などでは人数が足りないということで、私たち最上級生も駆り出されて花輪持ちをさせられたが、氏の自宅から斎場まで約二キロの道程が、先頭が既に斎場に到達しているのに、後尾はまだ自宅の屋敷内に残っているという有様で、花輪は四百本とも五百本とも言われたが、正確な数を数えた者はいない。

この日、村は早朝から夕刻まで、一日中葬儀で明け暮れた。弔辞なども氏の自治功労者としての業績を讃え、農村振興事業の推進者としての功績を称揚するものが多く、延々三、四時間にも及び、ご焼香は五、六時間も続いた。

その後、村役場と菩提寺（西蓮寺）には氏の銅像まで建立されたのである。

話は変わるが、村葬はこれ以前にも一回あった。私の生家の前の家で、渋谷某《なにがし》という人が満州事変で病死し、その遺骨が還った際に行われたのである。村で初めての村葬ということで、その盛大さに当時の村民は驚いたのであるが、しかし、今回行われたものと比較した場合、その比ではなかった。

第二は、南川崎の旧小学校の講堂前にあった楓《かえで》の大木を、新校舎の職員室の横に移植するという大作業であった。それは、この大木が移し植える程の銘木（古木）であったからである。樹齢は不明であるが、根本の幹周りは大人で二人、子供では三、四人で抱える程の大木であった。旧校舎と新校舎との距離は千五百メートルもある。これを転曳《ころび》きという方法で移動させ、一日約三百メートル、五日も要した。その要員は一日五十ないし百人、延べ約五百人。青年団、在郷軍人会、消防団員などが、交代でこの作業の労力奉仕に当たった。

幸い活着《かっちゃく》したが、その後一年ごとに衰え、とうとう五年くらいで枯死した。やはり大木の移植というのは難しいことかもしれない。あの大作業が無駄なこととは思いたくはないが、何か空しいものを感じたのは事実である。

第三の話は、私たちの担任の先生が中途で替わったことである。担任は田中登美男先生であった。

先生は長野県小諸の出身で、埼玉師範を卒業して私たちの学校に赴任して来たのは一昨年、私が五年生のときである。その後短期現役兵として入隊し、五カ月の軍隊教育を経て、除隊と同時に再赴任した。担任は六年生であった。私は何となく来年六年生になったら、田中先生が担任になることを予期していたが、その通りになったので嬉しかった。

その理由は、先生の若々しい溌剌《はつらつ》とした態度や、陸軍歩兵伍長の階級章を付けた軍服を着て、青年訓練所の生徒たちに訓練をしている姿が凛々《りり》しく見えたからである。しかも六年生の一学期、私は級長を命ぜられていたため、先生との接触も多いことであろうと、内心大喜びであった。

先生はまず最初に級訓を「大量《たいりょう》、細心《さいしん》、堪忍《かんにん》」と定め、毎日第一時間目の初めに、クラス全員で唱和することを決めた。今まで一度も級訓などというものはなかったので、皆も新鮮かつ誇り高く感じていたようだ。私も大いに張り切って先生の意を体し、日を追って先生の指示がなくても次の行動ができる程になった。

その頃、南川崎の旧校舎が取り壊された跡地を耕して、学校農園を造成する作業が週に一回くらい実施されていたが、その往復千五百メートルは駆け足と決まっていた。ある日、その作業日に先生は所要で私たちと同行できなかったが、私はいつもの通り、クラス全員を整列させて駆け足で現地に着き、作業を行い帰途に就いた。二列縦隊で駆け足で戻ってくると、校門の前で所要を済ませて帰校した先生の出迎えを受けた。

教室に戻ると先生は、「小倉、先生の留守中でも、よく先生がいるときと同じ行動がとれたね。小倉の指示に従って、皆が一糸乱れぬ行動ができたことは、このクラスの一致団結を示すものだ。

じつに心強く、先生は非常に嬉しく思った。これからもこの気持ちを忘れずに、すべてに頑張ろう」と言い、私は強い感動を覚えた。

その後、勉強も運動もそのほかすべての面で、よきご指導を頂き、私はもとよりクラス全員が明るく、楽しく、熱意に燃えて勉強に励んでいた。

それが突然、担任の交代が発表された。まさに青天《せいてん》の霹靂《へきれき》とはこのことか。私はもちろんクラスの全員が驚きの声を上げた。

田中先生は今度、中学の先生になるということだった。後任はA先生であった。一応、交代は二学期からということなので、まだ夏休みがある。夏休み中は学校には来ないが、下宿先にはいるということなので、私はそこへ遊びに行こうと考えた。

ところが、どうしたことか、先生は病気になってしまった。田中先生はその頃、潮止橋のたもと、大字古新田の田口という大工の棟梁《とうりょう》の家に下宿していた。私は級友五、六人と連れ立って病気見舞いのためにこの家を訪れた。先生は二階の部屋に寝ていたが、顔色もよく、思ったより元気であった。先生は私たちの来たことを非常に喜んだ。

この家の長女でお妙さんという娘さんが、まるで先生の奥さんのように甲斐甲斐しく先生のお世話をしていた。また、私たちにお茶を出したりお茶菓子を出したり、先生の衣服を取り替えたり、子供の私たちが見ていても夫婦のように見えたが、後に本物の夫婦になろうとはさすがに気付かなかった。

近所の人々の話では、田中先生の病気中の看護が至れり尽くせりで、その情にほだされたのではないかというのが専《もっぱ》らであった。

夏休みが終わる頃、田中先生は健康を取り戻し、私たちと別れて中学の先生として赴任した。それは非常に名残惜しいものであった。

私は二学期早々に、全国健康優良児の一人として文部省から表彰された。県庁の学務課から表彰状と記念品が学校に届き、校長先生より朝礼の際に授与された。後にこれが田中先生の推薦によるものと聞いて、私の先生に対する思慕の情はいよいよ増すばかりであった。

さらに私にとっては、田中先生によるもう一つの大きな影響がある。

今こうして私は自叙伝を書いている。私が曲がりなりにも拙文を物することができるようになったのも、その素地は田中先生の作文指導のお蔭なのである。

田中先生が私のクラスの担任になって間もない頃のことである。綴り方（作文）の時間であった。先生は恐らく生徒の一人ひとりをよく理解しようとする意図であったと思うのであるが、「私の考えていること」という題で書くように指示した。

「どんなことでもよいから、包み隠さず正直に書きなさい。どんなことが書かれていても、そのことについては不問にする。もちろん、綴り方の成績には何の影響もないことを付け加えておく」

という先生の言葉を受け、私は自分の現在の考えが、どのようにして作られたのか、というところから書き始めた。

すなわち、家庭にあっては祖母や両親、兄弟と、家中の人々の日頃の言動が、知らず知らずのうちに私の知識となっていること、学校に入学してからは、何人かの先生から教えを受けたり教科書を勉強してきたことが今の私の考えを作っていること、さらには自分が生まれ育った周囲の環境、特に友人や村の人々、この村の風習、伝統などもまた知らず知らずのうちに、血となり肉となって、私の人格形成に役立っていることなどなど。

さらに、大きくは日本人として、日本の国のために役立つ立派な日本人になりたいと思っていること、この学校の最上級生の級長として、私はその責任の重大さを痛感し、クラスのリーダーとして一生懸命に学業に精励し、運動にも励み、来年卒業のときは、「今年の卒業生は皆優秀であり、よい生徒であった」と、校長先生を始め諸先生方からもお誉めの言葉を頂けるように心掛けたいと思っていることなどを書き綴った。

一時間の単限では足りず、先生から原稿用紙を追加して頂き、家に帰ってからも続いて書き上げた。四百字詰原稿用紙にして五枚程を翌日の朝提出した。

次の綴り方の時間に、私の作文が模範文として取り上げられた。先生は私に自分で読み上げるように指示した。私はクラス全員の前でこれを読んだ。

その後クラスの何人かからその感想が述べられた。

「よく、こんなに長く書けたものだ。僕は原稿用紙一枚書くのがやっとだった」

「こんなに細かく、しかも広く観察している。そのことも大変なことだが、それを書くことはもっと大変だ。よく書いたと思う」

「小さい頃のこと、もう過ぎたことなどをよく覚えている。それを思い出して書いたのがよい。私が既に忘れていたことなどが、はっきり書かれていて驚いた」

最後に先生がこのように纏めた。

「小倉は、自分の記憶の中にあること、つまり、いろいろ見たこと、教わったことなどをそのまま書いた。自分の考えも素直に書いた。上手に書こうとか、よい文章を書こうとか、ためになることを書こうとか、そんなことは少しも考えないで、ただ、ひたすら自分の思う通りに書いた。だから、皆が言うように、細かいことも、広く見たことも何でもその通り書くのだから、決して難しいことではない。こんなに長くよく書いたと、誰かが言ったが、小倉は、もっともっと書きたかったかもしれない。もっともっと書けるだろう。綴り方とはこういうものだ。皆もこれからは小倉のように、自分の思ったことや、見たこと、聞いたことなどを、自由に伸び伸びと書くようにに。それが一番大切なことだ。決して上手に書こうと思って、よい文章が書けるものではない。思った通り自由に書いたのが、結果としてよい文章になることもある。このことを忘れないように。小倉もこの気持ちを忘れないように、これからもますます書き捲くれ、いいな」

その後も田中先生は、読書会を催したり、文集などもガリバン刷りで作ってくれたりして、私のクラスは綴り方の盛んなクラスとして、今までにない級風を作り上げた。このことはほかのクラスの先生方の認めるところとなり、その後、さらに発展して綴り方重視の校風までになった。

私が中学生になってから同人雑誌の仲間に入り、詩や俳句、短歌、小説なども書いて、いっぱしの三文文士気取りになったのも、この田中先生による綴り方のご指導を得たことが最大の原因だった。

今こうして拙文を執筆するに当たり、改めてご高恩に感謝する次第である。わずか一学期、四カ月の短い期間であった。しかも、若い一教師の熱意がこのような大きな足跡を残したのである。青年教師の情熱は校風をも一新する程偉大だったのである。

田中先生は、十二、三年前に郷里の長野県小諸の在で、静かに不帰の客となられたそうである。謹んでご冥福をお祈りする次第である。

さて二学期が始まると、既定通り担任はA先生で、級長は田中悌次郎君に代わった。

A先生と私たちのクラスも縁が深い。二年生から三、四年と持ち上がりで、また、今回である。しかし、どうも私はこの先生と反《そ》りが合わない。率直に言うと私はこの先生が嫌いである。第一、村長さんの門番のように、その家の長屋門に居住していることからして気に食わない。村一番の大地主の門番とは、教育者として潔くないと私は思う。

第二は校長先生にいつもペコペコしていることだ。さらにその校長先生が私は大嫌いである。その理由を述べよう。私がまだ一年生の頃のある日のことであった。

私は何かの用事で職員室に行った。そのとき、そこには校長先生が一人でいた。

校長先生は私に手招きをした。私は恐る恐るその前に進んだ。校長先生はそのとき私にこう言ったのである。

「お前の親父は飲んべえだな。昨夜、S家の婚礼で、お前の親父の酒癖の悪いのを見たよ。お前は親父のように酒飲みになるなよ。いいか、周りの人が迷惑するからな。よし、わかったな、それなら行きなさい」

私は、ペコンと一つお辞儀をして職員室を出たが、廊下を歩いて教室に戻る途中、なぜかポタポタと涙を落とした。教室に入ると友達が皆私の泣き顔を見て「どうした、職員室で先生に叱られたのか、何か悪いことをしたのか」などと声を掛けてくれたが、私は黙ってただ下を向いていた。

そういえば、昨夜、父は紋服も袴も泥だらけにして家に帰ってきた。そして、何か大きな声で怒鳴っていた。母がしきりにぼやいていたのを寝惚《ねぼ》け半分に聞いたような気がする。その夜、私は父にこう言った。

「お父さん、酒を飲むのを止めて下さい。子供まで恥をかく。お母さんも大変だし、可哀想だよ、どうしても飲むならお家だけにして下さい」

父は怪訝《けげん》な顔をしていた。私がどうして急にそんなことを言い出したのか計り知れなかったからであろう。しかし私はそのわけを言わなかった。

その頃、父は村会議員をしていた。そのために村で二番目の地主であるS家の結婚式に招待されたのであろう。父はその祝宴の席で、酔った挙げ句に村政を批判したらしい。そして村長と言い争ったのだそうである。校長先生も同席していて、権力者に逆らう父を馬鹿者と思ったのであろう。もちろんこのことは後年私が成長してから、父と親交があった、私のクラスメートの父親から何かの折に聞いた話であって、その頃は何も知らない一年坊主であったことは言うまでもない。

しかし、それがいかなることであろうと、幼い子供に、その父親の悪口を言うのはいかがなものであろうか。ましてや、校長先生ともあろう者のすべきことであろうか。私の幼い心には大きな傷跡が残った。

私はこのことがあってからこの校長先生が嫌いになった。

校長先生はその後も村長の覚えがめでたいようであった。私が五年生のとき、校長から県視学に栄転した。これも当時の村長の推挙であるという話であった。

その後、この人は一度、錦を飾るごとく、私の学校を訪れたことがある。多くの随伴者を従えて、天井を向いて廊下を歩く傲慢な態度に、このときも私は密《ひそ》かに怒りの込み上げてくるのを覚えた。新しく着任した校長先生は、やはりペコペコとお辞儀を繰り返していた。小学校六年生、十二歳の私には大人の世界などわかるはずもない。わかったのは大人とはこうも権力者に弱いのかと、その卑屈さに反発する気持ちばかりであった。

こうした反骨精神が私の心に内在し、それが一連の事件――運動会の特別席の撤去となり、あるいは火鉢運びのサボタージュ――として表に出てきたのかもしれない。

今、また、そのもっとも私の嫌いな、権力者にこびへつらうことの上手なA先生が担任では、これから先が思いやられると感じたが、半年くらいだ、我慢しなければと思い直して、とにかくおとなしくして無事卒業しなければと考えを改めた。

そうした態度が神妙に見えたのか、どうやら優等賞はもらえた。しかし、やっとこ三番で、級長の田中悌次郎君が一番、柳田哲三郎君が二番であった。

柳田君は春日部の中学に進学し、後に早稲田大学に入学した。私も同じ道を進みたかったのであるが、父の意向で農学校から高等農林に進んだ。

小学校卒業の年の話は大体このくらいで終わる。あえて付け加えるとすれば、当時男子は木剣体操、女子は薙刀《なぎなた》体操を行っていたが、これを私の村に賀陽宮殿下《かやのみやでんか》の御台臨の際と、勅使御差遣《ちょくしごさけん》の際と二度に亘り、その面前で御披露する光栄に浴したことである。これは子供心にも晴れがましいものであった。

第三章　中等農業学校時代

（1）

私は柳田君と同じように普通中学に進学し、大学にも行きたかったが、父は、農民の息子に学問はいらない、大学など出ると農業を嫌って、役人か会社勤めの月給取りになってしまうという持論があった。

それでも小地主としてのそれ相応の学問は必要と考え、農業の専門教育は受けさせたいと思っていたようである。私は父の意思に従って、中等教育も農業学校に入学した。

このように述べると、父がいかにも学問を軽視するかのごとき誤解を招く恐れがあるのであえて弁解しておこう。父は学業成績も良く、当時の校長が私費を投じても上級学校に進学することを祖父に説いたが、祖父は一人息子であることを理由に、これを拒絶したのだそうである。もちろん、父は進学したいという願望があったので、非常に残念であったと私にも話したことがある。

しかし祖父も学問好きで、二里程離れた谷塚という所に当時存在した私塾に三年間も通わせたということである。

従って父は当時の農家の主人としては学もあり見識もあった。私の知る限りにおいても達筆であり、また、算数に長《た》けていた。特に算盤《そろばん》を良くし、私は父に遠く及ばなかった。地区会長、農区長、消防団長、村会議員など、数々の公職も務め、特に耕地整理事業の推進に当たっては理事、あるいは技師補としてその活躍は目覚ましいものがあり、並いる理事の中で一頭地を抜いていたと村人の評判が高かった。

そうした父が、なぜ私を大学に行かせなかったかというと、あくまでも私を農業の後継者としたかったからであった。大学は他の三人の弟に行かせたいと考えていたようであるが、それも戦争やその他の事情でそのようにはならなかった。このことは私も残念であったが、父も晩年非常に悔やんでいたようである。

さて中学生になると、英語だとか漢文が入り、国史は歴史に変わり、東洋史、西洋史というものになった。算術が数学となり、国語は国文学になる。さらに理科は物理と化学になる。しかし、主要な科目はやはり農業で、食用作物、蔬菜《そさい》園芸、果樹園芸、花卉《かき》園芸、とやたらに「園芸」というのが多かった。それに畜産とか、食物加工という科目もあった。

特に珍しかったのは、実習という科目である。これは農場に出て実際に農作業を行ったり、畜舎で豚や鶏の世話をするのである。山羊も何頭かいて、乳搾《しぼ》りなども行った。花卉園芸では草花造り、造園を行ったが、花壇や庭園造りは私の最大関心事であった。

体操という科目は軍事教練に吸収され、戦火が拡大されるに及んで、英語は敵国語であるとして廃止され、この時間も教練に繰り入れられた。従って私は英語を全く知らない。剣道、柔道は正課で、週一時間以上、部員は課外練習を早朝と放課後二、三時間という猛練習が毎日行われた。私は特に剣道に熱中した。

学校生活は前述の課業の繰り返しであり、極めて単純なものであった。つまり、特筆大書すべきものはなかった。ときに通学の折、同車する女学生をからかったり、中学生同士の諍《いさか》いなどに巻き込まれたこともあったが、これは日常茶飯事である。従って私はここでこれらの些事を詳細に記述するつもりはない。言うならば、私が特に感銘深い恩師、あるいは感動を得た友人との関わりについて記述する。

同級生にN君という人物がいた。私は彼と特別に親しくなった。小学生時代は前述の通り、田中君と柳田君、それに私と、この三人がいつも一番から三番までを交替で争っていたが、この二人に私は引け目を感じたことは一度もなかった。ところが、このN君にはいつも一歩先を越されるという感じであった。彼には大いに啓発されることが多かった。彼は非常に読書家であった。私も読書好きでは彼に劣らなかったが、その読む本の種類が違っていた。そのことを、ある日彼から奨められた二冊の本で知った。その二冊の本とは鶴見祐輔著『膨張の日本』と『英雄待望論』であった。

前者は、これからの日本がどのように世界に伸びていくかを論じたものであり、後者は、そのために昭和の信長、秀吉、西郷隆盛出よと青少年に呼び掛けたものである。

それまで、『少年倶楽部』や『譚海《たんかい》』などという月間雑誌を読んでいた私にとっては、まさに青天の霹靂であった。中学一年生にこのような高度の論理が果たして理解できるのかと、私は何回も何回も繰り返して読んだ。これが熟読玩味《じゅくどくがんみ》の始まりであった。しかるにその読後感は痛快であり、我が意を得たりと、快哉《かいさい》を叫ぶ程の感動を覚えたのである。

このことがきっかけとなり彼とは親友になった。その後急速に親密の度を加えた二人は、彼の蔵書によってバイロンを語り、ナポレオンを論じた。学業成績も彼に一歩譲った。彼に一歩勝るものは剣道だけであったと思う。

私は良き友を得たことが嬉しかった。しかし、彼とは三年間の交際で終わった。それは私が茨城県の高等農林学校に入学したためである。これも父の意向によるものである。その事情は後述するが、ともあれ私はこのときに無二の親友を失うことになろうとは夢想だにしなかった。

茨城の高等農林は全寮制であった。しかも私は滅多に帰省しなかった。それは、夏休みなども千葉県の館山にある寮での一カ月に亘る水泳訓練や、はたまた、裏日光から上毛三山と足尾銅山に至る縦走を試みるなどして、帰省する暇がなかったからである。

この学校を卒業して家に帰ったとき、初めて彼の死を知った。しかも死因は自殺であるという。私は驚きのあまり言葉もなかった。そのとき私に話してくれた友人の話は、次のようであった。

N君も私と別れたことを非常に落胆していたとのことである。彼もまた、私をよき話し相手としていたのだ。それに加うるに向学心に燃える彼は、私の進学に、自分もとの思いがかなり強かったようである。彼はかねてから私にも、早稲田大学を志望し、そのために予科に入りたいと漏らしていた。そのことを実現すべく家長である長兄に相談したところ反対されたのだそうである。それには次のような複雑な事情があったのである。

すなわち、彼の家は彼の長兄が家督を相続しており、彼は末弟であった。そうして長兄にはN君と同年の長男がいた。ところがこの長男は正直言ってあまりできの良い方ではなかった。いや、弟の方が優れていたと言った方が当を得ていると思う。

長兄は後継者である息子の方が、何かとN君より劣ることに日頃から不満を抱いていたようである。このことは人情の常としてわからなくもないが、その結果が彼の進学阻止になったわけである。彼はさぞかし無念であったろう。その後、彼は北千住の時計屋に徒弟として就職した。彼がこれを承諾したのは、主人が夜学に行かせることを応諾したからであったが、就職後はこの条件も果たされなかったとのことである。大学進学を断念した彼は、勉強したい一念《いちる》から夜学に一縷の望みを抱いていたのにそれも駄目だとわかって懊悩《おうのう》の日々を過ごしていたが、ついに精神に異常の徴候《ちょうこう》ありということで生家に戻された。

やがて彼はいよいよ絶望感を抱き、精神錯乱状態となり、暴力を振るうなどの行動に出たため、ついに座敷牢に閉じ込められるという悲惨な状態になった。

この話を私に聞かせてくれた友人が、その頃彼を見舞ったところ、家人に面会を拒否されたが、一日でよいから会いたいと極力懇請した結果、ほんのちょっとだけ、しかも離れた所からという条件で、彼の座敷牢に入っている姿を垣間見《かいま》たのだそうである。

その姿は彼の元気な頃と比べて、想像もつかない程の変容であったとか。恐らく彼の近くまで行ったとしても、その友人さえ識別できなかったのではないかという話だった。

そのあまりにも悲惨な彼の様子に、なぜああした所に閉じ込めておくのか、友人は若干の非難を込めて家人に詰問したらしい。家人は困惑の体《てい》で、それでもN君が刃物などを振るって長兄に襲い掛かったことも何度かあり、身の危険を感じてやむを得ずこうした処置をしたとのことであったと話してくれたようだ。

その後、N君は家人の隙を窺《うかが》って刃物を用いて自殺をしたのだそうである。

この悲しむべき話を聞いて私は慄然《りつぜん》たる思いであった。

その友人は、さらに次のように私に話してくれた。

「小倉君、昔から天才と狂気は紙一重の差というが、N君はあまりに頭が良すぎた。向学心が強すぎた。だから一旦挫折すると脆《もろ》く、一挙に崩壊してしまう。そこへいくと、我々できの悪い者はどうせこのくらい、と諦観《ていかん》しているから、弾力性、融通性がある。思い詰めることもない。君もどちらかと言えば頭の良い方だから、気を付けた方がいいよ」

「大丈夫だ。私はN君程頭も良くないし、思い詰めもしないよ。だから大学志望も諦めて父親の方針に従って農林学校にも行ったのだから」。私はその友人にそう答えて別れた。

その後も私の脳裏にはN君のことが焼き付いて離れなかった。私は私なりにいろいろと考えてみたのである。たしかに彼は秀才であった。しかし挫折したからといって可惜《あたら》これからの貴重な人生を自ら絶つということをなぜやったのか。なぜ逆境に耐えてもっと大らかに生き抜こうとしなかったのであろうか。彼を知る私にはどうしても理解できない疑問が残ったのである。

その頃、東大生か一高生かが「人生不可解」の書き置きを残して華厳《けごん》の滝に身を投じたという風聞があったが、私にとって親友N君の自殺こそ不可解そのものであった。

しかし、それから三、四年後、私もまた命を賭けた戦場に駆り出され、何回か自分の死を覚悟しなければならない羽目に追い込まれようとは、まだその頃は考えも及ばなかった。

（2）

ここでは中学時代の恩師の面影を偲びつつ、その何人かの先生について思い出を綴ることにする。

その第一番に登場するのは、日下部貞三先生である。先生は国学院大学出身で、国、漢を担当していた。非常に温厚な人柄で、学究肌の人格高潔な人物であった。明治維新の英傑を多数育成した吉田松陰を畏敬《いけい》し、漢文の時間に松陰の話に及ぶや、熱情あふれんばかりの講義に時間を忘れる程であった。終鈴にいつも残念そうに本を閉じるのが常で、私たちもその熱意に引き込まれ粛《しゅく》として声なく、ひたすら講義に耳を傾けたものである。

私は日下部先生に書を習う機会を得たことがある。「忠孝両全」という四字を一カ月も習い、秩父の宝登山《ほどさん》神社で年一回催される書道展に出品して入賞し、賞状と賞品を頂いたことは今でも記憶に残っている。このときは、学内で十名くらい選ばれて毎日放課後練習したのであるが、日下部先生は特に私の字を好み、その十何名の中から私の書を推薦して下さったわけで、私がその後多少なりとも書に興味を持つに至ったのはこのときからであり、この先生のお蔭であると言えよう。

小学校時代に田中登美男先生によって作文の目を開いて頂き、中学時代に日下部貞三先生によって書に関心を抱くに至った。

私は、成長の過程で良き師に巡り会い、良き友を得ることによって、自己の人格形成に大きく与《あず》かって力のあったことを認めざるを得ない。

さて、先生は決して美男子という程の容貌の持ち主ではなかったが、先生の奥さんは絶世の美人というに相応《ふさわ》しい人であった。ある日、私と何人かの友人が先生の下宿先を訪問したところ、この美人に巡り会うことができた。

「生徒さんですか、よくいらっしゃいました。さあ、どうぞ、お上がり下さい」と言いながら座敷に通す奥さんの美しさに私たちは驚いた。奥さんが去るのを待って、誰かがこう言った。

「おい、見たか、美人だなあ、あれが先生の奥さんか。信じられない。俺は今までにあんなに美しい人を見たことがないぞ。あれは水谷八重子に似ているな」

「いや、山田五十鈴に似ている」

「違う、川崎弘子だよ」

皆は口々に思い思いの女優の名を挙げた。私は原節子に似ていると思った。やがて先生が和服の着流しで現れ、続いて奥さんがお菓子などを持って出てこられた。

「皆、よく来たな。ゆっくりしていけ。何でも遠慮なく食べろ。それから言いたいことがあったら何でも言え、ここは学校ではないからな。何を言ってもいいぞ」

奥さんも、「まだお菓子もたくさん用意しましたから、どうぞ遠慮なく召し上がって下さい」と言って先生の横に座った。皆は呆然と奥さんの美しい顔に見とれていて、誰もお菓子に手を出す者はいない。じいっと奥さんを注視して口もきかない。

「何を見ている。何で黙っているのだ、日頃元気のよいお前たちが。小倉、どうかしたか」と言う先生の声に誘われて私は皆を代表する形で言った。

「いや、あまりに先生の奥さんが美人なので皆が驚いているのですよ。なあ、皆」

「そうそう、いや、驚きました。先生にこんな美人の奥さんがいるとは、人は見掛《みか》けによらないものと言いますが、本当ですね」

「俺もこんな美人を初めて見た。先生、奥さんをどこで見付けたのですか。さぞかし、口説《くど》くのに大変だったでしょうね」

「先生、奥さんとは大恋愛だったのでしょうね。その頃のことを参考のために聞かせて下さい」

今まで沈黙していた者が、一度に堰を切ったようにしゃべりだしたので、先生も奥さんも、たじたじの様子になった。

「えっ、うちの奥さん、そんなに美人か。俺の方がずっとハンサムだろうが」と、先生は照れた。

「皆さん、そんなに言われると、私恥ずかしいですわ、もう、止めて下さい。そんなに言うとお菓子を下げますわよ」と奥さんが頬を染める初々《ういうい》しさに、また、どっと喚声が湧く。

「先生、話して下さいよ、そもそものなれそめを」

「ああ、話すよ、話すからまず菓子を摘まめよ。菓子を食べながらにしよう」

「貴方《あなた》、よしなさいよ、生徒さんに、そんなことを話したらいけませんよ。止めて下さい、お願いです」

奥さんがそう言うのに、もう皆が承知しない。

「駄目、駄目、先生、話して下さい。どうか、奥さんも賛成して下さい。皆、お願いしろよ」と促すと、皆が一斉に「どうか、お願いします」と言う。

先生は仕方なさそうに話を始めた。

「彼女は私の郷里、群馬県太田という所だが、私の生家に近い親戚の娘で、小さいときから許嫁《いいなずけ》だったんだ。私が大学を卒業して、彼女も高等女学校を卒業するとすぐに結婚した。そして私が初めて就職したのが君たちの学校だ。つまり君たちは私の初めての教え子ということだ。だから私にとっても、ここにいる彼女も君たちには特別の親しみがある。それで今日君たちを呼んだわけだ。彼女も君たちと今日会えることを楽しみにしていたし、だから今日はとても嬉しく思っているはずだ。従ってもうあまりからかうのは止めてもらいたい。それより学校の話をしよう。普段、学校で思っていても言えないこともあるだろう。それを今日はお互いに話し合おうではないか」

それに対して私は答えた。

「いや、学校のことなど何も話すことはありません。もしあってもそれは学校で話し合って解決すべきです。今日はむしろ、先生の私生活や、今まで過ごしてこられた学生時代のこと、そして奥さんとのこと、結婚生活など、学校では先生が話してくれないことをお聞きするのに絶好の機会であると私たちは考えています。是非お聞かせ下さい。お話しにくければ、私たちが代わる質問いたしますから、それにお答え願う形式でお話し下さい。奥さんもよろしくお願いします」

と、まあ、こういうことになった。質問の第一番は、やはり私に決まった。

「先生、先程、奥さんとは小さいときから許嫁であって、そうして大人になると当然のごとく結婚したというお話ですが、それは奥さんが美人だからでしょう。もし、奥さんが美人でなくとも、そうした場合、素直に結婚するでしょうか。先生の正直なお答えを期待します」

誰かが、「先生、小倉にも許嫁がいるらしいのですよ。ですから、その辺も含んでお願いします」と余計なことを言う。

「そうだな、もちろん、美人の方がいいよ。しかし、その前に相手の気持ちがある。いくら美人で結婚できればいいと思っていても、相手がどうしても嫌だということであれば、どうしようもないからな。双方の合意というか、両方がその気であることが大事なことで、無理にしても仕方がないし、そんなことはできないから、自然に二人とも結婚する意思があったということだ。相手が美人であるから結婚したのではなく、結婚したら相手が美人であったということだな」

「奥さんはどうなんですか」

「私はまだ若かったし、両親がそうした方がよいと言うし、特別に反対する考えもありませんでしたので、言う通りにしました。それに子供のときからよく知っていましたので、ごく自然でした」

そこで誰かが、「と言いますと、奥さんは、先生を愛していたわけですか」と突っ込みを入れる。

「特別な感情は持っていませんでした。でも、嫌いではありませんでしたので、結婚することに戸惑いはありませんでしたよ。今でも結婚してよかったと思っています」

「なるほど、極めて自然な成り行きですね。結婚というのは、大恋愛の末にやるものかと思っていましたが、そうではないのですね。ごく自然形もあるということがわかりました。しかし、結婚する前に交際があったのでしょう。つまり、二人だけで会うとか、旅行するとか」

「別になかったなあ、二人だけで旅行など一回もないよ。二人で散歩くらいは何回かしたことがあるような気もするが、それも、どちらかの家に行った帰り道を、少し送りながら歩くというくらいのことだ」

そんな風に話は進み、最後に私はこう言った。

「もっと激しい恋愛の模様を聞くつもりだったんですが、でも、先生は今とても幸福そうですね」

「そう、幸福だよ。つまり、君たちが期待していた大恋愛ばかりがすべてではないということだ。私たちのように極めて平凡な結婚であっても、結構幸福に暮らしている者もおれば、大恋愛をしても破局を迎える人たちもいる。世の中は千差万別だ。だから、それぞれ一人一人が健全な道を歩くことが大切で、その結果、良いことも生まれ、幸福も掴めるということだ。自分の道は自分で選び、そうしてその道を行くしかない。幸福は自分でそう感じ取るもので、他人が決めるものではない。周囲から見て幸福そうに見えても、自分は不幸と思い込んでいる者もいる。反対に客観的には不幸に見える人でも、本人は自分ほど幸福な者はないと思っている人もいる。各人、それぞれ自らを幸福者と思えるような生活を送れるよう、大いに勉強もし、努力もするということが大事で、その結果、きっと幸福を掴むことができるのさ。今はまずせいぜい勉強することだ。身体も鍛えることだ。健全な精神と健康な身体を持てば、自《おのずか》ら美人が寄ってくるよ、今から慌《あわ》てることはない」

結局、先生流の講義調で締め括《くく》られた。

美人の奥さんは終始、微笑を浮かべて温かく私たちをもてなしてくれ、夕方までお邪魔した。モナリザのような笑顔に送られて、私たちは楽しい一時を過ごした先生宅を辞去した。翌日、私たちの漏らした情報によって、学校では日下部先生の美人の奥さんが大評判になったことは言うまでもない。その後も、入れ代わり立ち代わり、この美人の奥さんを見ようと生徒たちが先生宅に押し掛けたことであろう。

先生ご夫妻にとってはずいぶんとご迷惑のことであったろう。しかし、私たちの中学生時代はこうして、生徒と先生の交流があり、現代のような校内暴力など、どこを見ても一欠片《ひとかけら》も見出すことはできなかった。

激しい受験勉強もなく、予備校に通う生徒なども一人もおらず、のんびりしたものであった。学校の教科を真面目に勉強するのは秀才のすることで、その他一同は教科さえもあまり熱心には勉強せず、ただ毎日、学校を休まずに登校した。学校はやはり楽しい所であった。いじめなどという陰湿なものもなく、ときに激しい喧嘩などもあるにはあったが、それはカラッとした明るいものであった。登校拒否をする者も発見することは不可能なことであった。

現今のような異常現象がどうして発生したのか私にはよくわからないが、それでもいくつかの原因とでも言うべきものがあることに気付いている。その一つは、何といっても物質至上主義とでも言うか、あるいは親たちの出世主義とでも言うべきか、我が子の能力や個性を無視して学歴社会を形成し、受験戦争に駆り立てるところにあると思う。

元来、勉強などというものは好きでやるものだ。面白いからやるのだ。嫌な者に無理矢理やらせたところでできるはずがない。面白くないものを強要したところで、長続きするはずもない。従って、成就するはずもない。昔から、「好きこそものの上手なれ」という諺《ことわざ》がある。好きになれば、面白ければ、周囲から止めろと言われても止められるものではない。勉強も好きになるように仕向けることが大事で、無理強いや押し付けは逆効果を招くのみである。

第二は教師にある。教育のあり方を考えたとき、教える者と教わる者が一致したときにこそ、その成果が上がるものであると私は考える。いかに先生が熱心でも、生徒にその気がなければ教育の成果は期待できない。また、生徒に勉強する意欲があっても、先生にその意欲がなく、さらに教える知識に欠け、教える技術が拙劣な場合もまた、教育の成果は期待すべくもない。

すなわち、教師は教育に専念して、いかにして生徒が勉強することが面白く、勉強が好きになり、旺盛な意欲を持つようになるかに日夜腐心すべきである。「教師も労働者なり」などと嘯《うそぶ》き、労働運動に現《うつつ》を抜かし、あまつさえ勉強時間を放棄してまでストライキを行い、デモに参加するなど、もっての外である。

こんな教師に教育者の資格などはない。彼らこそ、いの一番に教育すべき対象者であり、叩き直さなければならない生徒であると言うべきである。教え子に殴打される所以《ゆえん》はここにある。先公と侮《あなど》られ暴行を受ける者も自ら招いた罰である。

私たちの中学生時代は、物資は不足し、それなるが故に、まさに弊衣破帽《へいいはぼう》の時代であったが、その分、精神的には充足していた。それは親たちのほとんどが、我が子に対して、勉強したければしろ、したくなければ家業を手伝えといった、まるで突き放したような個性の尊重と、自主性を重く見てくれたお蔭であると思う。

現今の親たちから見れば、無学と思われる昔の親たちの方が、遥かに子供たちを理解していたのである。それは今の親たちのような虚栄心がなかったことと、自らの負い目を我が子に期待するような愚行はしなかったからである。

また、先生方も、教育に携わることを誇りとし、多くの先生は「聖職」と心得て、子供たちを我が手で立派な人間に育て上げることを、無上の喜びとする気概にあふれていたからである。生徒たちは、こうした先生を恩師として敬慕し、その高い人格に傾倒した。この尊敬と信頼こそが教育の原点であると私は思う。

私は今日、八十一歳にしていまだに当時の恩師に対する敬愛の念は高まるばかりであり、先生を軽侮《けいぶ》するなど思いもよらぬことである。ましてや、先生に対して暴力をもって向かうなど到底人間のすることではない。犬、猫といえども、その恩を知るという。いわんや、人の子においてをやである。

日下部先生は、その後、郷里の群馬県太田の女学校長に栄転された。

私も高等農林を卒業すると、村の小学校の代用教員を現役兵として入営するまでの一年と九カ月経験したのであるが、中学生と小学生の違いこそあれ、教育の精神に変わりはないと思考し、その底流に、先生の温容を肝に銘じて、毎日を微力ながら誠心誠意勤めたのである。

さらにその後、戦争に七年の歳月を経て、沖縄より復員したとき、太田は軍需工場（中島飛行機）があったため空襲が激しく、先生はある日の爆撃でご不幸にも他界されたとの話を耳にした。

ここに思い出の一齣を綴るに当たり、当時の先生の温容を思い浮かべながら、ご冥福を心からお祈りする次第である。

二番目に岩崎金蔵先生のことを記述することにする。

岩崎先生は千葉県松戸の高等園芸学校の出身である。着任早々からいつもダブルの背広を着用するのが常であった。現在私がダブルの背広を常用するのも、岩崎先生と体型が似ているからでもあるが、その当時先生のダブル姿がよく似合っていたことに、多分の影響を受けたのは否定できない。

また先生は陸軍予備少尉であった。そのため週何回かの訓練の際は軍服を着用した。固胴《かたどう》の長靴を履き、その上拍車まで付けて長い指揮刀を引きずって歩く姿は、ユーモラスであるとともに、なかなか格好良いものであった。その勇姿に憧れた級友も多く、その影響を受けて、陸軍士官学校や少年航空兵、あるいは少年戦車兵などに志願する者も何人かいたのである。

さらに、先生の講義も一種独特の調子があり、これを真似る級友もいて、そのたびに大笑いをした。担当科目はもちろん専攻の園芸で、蔬菜園芸、花卉園芸、果樹園芸、造園学などであった。メロンの温室栽培を始め、先生の指導を受けて大成功し、たくさんのメロンを収穫したときは嬉しかったのを覚えている。また、フリージヤ、カーネーションなどの温室栽培を行い、色とりどりの香気ある鉢物などを市中に販売実習したこともあり、これも楽しくもまた貴重な体験であった。

先生の引率で、先生の母校である高等園芸学校を見学したが、その洋風庭園の見事さに驚嘆した。また、葡萄園で初めてアレキサンドリヤを見たときは、その輝くばかりの大粒に目を瞠《みは》った。その一房の長さは優に一メートルはあったろう。大温室には熱帯植物が繁茂し、バナナの実がたわわに実っていた。それまでバナナは黄色い実だけしか見たことがなく、わずかに、バナナは芭蕉に似ているということくらいしか知らなかったのであるから、青い実がしかも上を向いてあのようにたくさん付いているなどとは思いもよらなかった。椰子の木も、それに実がなっているのも、初めて見たのであった。その他今まで見たこともない珍しい植物をたくさん見ることができ、じつに有意義な一日であった。

教練のときの号令の掛け方も一風変わっていた。例えば「直れ」を「直る」と発音し、番号が誤った場合に、他の教官は「元へ」と言うのを、先生は「番号」、「番号」と何回でも繰り返した。左様に個性の強い人で、自由闊達《かったつ》と言うか天衣無縫《てんいむほう》と言うか、スケールの大きさを感じさせる雰囲気を持った人物であった。そのため生徒間の人気も上々であった。

あるとき私は、友人と岩崎先生の住宅を訪問したことがある。奥さんと二人の男の子がいた。奥さんはじつに温和な感じの人であった。お子さんともすぐに仲良くなり、やはりここでも歓迎を受け、お菓子などもたくさん振る舞って頂いたのを覚えている。

私が高等農林の卒業時、満州旅行の帰途上野駅に着いたとき、父とともに先生の出迎えを受け、自由時間の折に精養軒で洋食をご馳走して頂いたこともあった。これが本格的な洋食かと驚きながら、ナイフとフォークをぎこちなく使った記憶とともに、その美味であったことは今でも忘れられない。特にそのときのカキフライの味が良かった。

先に私が八十一歳の今日に至るまで、先生の影響を受けて洋服はダブルを着用していると書いたが、もう一つ、このカキフライが私の生涯を通じての大好物となったのも、この日の味が忘れられなかったというわけである。

その後私が現役兵として入隊し、ソ満国境警備中に頂いたお手紙によると、先生は熊谷農学校の校長になったとのことであったが、それから何回かの召集を受け、陸軍少佐まで進級したとのことであった。しかし戦場には一度も立たず、専ら内地勤務で兵隊の教育に当たっていたとのことである。

私が終戦後沖縄の南大東島より復員した頃は消息不明で、何人かの友人にも連絡をとったが所在を掴むことはできなかった。

その後も今日まで何の手掛かりもなく、ついにお目に掛かることができないでいるのは、何としても残念の極みである。

先に私は、先生の風格を天衣無縫と述べたが、教育者として、あるいは軍人として、多くの若者を教育し、戦場に送り、戦病死した者もあるであろうから、そうした人々の冥福を祈り、どこかの山中に隠棲《いんせい》して、仙人のような暮らしでもしているのではないかなどと夢想したりもするのである。それならばなおのこと一目お会いしてお話したいものである。

次に田中登美男先生について記述する。

田中先生は私が小学校六年生の一学期だけ担任であった。特に私はそのとき級長であったことから、深い感銘を受けたこと、その後先生が中学校に転任されたことなどは前述した通りである。ところが中学に進学して再び先生の教えを受けた。そしてこのときもまた、短い期間であった。

担当科目は国語であったが、俳句、和歌、詩などについて、私が今日まで多少なりとも興味を抱き、雑俳、駄句を物し、楽しむことができるのも、このときの先生の教えによるものである。先生は号を飛魚と称した。ちなみに私には甘雨という号をつけてくれたのである。これは慈雨甘雨から採ったもので、農民にとって雨はまさに天恵であり、甘い雨である。

先生はそのとき私に「他人に対して甘い雨であれ」と、教えられた。私は爾来《じらい》、今日に至るまで、甘雨と署名して句を捻り、詩を作っている。この号は先生を偲ぶ縁《よすが》にもと生涯使わせて頂くつもりである。

しかしながら一方では甘雨という号はまさに甘い雨で、人間も甘くお人好しであることも否定できない事実であるように自覚している次第である。

先生の担当科目を国語と述べたが、歴史もあった。この歴史の授業で特筆すべきものがあった。年代暗記である。今でも覚えているものがいくつかある。「一二一二《いちにいちに》と仏来《ぶつき》たる、大化《たいか》は一三〇五《いちさんまるご》年《ねん》、一三二一《ひとみぶいち》の大宝《たいほう》と、一三七〇《ひとみなまる》き平城京《へいじょうきょう》、一八一二《ひとはいふ》なり武家政治《ぶけせいじ》（全て皇紀年代）」などがある。

先生は二学期の半ば頃に休職して軍属となり、北支、南支戦線に宣撫《せんぶ》班員として従軍した。これはもちろん召集ではなく先生自ら志願したのである。私は率先して級友を集め先生の壮行会を催した。

軍属として将校の軍服を着用し、腰に日本刀を提げた勇姿を会場に現した先生は、私たちの憧れの的となった。

それから二、三年して先生は、大任を果たし無事に帰還した。このときも私は多くの級友を集めて歓迎会を開催した。先生の現地における活躍談は面白く、また有意義なものであった。それから間もなく私自身が現役兵として満州に出征し、関東軍に所属してソ満国境警備に就き、この日の先生の談話が非常に参考になったことは言うまでもない。

さてそれから六年の歳月を戦場で過ごした私が、昭和二十一年に復員したとき、先生は中学の校長であった。私は自家で栄養失調とマラリアとの戦いに再び挑戦していた。栄養失調の方は半年くらいで体調を整えることができたが、マラリアは発作の回数こそ段々に減少したが、その後三年も続いたのである。

翌二十二年二月、私は村の農地委員会の専任書記として、農地解放事務に携わった。このことは先生とは直接関係はないが、この仕事をしているうちに先生のお世話になることが発生したので、そのいきさつを述べることにする。

ご承知のように敗戦の結果、占領軍司令官マッカーサー元帥の指令によって、農地調整法、自作農特別創設法の二法案が議会で可決され、全国都道府県、市町村に農地委員会が設立された。ちなみに委員は地主側代表、小作側代表、それに中立の学識経験者から成っていた。委員の互選で委員長を、さらに専任書記を置き、事務処理をすることにした。

その業務は大事業であった。

地主の小作地、特に不在地主の農地は全部一旦国が買い上げ、その後、現に耕作している小作人に売り渡し自作農とする。さらに地主は現に自ら耕作している農地のみ所有権が認められ、自作農になるという法律の執行なのである。

ところがこの政府買い上げの価格はタダ同然と言うか、没収と言うに相応しいものであった。私の村の例であるが、「田一反三百坪が四百円、畑一反三百坪が三百円」という驚くべき低価格なのである。

現在（平成十三年）同地の価格は一坪四十万円前後と、三十万倍という驚異的な数字を示している。従って小作人から自作農民になった人々は、農地を耕作することを止めてどんどん工場敷地や、宅地として転売している有り様である。

小作人では一年間営農した結果、その半分を地主に小作米として納めなければならないので生産意欲が湧かない。従って自作農とすれば生産意欲が増大し、増産できるとしたマッカーサーと政府の狙いは見事に外れた。

私は当初、地主側の委員として選挙に立候補するつもりであったが、事務担当者に適任者がいないということでこれを降りて、委員長恩田理三郎氏の強い要請と、先祖伝来の所有地の処理は自ら行いたいという考えから専任書記に就任した。

村内全農地約八百町歩に余る面積の調査と、委員会上程議案の作成、さらには可決議案の処理(県農地委員会提出書類の作成)などを行った。

たまたまこの事務処理の補助員にYさんという女性がいた。彼女は東京浅草で戦災に遭い、一家が当村の親戚に疎開し居住していた。初めは小学校の代用教員をしていたが、彼女が商業学校の出身で、珠算が二級の腕前であることを知った委員長が、農地委員会に引き抜いたのである。

彼女は私の事務処理に大きく貢献してくれた。当時彼女は十八歳、鬼も十八、番茶も出花と言われる年頃であり、加えて東京育ちという垢抜《あかぬ》けしたところがあり、私も心引かれるものがあった。

ある日、私がマラリヤの発作を起こしたときのことである。悪寒《おかん》、戦慄《せんりつ》を伴い、四十度の高熱でもあったので、私はやむを得ず執務を打ち切って、村役場の宿直室で休むことにした。復員後こうした発作は何度も繰り返していた。その都度二、三時間もすれば何とか治まる。特効薬のキニーネは、戦地から持ち帰った物を常時所持していた。それを服用しようとすると、彼女はコップの水を持参する。押し入れから寝具を出して床を用意してくれる。さらにどこから見付け出したものか氷嚢《ひょうのう》やら氷枕まで甲斐甲斐しく整えてくれる。

そしてそれから二時間あまり、私に付きっ切りで看病してくれた。それは親身も及ばぬ程のものであった。私は彼女の親切が身にしみて嬉しかった。常日頃から彼女の私に対する好意的な心情は薄々感じていたが、その日の夕方、私は田中先生を校長宅に訪ねたのである。それはもちろん彼女の様子を聞くためであった。

先生は、「彼女はとてもいい娘だよ、それに彼女の方も君を好きらしいよ」と、いろいろと彼女のことを話してくれた。彼女は先に代用教員をしていた頃から、先生には何かとご指導を受けていたらしい。その上個人的なことまで何かと先生に相談していたようでもあり、先生とは非常に親しい間柄であることがわかった。

その後、仕事上では毎日机を並べているのであるから、日増しに親しくなるのは当たり前のことであるが、その上先生を共通な接点として、私と彼女は急速に親密の度を加えたのである。その年の十月中秋の頃、私は先生を通じて彼女に結婚を申し込んだ。これには私の心中に深く内在するある仔細があったのである。

私には復員直後から、こういう考えがあった。

足掛け七年、丸六年という長い歳月を、生死もわからぬ戦場で過ごしていた間、家ではそのために進学を諦めて家業である営農を担ってきた弟二三男に対して、この家の後継者としての地位を譲り渡したいということである。それは銃後を守ってくれた弟の労に報いる、兄としての唯一のはなむけであると信じていたのである。

さらにもう一つ別の理由も存在していた。それは少なくとも高等農林を卒業した者として、そこで学んだ知識、修得した技能を、充分に発揮したいという考えであった。

私は私なりに農業経営に対する抱負経綸《ほうふけいりん》があった。

具体的に述べると、所有農地を集合して大農場化し、農業機械なども導入して、いわゆる近代化した経営をもくろんでいた。つまり労力の効率化と生産性の向上を図り、従来の営農とは全く異なるものを計画していたのである。

この私の計画は見事に挫折した。その理由は大方の諸賢は既にご明察のことと思う。前述の農地調整法の施行によって所有農地の大半を失うこととなったからである。このことが私の夢を破り、農業後継者としての希望をも打ち砕いてしまったわけである。

さらにこれに加うるに、私の戦争後遺症とも言うべきものがある。戦場でいく度、自分の命を失いかけたことであろう。かろうじて生還したこれからの人生は、自分の思い通りに生きたいという願望が強く内在していた。

父親のように地主として土地をバックに生計を立てる、従来のあり方とは全く違った、腕一本、臑《すね》一本、裸一貫で世の中に出て、自分の能力の限界に挑戦してみようと決心していたのである。これは自己過信からではないのである。

もし、私が後継者として家に納まったらどうなるか、当然弟二三男が家を出ることになる。二三男は私が出征前、私が勧めて小学校を卒業すると隣村の高等科に入学したのである。

これは私が代用教員時代に、私の体験から教師になるならやはり師範学校出がよい、もしお前にその気があるならそうしたらどうかと言ったことを二三男が実行したのであるが、私の帰還が遅くなったために師範に進学できず、高等科を卒業するとただちに家業に従事することとなった。学歴社会に出た場合、小学校高等科二年卒業では可哀想である。しかし今までの経験からも家業を継承することは充分可能である。

それに比べて私は曲がりなりにも高等農林を出ている。その上先に述べたごとく戦争後遺症の持ち主である。いかなる困難にも耐える自信がある。しからば家を出るのは当然のこと私である。以上三点の理由を総合判断して、私は前述の結論を抱くに至ったのだ。

私は早くから父にも私の意思を伝えたが、父は快く賛成してはくれなかった。父は従来の方針通り、私を後継者とすることに固執《こしゅう》した。私は、しかし断固として自己の意思を貫く決心を固めていた。

そうしたことから、もし、都会に出た場合、田舎育ちの私にとって、東京育ちの彼女は何かにつけてよき伴侶となるであろうと考えた、ということがあったのである。

十一月、秋の収穫が済んだ頃、田中先生に仲介役を引き受けて頂き、私は彼女と結婚した。彼女が農家の嫁に向かないことを承知した父は、この時点で私の後継をしぶしぶながら諦めたようであった。私は家を出る機会を窺《うかが》っていた。

そうしてついに東京に出た。その後の状況はその時点で詳述することにして、ここではあくまでも先生との関わりについて話を進めることにする。

それは東京での就職先が倒産し、やむなく独立営業を試みて三文社を設立した頃である。これは軽印刷（謄写《とうしゃ》印刷）業である。これも先生の後援がなければ不可能であった。その頃先生は中学校長として、また教育委員会の委員として村の月報を復刊し、その印刷を私に発注してくれたのである。

さらに中学校生徒の文集「雁がね」を企画編集して、この印刷も私に任せてくれたのである。そればかりか小学校にも働きかけて、小学生の文集「ひよこ（低学年）」「ひまわり（高学年）」の二種を企画編集して頂き、この印刷も私にやらせてくれた。

中学生も小学生も全員であるから部数も多く、しかも年に二回も発行して頂いたので、私としては充分な作業量であった。

こうして先生のお蔭で独立自営は順調に進展したが、好事魔多しの世の譬《たと》えに漏れず、草加町の印刷屋の目に留まり、活版印刷にしたらどうかという働き掛けに、一部の村会議員や教育委員が買収されたようである。

その建て前は活版の方が綺麗であり、かつ読みやすく体裁も良いということであった。

これに対し、先生や私を支持する人々は、生徒の負担が増大すると反対して頂いたのであるが、相手方の勢いが強く、私は残念ながら手を引かざるを得ない立場に追い込まれたのである。私としても、私があくまでも頑張るとなると、お世話になった先生や私を支持してくれた人々に迷惑が掛かることを恐れた。

私は三文社を閉鎖して東京の印刷関係に就職し、さらにさる漬物問屋に転職するなど、身辺多忙を極め、先生との接触も次第に薄れてご無沙汰がちであった。

折柄、先生は中学校長を退職され郷里の長野県小諸に隠棲したとの報に接した。

是非一度は先生の膝元を訪ねてご高恩に対する感謝の思いを申し述べ、旧交を得たいと念じていたが、その頃はただただ生活に追い捲られ、その機会を得ずして先年の訃報に接した。

今、会社を退き悠悠自適の日々を送り、こうして自叙伝の執筆もできるようになり、いささかなりとも先生のご高恩に報《むく》いることができるようになり、つまり物心両面に亘って余裕ができた今日、先生はこの世にいない。

「親孝行したいときには親はなし」の古諺《こげん》のごとく、「恩師に報恩のできるときに恩師なし」というわけで、甚だ残念無念の極みである。

しかしながらせめてもの慰めは、私も先生の郷里である長野県八ケ岳山麓に山荘を持ち、そこでは先生を偲ぶ暮らしをしていることである。


次に斉藤増太郎先生のことを記述する。

私は小学校五年生のときから剣道を習い始めた。もっともその当時は木剣体操と言った。樫の木で作った木刀に紐が付いていて、この紐で背中に背負うことができた。鍔《つば》は付いておらず、いわば棒のような物であった。

この木刀を用いて専ら構えや、体捌《さば》き、型を繰り返し繰り返し練習したのである。これが一年も続くと、早く剣道具を付けて竹刀で打ち合いたいと思うのは子供心の常である。しかし私たちの願望は空しく、さらに一年が経ち、六年生になってもひたすらこの基本練習に終始した。後にこのことがいかに大切なことであるかは思い知らされるのであるが、当時はただただ一日も早く防具を付けて打ち合いたいと心焦るのみであった。

さて中学生になって、いよいよ念願の剣道具を付けた稽古が始まる。毎週土曜日の午後が稽古日であった。これは正規の時間で全員が行うものであり、剣道部員は毎朝始業時間前に稽古し、さらに放課後も稽古をした。

斉藤先生は岩槻の人で、農業を営む傍ら中学校の剣道師範も兼ねていた。私の学校には毎週土曜日の正規の授業のみ出勤した。その頃は自転車で約四里（十五、六キロメートル）の道のりを走ってきた。上背もあり、腕節も太く、その風貌はあくまでも剣士の名に相応しいものであった。

稽古は厳格だが、人柄は温和なよき師であった。八級の下から始まって、初段を取るまでの過程は二十四段階もあり、進級試験を受けて八級の中、八級の上、七級の下と順に進級していく。剣道場壁面にはそうした順に氏名札が掲げられ、誰が何級であるかは一目瞭然である。従って誰でも早く上級になりたいと思うのは人情の常である。

言うまでもなく私もその一人であった。しかし人一倍熱心に稽古をしたにもかかわらず、私は一向に進級しなかった。

他の者はどんどん進級するのに私はますます取り残されるばかりであった。私は剣道部には自分から好きで入ったのであり、有段者になりたいと心から念願していたのだ。

私は自分の無器用を嘆き、自分は剣道に向いていないのではないかと思うようになり、おまけにその頃他の柔道部員の級友から、「小倉君、君の体付きは柔道に向いている。柔道部に入らないか」という誘いを受けた。私は迷った挙げ句にとうとう決心して柔道部に転向した。ところが柔道部にも遅れて入ったために、他の同級生は皆私より上級者になっており、当然のごとく私より強い者ばかりであった。私はここでも自分の無器用を嘆く羽目になった。

ある日のことである。私は廊下でばったり斉藤先生にお会いした。先生は温顔に笑みをたたえながら私にこう言った。

「君はこの頃、稽古に見えないが、どうしたのだね。私は君の素質を見込んで、わざと進級を遅らせ、じっくりと基本をやらせていた。もうそろそろ進級させて技を磨いたらと考えていたのに、君が見えないので残念に思っていた。どうかね、稽古を続けてみては」

私は内心恥ずかしく、先生の顔を正視できなかった。

「はい、そうします」と答えて顔を下げ、その場を駆け去るように逃れた。

先生は私が柔道部に転向したことくらい充分に承知のはずなのに、そのことには一言も触れず、ただ、稽古を続けなさいとだけ言った。しかも私が自分の無器用を嘆いている心まで見抜いて、君には素質がある、磨けば光るものがある、だから他の者より遅らせてじっくり基本をやらせていたのだと言う。

親の心子知らずとはこのことか、私は先生の温情に感激した。そうしてその日のうちに剣道部に復帰した。私は猛烈に稽古に励んだ。先生はそうした私に厳しく、あくまでも厳しく教えてくれた。

ある日、私は稽古後に先生に呼ばれた。先生はいきなり私にこう言った。

「君、今度、段を取る試験を受けるよ。それも学内ではない、国のだ。浦和の武徳殿で行われる。そのとき、私が連れていくから、そのつもりで、いいね」

「はい」

私は返事をしたが我が耳を疑っていた。

私より上級者が何人もいるのに、どうして私が、しかも同級生にも学内で一級を持っている者も何人かいる。私は二級の中である。しかし先生は合格する見込みがあるから私を受験させるのであろう。私は夢見る思いでその日を待った。

当日、私は先生の引率で、何人かの先輩たちと一緒に浦和の武徳殿に赴いた。埼玉県下の各中等学校から参集した強者《つわもの》たちが大勢いた。私は身体が震える思いがした。やがて、私の受験の番が来た。先生は私の傍らに来て、耳にささやいた。

「いいか、落ち着いて、普段と同じ気持ちでやれ。勝負にこだわるな、相手は二段だ。勝てる見込みはない。無心で、一生懸命に稽古を付けてもらうつもりでかかれ、わかったな」

私は学校内で先輩に稽古を付けてもらう気持ちで、ひたすら基本を大事に、一本一本気合いを込めて打ち込んだ。大きく間合いを取って、一瞬に命を懸けて打ち込むことを繰り返した。二分か、三分間か、時間はあっと言う間に過ぎた。一礼して自席に戻り面を取ると、汗が額から流れ落ちた。手拭いで拭いていると先生が例の温顔で近づいて来た。

「良いできだったぞ、合格間違いなし。俺の目に狂いはないよ。安心して待っておれ」

しかし私は不安で、合格を期待するどころではなかった。すべての試験が終了して合格者が発表された。私の名前が合格者の中にあった。私は一瞬自分の目を疑った。しかし何度見返しても初段合格者の中に、小倉堅次と私の名前が鮮やかに達筆で記されていたのである。級友中一番進級の遅かった私が、逆に一番早く昇段試験を受け、見事に合格するに至ったのである。

私の身体の中から漸《ようや》く喜びが湧き上がってきた。先輩たちからも「おめでとう」の声が掛けられる。私は呆然とただただ頭を下げ続けた。しばらくして先生が来て、こう話してくれた。

「どうだ、これで君も自信が付くだろう。自分を無器用などと思わなくなるよ。無器用でもいいのだ、それを克服することが大事なのだ。自分を器用と思い込んでいる者に大成した者はいない。それは自分の器用に溺れて稽古を怠るからだ。自分を無器用と思ってもいい。だからこそ、人の何倍も何十倍も稽古に励むのだ。これからも二段、三段を目指して大いに頑張れよ」

私は初めて先生の温顔を正視した。しかし、涙で先生のお顔ははっきり見ることができなかった。私はその後対外試合の正選手に選ばれた。先鋒か中堅としての活躍の場が与えられたのである。

その後の精進で中学在学中に二段を取り、副将、大将として活躍したこともある。さらに高等農林では三段を取った。この腕前が後に軍隊に入って大いに活用できたのはその項で詳述する。

いずれにしても私が剣道で受けた斉藤先生のご高恩は計り知れない。既にご高齢の先生は今果たしてご健在であろうか。その消息を知る由もないが、どうかご健勝であることを衷心より祈念して止まない次第である。

中学生の頃の思い出の中に、もう一つ忘れられないことがある。これを最後に記述することとする。それはたしか三年の秋であったと思う。その年、関東地方に陸軍特別大演習があり、その統監に行幸された天皇陛下が、関東地方各県下の中等学校以上の学生、生徒に対し、御親閲を賜るとの御沙汰があったのである。

日時は十一月三日(明治節)、午前八時より、場所は群馬県高崎の南練兵場である。これに先立ち埼玉県では、その予行演習を大宮の県営運動競技場で行うことになった。

当日の服装は制服、制帽に編み上げ靴、巻き脚半《きゃはん》を巻き、陸軍払い下げ品の背嚢《はいのう》を背負い、帯革、帯剣で服装を整え、さらに三八式歩兵銃を担うといういでたちである。配属将校(陸軍予備役の士官で教練を担当し通常教官と言った)の指揮で二列縦隊を組み、会場に向かって行進したのである。

会場に近くなると、県下各校の生徒が同じようないでたちで陸続と集合してきた。定刻より中央壇上に立った県知事を陛下に見立てて、その前を集合した生徒たちが順序よく分列行進する。これが済むと各女学校の生徒が三方から進み出て、陛下をお迎えする歌を合唱する。こうして予行演習はつつがなく終了し、散開となり帰校した。

それから数日後いよいよ本番である。前日の授業は午前中のみ、昼食を済ませたら予行演習のときの服装で校庭に集合せよ、との掲示がなされていた。定刻集合が終わると、学校長、教頭、諸先生方が加わり、本日も主役である配属将校の指揮で最寄りの駅に向かった。駅には我々専用の臨時列車が用意されていた。

これに乗車して途中熊谷で乗り換え、高崎駅に着く。下車すると駅前で一旦隊伍《たいご》を整え、会場である南練兵場に向かって市中を行進する。駅前から市中は各地から集まってくる学生、生徒で充満している。練兵場に到着すると既に私たちより先着の者、さらに後続が続々と入ってくる。私たちは小休止の後、まず背嚢から天幕を外して幕舎を造る。今夜は幕舎露営である。

次に飯盒《はんごう》を出して夕食の飯盒炊爨《すいさん》である。練兵場には幕舎が何十何百と立ち並び、その間を学生生徒が右往左往して大変な賑いである。いずれも食事の準備や宿営の作業に追われてその混雑振りは甚だしい。

やがて夕闇の迫る頃ともなれば、飯盒炊爨の白い煙があたりに立ち込め、焚火の明かりを囲んで何人かずつで一組となり食事が始まる。これが終わるとさらに朝食の握り飯を作り、それから幕舎に入って寝る。明朝は五時起床である。

しかし幕舎露営は慣れないせいかなかなか眠られず、皆は横になっているものの左右の級友が話し合っているようだ。そのうちいつのまにか静かになり皆寝入ったようだ。

明朝、「全員起床」の声に飛び起きる。服装を整え、幕舎を撤収し、朝食の握り飯を食べて整列する。その頃続々と到着する学校もある。我々遠距離の学校だけが前日集合して露営したのである。近距離の学校は当日集合というわけだ。

午前八時、全員集合終わる。練兵場を埋め尽くした参加者は何万、いや、十何万人であろうか。定刻九時、例の写真でよく見る愛馬白雪に乗った天皇陛下が、多くの武官を従えて入場する。音楽隊の国歌「君が代」の吹奏が高らかに鳴り響く。やがて天皇陛下が会場中央に到着する。教官の「着け、剣」、「捧げ、銃《つつ》」の号令が鋭く発せられ会場にこだました。

旭光にきらめく剣先、一般参加者は脱帽して最敬礼を行った。天皇陛下は白手袋で挙手の礼を参加者全員に、会場隈なく答礼を賜る。

「立て、銃」の号令で元の姿勢に戻り、次に我々は向きを変えて分列行進に移る。音楽隊の吹奏する「抜刀隊」の演奏で、順序よく何列もの横隊が行進する。陛下の御前で各隊ごとに「頭《かしら》、右」の号令が掛かる。これに対して陛下はいちいち挙手の礼を繰り返す。

分列行進は延々と何時間に及んだのであろうか。その間陛下は微動だにせず馬上の人であった。

分列行進が終わると、女子学生、生徒の天皇陛下をお迎えする歌が合唱された。歌詩は「菊の香の気高きこの日、御車を迎えまつれば、云々」後は覚えていない。

これで御親閲は終了し解散となった。私たちは会場周辺の売店で記念メダルを購入して高崎駅に向かい、列車に乗って帰校した。

その頃の私たちはもとより先生方も、これを名誉なことと喜んでいたのであるが、それから五、六年後、この式典に参加した学生生徒の大部分は戦場に駆り出されたのである。もちろん私もその一人だ。私は運よく生還したものの、多くの戦死者を出したのはご承知の通りである。歴史は誰が作るのか、誰によって作られるのか、我々はこうしたことを真剣に考えなければならないと思う。我々はいかなることがあっても戦争を起こしてはならない。戦争の手先に使われてはならない。断固として平和を守らなければならないのである。私は二十一世紀の世代に、このことだけは何としても言い残さなければならないと思うのである。

私がこうして浅学非才をも顧みず拙文を綴るのも、この熱情がさせるのである。やむにやまれぬ気持ちが私を駆り立てるのである。

第四章　高等農林学校時代

（1）

私は早くから自分の職業を決めていた。それは小学生の高学年の頃からであり、中学生時代には確固たるものとなっていた。一つは新聞記者であり、もう一つは弁護士である。しかしそのどちらかにするかは決まっておらず迷っていた。

新聞記者は「ペンは剣よりも強し」と言われるように、文章によって悪を暴き、権力に立ち向かい弱者を守り正義を貫きたいという、まさに少年の頃の正義感をペンで行いたいという気持ちがだぶったものである。弁護士も、同じく正義を弁論によって行使したいと考えていたものである。

どちらもその根は同一であり、正義の味方「黄金バット」よろしく、紙芝居から少年倶楽部、映画、演劇の影響を受けてその思いはますます増殖されたのである。

従って中学も普通中学を、さらに普通の高等学校か大学予科から大学に進学を希望していた。しかるに意思と全く相反する次第となった。

それは父親の意見と食い違ったためである。父親はあくまで私に農家の長男として家督を相続させるとともに、農業の後継者とする方針を貫徹したのである。そのため前述の通り中学も農業学校を選び、高等農林を選択した。

私はその頃意思薄弱で、自己の希望を貫けず父親の意に従った。もしその頃の私に自分の意思を通す強靭さと、不屈の実行力が備わっていたら、私の人生は全く別のものになっていたかもしれない。それを思うと自分の優柔不断を嘆かざるを得ない。

「男子志を立て郷関を出ず、学もし成らずんば死すとも帰らず、骨を埋るあにただ墳墓の地にのみならんや、人間到るところ青山あり」

私にこの気概があれば、父親に逆らってでも我が道を選び実行したであろうに、何とも今にして悔やまれる次第である。

こうして私は、茨城県西茨城郡宍戸町友部の高等農林に入学した。

この学校は、校長でありこの学校の創始者である加藤完治先生が、欧州旅行でデンマーク、ノルウェー、スウェーデンなどの国々を歴訪した折に見学した国民学校をモデルにして、これを日本の風土に適するように改善したものらしい。

初め山形県に自治講習所という農民道場を創設し、これを発展させたものということで、文部省認定の公立高等学校ではなく私立の学校であった。しかし、その独特な教育方針と教育方法は次第に全国に知れ渡り、朝鮮、台湾、満州国からも生徒が派遣されていた。

私の同窓生にも朝鮮人二人、台湾人一人、満州国人三人がいた。日本人は、北は北海道から南は九州に至るまで、全国津々浦々から参集していた。年齢もまちまちであり、学歴も中学、高校、大学の卒業者、さらには小学校高等科を卒業して青年団の幹部（団長、副団長）として活躍し、各県の公費によって入学している者など多種多様であった。

全寮制で、私が入寮した一舎の一七号室では私が最年少者であり、二十四歳の妻帯者、研究生である早大出の者、京都帝大出身の者など多士済々《たしさいさい》で、一人ひとり挙げたら切りがない。

修業年限も確定したものではなかった。例えば一年の受講で故郷に帰る者もいれば、三年、四年と在学し、そのまま研究生や助手になる者もいた。

学制は変わっていた。部制であり、第一部は主として農家の長男の集団である。教育終了後は自家に戻り農業経営者として、農村の中心人物として、指導者として活躍する者を養成するというのが目的である。もちろん私はこの第一部に所属していた。

第二部は次男、三男を主とした集団であり、教育終了後は海外（朝鮮、台湾、満州、ブラジル）などに移住して、それぞれの国で農業に従事し、農業の振興を図る人物の養成が目的であった。

さらに第三部は中等教育であり、前述した第一部、第二部の予備軍というわけである。

今一つ、第四部があり、これは女子部で、これも将来的には前記第一部、第二部の伴侶となり、心身ともに夫に協力する女性の養成機関であった。

教授は、校長が東大農学部の出身であることからその学友が主で、農学博士の那須浩先生や、農林省の東畑精一先生など、錚々《そうそう》たるメンバーが揃っていた。もっともこうした先生方が常時在校するわけではなく、週に何時間という講義を受け持って、その都度東京から出張してくる。農林次官の小平権一先生もその中の一人であった。

教頭の江坂先生は校長の直弟子《じきでし》で、山形の自治講習所時代からの協力者であるとのことであった。森本先生は北海道帝大の出身で、酪農経営の権威者であった。酒井章平先生は食品学の担当であり、石井先生は農業実習を担当していたが、オリンピック馬術競技の選手であったということから馬術部の部長でもあった。

その他、坂田先生、内田先生など、それ以外にも二、三の先生がおられたが名前を忘れたので

このあたりで止めておくことにする。

さてこうした一風変わった学校に、父はなぜに私を入学させたのだろう。

その頃、私の生家では百合の球根栽培を手掛けていた。もともと私の生家では早くから西洋野菜の栽培を行っていたようだ。これはこの土地としては珍しいことで、まさに先端を行くものであったらしい。まずこのことに触れておかなければならない。

私の祖父の弟に義冶という人がいた。この人は日露戦争から凱旋した後、東京築地の西洋料理屋で働いていたそうで、その関係から実家でも西洋野菜を作ってみたらどうかという話が持ち上がり、わざわざ横浜から種子を取り寄せて早くから栽培したとのことである。

セロリ、トマト、キャベツ、ホウレンソウ、カリフラワー、その他いろいろ栽培して、直接築地の西洋料理屋に持ち込んでいたらしい。

余談であるが、この義冶さんにまつわる面白い話がある。

義冶さんが働いていた西洋料理屋にときどき英国大使館員が食事に来ていたが、あるとき官員

の一人から、大使館で使用している馬車を引く馬の一頭が脚を悪くしており困っている、この病気はどこか田舎の広々とした、空気のよい所で療養させれば治るのだが、適当な所はないかという話が持ち上がった。

それなら私の実家はどうだろうか、東京からも近いし、昔から馬を飼っていたので大きな馬小屋もある。牧場ではないが野草は豊富で、私も少年時代は毎朝馬の餌の草刈りをやったなどと義治さんが話したところ、それでは是非紹介してくれということになり、彼は大使館員を伴って私の家を訪れたとのことである。

その家の身分、資産状況、周囲の環境、飼育の経験（技術的要素）、馬に対する愛情（つまり人柄）などに至るまで詳細に調べた結果、合格ということになり、その病気の馬を預かり、私の家で世話をすることになった。

ある日、連れて来られたその馬を見て、私の父はそのあまりの立派さに驚いたそうである。それまで農耕馬や挽馬《ばんば》、つまり駄馬しか見たことがないのである。それが乗馬用のサラブレッドを見たのであるから驚くのは当然のことかもしれない。

馬車を引く馬という話であったが、じつは英国大使の乗馬で、しかも相当な愛馬であるということだった。馬具（革の鞍など）一切が着いたまま馬は現れ、それには金ピカの金具なども付いていて、目もくらむ程の立派さであったということである。小倉さんの家に英国大使館から馬が来るというわけで、近所の人々も大勢集まっていたが、皆驚嘆の目を瞠ったということである。

さて、この馬を一年程預かって世話をしたが、見事に転地療養の効果が現れたようである。そこで間もなく大使館員がこの馬を引き取ることになった。もちろん、飼育料は月々何がしかが彼の義冶さんの手を経て届けられていたのだそうであるが、その上に相当額の礼金と、さらに記念品として革の鞍を頂いたとのことである。父はもとより私も少年の頃、この革の鞍を農耕馬に着けて乗り回した覚えがある。

さて、余談に大分紙数を費やしたが、そうしたことから私の生家では早くから一般野菜とは違ったものを栽培する、いわば特異性があった。

その後この特異性に目を付けたのが、東武線谷塚駅の近くで花の温室栽培を行っていた小沢さんである。この人の懇請《こんせい》により私の家では百合の球根の委託栽培をしていた。

百合の球根は、種子を植えてから早くて三年ないし四年くらい経過しないと成熟した良品が得られない。従って、毎年続けて植えれば四年後以降は順々に収穫できるが、それまでは無収入であるから、相当に経済的に余裕のある農家でなければできないし、農地にも同じように余裕がないと不可能というわけで、なかなか普通の農家では無理なのである。

そのため、小沢さんは従来、神奈川県下の種苗業者より購入していたのであるが、是非近い所で手に入れたいと計画を立てる中、たまたま私の家が前述の条件に適合する農家であったというわけである。

百合の球根栽培を引き受けることになった父は小沢さんと親しくなり、両家は自然に往来するようになった。

この小沢さん宅の隣に、冒頭の高等農林の分校が所在していた。

分校と言っても生徒は常時五、六人で、農場もあり野菜の栽培なども行っていたようであるが、主として茨城の本校と、東京神田岩本町にある同校の農産物販売所との中継基地の役目を果たしていたらしい。つまり、本校の農産物を一旦ここまで搬入し、市場価格の推移を見て販売所に出荷するという仕組みになっていたのである。

この分校で働く生徒たちの起居動作をつぶさに見ていた小沢さんは、非常に感心したという。

まずこの分校では、朝起床と同時に朝礼を行うのであるが、わずか五、六人の生徒が日の丸の国旗を「君が代」の斉唱とともに掲揚し、次いで二拝、二拍手、一拝を朝日に向かって行う。それから大和《やまと》働《ばたら》き（体操のこと、後に詳述する）を行い、その後、分校周辺の道路を約一時間くらい駆け足をして帰校し、それから朝食を摂りその日の作業に入る。

これが毎日実行される。農作業もそれぞれ分担して各自黙々として働き、その日の作業予定を消化するまで、ときには夜間に至るまで行う。その精励恪勤《せいれいかっきん》なことはじつに敬服に価すると小沢さんは感心したのである。

さらにあるとき、小沢さんの弟が村の青年団員として弁論大会に出場するに当たり、生徒の助言を得たいと相談したところ、生徒の一人が草案を作ってくれ、それをもとに講演したところ、その弁論大会で見事に優勝の栄冠を得たということであった。

小沢さんは私の父に、小倉さんもご子息を上級学校に進学させるのであれば、このような学校こそもっとも適当であると思うがどうですかと、一生懸命に勧めたそうである。

そこで父は一日、この分校を訪れ、つぶさに生徒の働き振り、勉強振りを見たところ、全く小沢さんの説明通りであったので、確信を持って私をこの学校に入学させることを決意し、私は父の意に従ったという次第である。

その日私は父に伴われて家を出た。これから三年間、生家を離れ寄宿舎生活を送るのである。両親、兄弟とも別れ、全国から集まった俊秀に伍して、果たして学業が全うできるであろうか、などといった一抹の不安を胸中に抱いて、常磐線松戸駅から汽車に乗った。

父親と二人で、旅行や買い物ではなくある目的地まで同行したのは、このときが生まれて初めてであったような気がする。大利根川の鉄橋を渡ると取手である。さらに土浦の町も過ぎて友部という駅で下車する。駅前の茶店で昼食をとった。たしか天丼であったと思う。いやに塩辛く、田舎風の濃い味であったと今でも記憶にある。駅前からバスに乗り高等学校前という停留所で降り、赤松林の間を校門に向かった。

目指す校門は、何の変哲もない自然木の太い柱が二本立っているだけのものであった。その間を通り抜けると、右側に木造平家建ての事務所風の建築物があった。入り口に本部と筆太に書かれた木札が掛かっている。

その日は校長が不在で、教頭の江坂先生が応対に当たった。学校長の推薦状、成績表その他必要書類を提出し、さらに小沢さんから校長宛の紹介状も添えると、江坂先生は、既に加藤校長から話は聞いているということでただちに仮入学を認め、私たちを寄宿舎に案内してくれた。三舎の二号室で、小峰君と山崎君、三人の同宿であるという。その後学校内を案内されて、私は概略を知ることができた。夕方になると、家に帰る父を友部駅まで送った。

列車に乗った父は窓から顔を出して、ホームに立っている私に、「しっかり勉強しろよ、身体に気を付けろ、友人と仲よくしろよ」などと繰り返し言う。汽車が発車したときにこちらを振り返った父の顔は、平素の豪気さは影を潜め、初めて息子を親の手元から離す不安そうな顔付きであった。

しかし私はそれ程寂しいとも思わず、また不安もなかった。むしろ明日から始まる新しい学生生活に大きな期待感で胸が膨らんでいた。帰校すると夕食時であった。小峰君の案内で食堂に入った。一度に三百人からの生徒が食事できる大食堂であった。

もっとも設備はいたって質素で、天井から裸電球がぶら下がり、食卓も木造の縁台の足を高くしたようなもので、椅子もやはり木造の長い腰掛けといった具合である。一卓に六人、長い腰掛けに向かい合って三人ずつ座る。

食器はアルミニウム製で、ご飯用、汁用、皿型の副食用（これは大小二個）それにお茶を飲むカップと箸、スプーン、フォーク、ナイフなどが引き出しの中に入っていて、布巾も備えられていた。場所は決まっておらず誰でもどこでも勝手に座る。

食事が済んだら、今使用した食器類を各人が持って流し場に行き、よく洗って布巾で拭き、引き出しに納めるのである。

食物は食卓の上にご飯を入れた桶、汁桶、それに副食物、漬物などが食事当番によって用意されている。これを各人が好きなだけ盛って食べればよいのである。

初めての夕食はカレーライスであった。ご飯桶から大皿に大盛りし、汁桶からカレーをこれもたっぷりかける。肉もたくさん入っていた。ジャガイモ、玉葱、人参なども豊富であり、ご飯もよいお米のようで、美味しく炊けていた。カレーの味も上々で、さらに福神漬、らっきょうなどの添え物もたくさんあり、食事は充分に満足できるものであった。駅前の天丼より遥かに上等であった。お茶は大きな薬缶《やかん》がドンと置いてあり、番茶ではあるが好きなだけ飲めた。

夕食が済んで宿舎に戻ると、しばらくして太鼓が鳴った。自習時間ということなので一応小峰君の案内で教室に行くと、既に何人かが机に向かってノートを整理したり、参考書などを読んでいた。私は持参した荷物などの整理があるので宿舎に引き上げた。

二時間くらい後にもう一度太鼓が鳴り、自習時間の終了を告げた。下駄の音が渡り廊下のコンクリートに響いて、各自それぞれ宿舎に引き上げているようであった。

小峰君が帰ってきたので、明日からの日課やその模様などを参考のために聞いた。一時間後の午後九時にまた太鼓が鳴り、消灯、就寝時間を告げた。まだ私の布団が着いていないので、小峰君の布団と毛布を借用して床に就いた。

寝床が変わると眠れぬなどという話を聞いたことがあるが、私は順応性が高いのか、その夜は夢も見ずグッスリと熟睡できた。

翌朝五時、起床の太鼓が鳴り響いた。飛び起きて寝具を片付けようとすると、小峰君が「それは後で、僕に付いてこい」と言うので彼に同行した。着いた所は入浴場であった。朝風呂とは何と優雅なものと思いきや、さにあらず、これが大変なことであった。このことを昨夜、小峰君は話さなかったのである。

既に何人かの人が浴槽の周囲に集まり、中のお湯を手桶で汲み上げ、頭から被《かぶ》っていた。小峰君に促されて私も裸になり、そこにある手桶を取ってお湯を汲み上げようとすると、何とこれが冷水なのである。思わずブルブルと身体が震えたが、小峰君に従って私も頭からこの水を浴びた。

最初の一杯で頭がズーンとしびれるような気がしたが、二杯目、三杯目と五、六杯も浴びた頃にはもう何ともなく、段々に身体中が温まるような感じであった。その頃はもう後から後から詰めかけて浴場が満員であった。小峰君に倣って十杯程で止めて、よく身体を拭き、着衣を整えて宿舎に戻る。ここで初めて小峰君が話してくれる。

「この行事は〝ミソギ〟と言って、早朝、心身を清めてその日の始まりとするということで、毎朝必ず行うこととされている。僕も初めてのときに驚いたので、君にも驚かしてやろうと思い、わざと言わなかったのだ」

しばらくして太鼓が鳴り、朝礼ということで校庭に急いだ。各舎から続々と生徒が参集する。そうして誰が指示するでもなく、来た者から順に整列する。私もその列に加わる。全員が集合した頃、先生方も生徒の前に並んだ。本部から当番二人がやって来て、一人は日の丸の国旗を、一人は細長い箱を捧げて集合した地点に到着した。

一人が国旗掲揚塔の前に近づき、綱に旗を結び終わると、全員が「君が代」を斉唱し、国旗が掲揚された。次いで箱から出されたのは教育勅語であった。これも当番が奉読した。

その後、江坂教頭先生の先導で二拝、二拍手、一拝を朝日に向かって行った。さらに別の先生から日課が指示される。これは簡単なもので、「本日は午前中学課、午後は実習」と、それだけであった。次に江坂先生の号令で体操が行われる。この体操が先に述べた大和働きというもので、私が今までに見たこともなければ、もちろんやったこともない、一風変わったものであった。見よう見真似で何とかやることはできた（後に筧《かけい》博士の『神《かん》ながらの道』という書籍でこの体操が〝大和働き〟であることを知った）。

体操が終わると江坂先生を先頭に駆け足ということで、二列になってこれに続く。校庭を二、三周したところで、意外にも校門から外に出る。そうして付近の集落を抜け、赤松の林間を潜り抜け、さらに農道をと次第に速度を増してひた走りに走る。私はもう付いていくのがせいいっぱいである。

三、四十分も走り続けたであろうか。どこをどう通ったのか裏門から校庭に入って終わる。二里半（約十キロメートル）を毎朝走るということであった。そこで解散となり、各自洗面所で洗顔する。その頃、朝食の用意ができたことを知らせる太鼓が鳴り、大食堂に二つの入り口からゾロゾロと入り食卓に着くのである。

さて、食卓には食パンが二個置かれていた。それに牛乳が二合、ジャムはイチゴであった。パンを三つに割ってそれが一人分である。パン釜から出したばかりの温かいもので、まさに焼きたてである。牛乳も、私の家でとっていたものは何となく水っぽいものであったが、この牛乳は濃厚であった。

私は今までにオヤツとしてアンパンやジャムパンを食べたことはあるが、正式な食事としてパンを食べたのは生まれて初めてのことだった。それは非常に美味であった。

食事が済んで一時間くらいして太鼓が鳴り、午前中の授業が始まる。各舎からゾロゾロと教室に入る。教室も食堂と同じく席は決まっていないらしく自由に座る。それぞれ参考書やノートを持参している。先生が本部から出てくる。本部は外来者の応接室であり、また職員室でもあるらしい。

講義が始まるが、ここでの授業はすべて講義をノートするもので、決まった教科書はない。講義中に先生から「参考書を求めるなら誰々著、何々という本を購入しなさい」と指示されるのみである。しかし購入するか否かは本人の自由だった。講義は九時から十二時までの三時間。途中、十分間くらいの休憩があり集中的に行われる。

午前中の授業が終わると大食堂で昼食である。ご飯に野菜と鶏肉の煮付け、それに味噌汁、漬物などがたっぷりあって満腹する。午後は一時から農場で実習である。自室で休憩した後、作業服に地下足袋《じかたび》、巻き脚半、作業帽、腰に手拭いを吊るしたスタイルで校庭に集合する。河原、石井、森本、内田の諸先生、それに清水、関、その他の助手がやはり同じようなスタイルで姿を現す。

各先生から氏名を呼ばれた者がその先生の前に集まる。それから各人に作業の内容と用具が指示される。助手が先導してまず農具小屋に行き、必要な物を各自揃え、携帯して助手の先導で農場に向かい作業を開始する。

その頃、先生が来てともに作業を行いながら、生徒の質問に答える形式で実習授業が行われるのである。これは作業一時間に十分くらいの休憩を挟んで、夕方五時頃まで続けられる。作業が終わると使用した農具類を近くの小川で洗い、よく磨いて農具小屋に収納し、解散、自舎に帰るのである。

一、二時間後、入浴を知らせる太鼓が鳴り、一舎、二舎、三舎の順番に入る。この順番は毎日変わった。七時から七時半頃夕食の太鼓が鳴って、大食堂で食事をとる。夕食はご飯に汁物、それに野菜の天ぷらなどがたくさんあって食べ切れない程であった。

夕食が済むと自由時間または自習時間である。この時間帯に校内の売店で甘い物、お菓子、その他嗜好品（アンパン、ドーナツ、餡巻き、ヨウカンなど）が販売される。自家製である。これらを購入して宿舎で食べてもよいことになっている。ただしそれ以外の場所で食べることは禁じられていた。九時に消灯就寝の太鼓が鳴る。

その夜も小峰君から借用した布団に寝た。起床から就寝まで入学第一日目の記念すべき過程はつつがなく終了した。これから毎日こうした日課が繰り返されるわけである。

ただし雨天の場合は終日授業のこともあり、農作業の都合によっては一日中実習作業のこともあるということである。

また土曜日は午前中授業で、午後はクラブ活動、つまり剣道、柔道、弓道、さらに乗馬など各自の志望する練習をそれぞれの道場において好きなだけ行った。もちろんクラブに入るか否かも自由である。

日曜日は言うまでもなく休みである。自室で勉強するもよし、校内を散歩するもよし、あるいは本部に届け出て、水戸や笠間、宍戸町などに外出することもできる。ただし、本部当番、食事当番、家畜当番など、各当番はそれぞれの作業に従事することは言うまでもない。

入学後三日目、私は本部に届け出て友部駅に荷物(布団、衣類、その他)を引き取りに行った。今夜からは自分の布団に寝られるわけだ。

入学後一週間を経過した頃、正式に宿舎が決まった。それは一舎の一七号室で、同室は二十四歳の妻帯者であった西村一君と、二十二歳の西川寛憲君であった。寮長は研究生であり、柔道四段の猛者《もさ》である北原さんで、寮の場所は大食堂の二階であった。

ここでこの学校の特異性について、もう一つ触れておかなければならないと思う。それは、この学校の入学は四月一日の入学式によって正式に認められるのであるが、これ以前、二月の下旬から三月の中旬までの間に仮入学が認められているのである。入学志望者はこの間に自ら体験した結果、自らの判断で入学を決定する仕組みになっているのである。

そのために私が入学した三月中旬には、既に小峰君や山崎君が入寮していたわけである。学校側は所定の入学基準に合格した者はすべて受け入れ、就学するか否かは本人の自由であるということだ。このことをあえて付記しておく。

これまで大体の日課を記述したので、これから課外活動について述べることにする。

私はもちろん剣道部に入部した。師範は小川八段で、直心影流《じきしんかげりゅう》の継承者である。徳川幕府時代に男谷精一郎という剣客から明治維新後、榊原鍵吉に伝えられ、その直弟子ということである。この方から私は直心影流方丈の型というのを習った。これはもちろん木刀で行うのであるが、この木刀が普通のものとは違うのである。まず重さが普通のものの三倍はある。それは真剣の重さと同じにしてあるためらしい。直刀型で鍔《つば》は付いていない。この木刀の重みに耐えることも至難であることは言うまでもないが、それよりも特に呼吸の仕方が難しい。上段に構えるとき吸えるだけ息を吸い、そうして一旦そこで息を止め、止めたら堪えられるだけ堪える。そして、あわや倒れる寸前に一気に息を吐き出しながら木刀を打ち下ろすのである。

これを繰り返し繰り返し行う。私はこの最中に呼吸困難になり、倒れて道場の羽目板に後頭部を打ち付け、脳震盪《のうしんとう》を起こししばらく失神状態になったこともある。まさに一撃必殺《いちげきひっさつ》の極意とでも言うべきか、師範代の食品学担当の酒井先生は、剣道具を着け竹刀で稽古するときもこの調子で振り下ろすので、面打ちなどでは頭が割れる程の痛みを感じたこともしばしばであった。

この心影流はあくまでも真剣勝負を基本としたものであり、今まで稽古していた学生剣道とは全く異なるものであった。

小手を打つと見せて面を打ち、面を打つと見せて胴を打つ、そうした小手先の技ではなく、一刀一撃をもって相手を倒す必殺技であった。九州に示現流《じげんりゅう》という流派があるが、よく似ていると思う。この稽古を見たことがあるが、これは木刀または手頃の棒で木の枝を束ねた物を、やはり一気に打ち砕くごとく打ち下ろすのである。幕末、人斬り半次郎と言われた中村半次郎はこの流派で、一刀必殺の剛剣の人であったことは世に知られている。

私も学生剣道では三段であるが、この心影流を習ったお蔭で、後に戦場で思いがけず役に立ったのであるが、それはその時点で詳述する。

さて一学期が終わった八月に、千葉県房総半島にある館山の寮に一カ月合宿して水泳の訓練が行われた。日本の伝統的な古式泳法である水府流《すいふりゅう》の師範が教授であった。

海軍航空隊の近くで、鏡が浦という波静かな湾であった。

毎朝、朝食を済ませると海岸に出る。砂浜に設けられた櫓の周囲を泳がせて級を決めるが、一級から四級までで級によって帽子が違う。教師、助教は赤帽で、一級から四級までは白帽に赤地の占める割合が違うのである。すなわち上級者程赤地の部分が多い。それ以下の者、つまりあまり泳げない者、あるいは全く泳げない者は白帽である。

私はもちろん白帽である。何分《なにぶん》にも海に入ったのは生まれて初めてのことである。生まれ故郷の中川でさえ、級友に手痛い目に遭ったことは、小学生の頃の苦い思い出として前述した通りである。白帽組は第一日目からは水に入らず、専《もっぱ》ら砂浜で型の練習である。平泳ぎ、背泳、のし、抜き手、二段抜き手などを順番に行う。

まず平泳ぎから腕の使い方、足のあおり方を練習する。これが身に付くと海に入り、櫓の周囲をグルグル回りながら泳ぐ。教師や助教が櫓の上から一人ひとりに悪いところを指摘し注意を与える。これを上級者が側に来て直す。翌日もまた翌日もこれを繰り返すのである。

次いで背泳、のし、抜き手、二段抜き手という具合に、順次繰り返して練習していき、最後に試験が行われる。各種目別に一人ずつ泳ぐのを、師範が採点するのである。総仕上げは沖の島（約千メートル沖合）往復の遠泳である。これを完全に泳ぎ切ると四級が与えられる。

私はこれを泳ぎ切れず、途中で船に上がったので失格であった。何しろ沖に出ると段々と潮流が早くなり身体が流される。浅い所では海水の色が明るく黄色味を帯びているが、次第に深くなると暗く黒色となる。濃い藍色は黒く見え、黒潮というのがうなずける。さらによく見るとコンブのような海草類が潮流によってうねっている。私など、もうそれだけで恐ろしくなり手も足も動かない。そのうちに足が痙攣《けいれん》して、ついに船上に救い揚げられたのである。こうなっては海国男児も形なしである。海のない国（埼玉）に育った私にはやはり駄目だった。後に徴兵検査の結果、海軍に採られなくてよかったとしみじみ思ったのである。

しかしながら一方では楽しいこともたくさんあった。夕方から夜にかけて付近の集落に盆踊りを見に出掛けたり、海岸を散歩して涼風に吹かれながら、夜光虫がキラキラと美しく光るのを見たり、水瓜《すいか》売りから水瓜を買い、海岸の岩に腰を降ろして、打ち寄せる波の音を聞きながらそれを食べたのは何とも言えなかった。

さらには、隣接する海軍航空隊を見学して飛行訓練の模様を見たりするなど、多大な収穫を得たのである。

こうして初めての夏休みは帰省できなかった。家では祖母や母親が私の帰りを待っていたようであった。父からの手紙にそのようなことが書かれていた。冬休みには必ず帰省すると私は返事を出した。

さて話が前後したが、このあたりで普段の学校生活に話を戻そう。

学課はすべて講義であり、教科書は一冊もないことは先に述べた通りである。従ってこの講義をノートに記録したものが、いわば教科書代わりになる。また各人が、それぞれ主要なものでさらに詳しく知りたい、勉強したいと思うときは、参考書籍を出版社または書籍店で購入する。私が参考書として購入した書籍名を挙げると、『報徳要典』（二宮金次郎の伝記並びに二宮翁夜話などを収録したもの）、『神ながらの道』（筧博士著）などである。この二冊は主として精神修養書として読んだのである。

農業専門書としては蔬菜園芸、温室栽培、集約農業、酪農経営、大農経営、農業の機械化、食物指針などなど十数冊に及んだ。しかしながら学課試験などは一度もなかった。従って試験勉強はしたことがないが、日常の勉強を怠る者は一人として見受けられなかった。

皆、それぞれ自分の目的をしっかり持った者ばかりであるから、その目的達成のため真剣に勉強に取り組んでいた。

例えば、私の同室である西村君は生家でキノコ栽培を手掛けているということで、この発展的な経営と、技術の向上のための研究に余念がなかった。また、西川君は県費留学生としてその責任を痛感し、しっかり勉強して故郷に帰った後は、県下の農業指導員として活躍するための素地を作らなければということで、彼も一生懸命に勉強していた。こうした二人を見ていてどうして私が怠けることができよう。

私は自費であるから公的な負担はないが、父親から毎月送付される学費を無駄にしてはならないと考え、さらには長男として家督を相続し、家業である農業の、高度な、より安定的な経営を図り、これをいかに発展的なものとするかなど、勉強することは山程あった。

私も二人に負けずに勉強した。父親の期待に応え、あるいは郷土の指導的な立場に立つことをも自覚して、私なりに大いに勉学に精励したのである。

実習作業は畑作が主であったが、水田も二町歩程あり、生徒、職員の飯米は充分に賄《まかな》っていたのである。その上陸稲も二、三町歩作付けされていた。農作物はほとんどすべてに亘り、私の生家や村内でも見たこともないものまで栽培されていた。例えば山芋、オクラ、ウドなどがそれである。特にウド、ミツバ、リバプール（ジャムの素材）の軟化栽培は珍しいものであったため、興味深く研究した。また、チシャ（サラダ菜）、玉ヂシャ（レタス）、パセリなどの温床（フレーム）栽培も関心を持って実習した。

家畜は乳牛と山羊が各五十頭くらい飼育されていて、食堂で毎朝飲む量は充分であるばかりでなく、近隣集落の需要家にも配分していた程である。養鶏は俗に言う千羽飼いという様式で、一万羽くらい飼育されていた。私が特に注目したのは点灯飼育と育雛《いくすう》である。

点灯飼育とは夜間も電灯を付けて明るくしておく飼育法である。つまり昼の時間を長くするわけである。こうするとその時間帯まで鶏は餌を食べるので成育がその分早くなる。鶏は夜間、暗くなると餌を食べず寝てしまう。反対に昼のように明るくしておけば餌を食べる。この習性を巧みに利用したものである。

育雛についてはは卵を親鳥に抱かせるのではなく、孵化器《ふか》（孵卵器とも言う）を使用する。これによって卵を一定の温度で管理すると雛《ひな》が孵《かえ》るのである。そのため大量孵化が可能となる。要するに人工孵化ということである。雛の雌雄鑑別なども興味深いものであった。

養豚は百五十頭くらいで、豚肉、鶏肉ともに食用とするには充分であり、食肉加工も行っていた。すなわち食料はすべて自給自足なのである。

さらに馬が三十頭程飼育されていたが、農耕には使用せずほとんど乗馬用であった。農耕は主として人力により、広大な面積を耕す場合はトラクターが使用された。

農地はすべて深耕であり、「作物は土を造ることに始まる」がモットーであった。天地返しという作業がもっともきつい肉体労働で、これは畑の土を一メートルも深く耕す方法である。さらにこのとき堆肥を充分に埋め込む。堆肥作りはそのための重要な仕事で、家畜の糞尿と付近の赤松林などの落葉、それに雑草、稲藁なども堆積しておくのである。

今年使用する物は三年も経過した、完全に風化し腐葉土になったものである。そのためには年間に何回も切り替えし、「積み替え」を行う。化学肥料はなるべく使用を避ける。それは土壌の酸性化を防ぐためである。昨今、化学肥料の過剰使用により土壌が酸性化し、これを石灰などで中和するため、土壌がコンクリート化し、作物が栽培不能となったという話を耳にするが、愚の骨頂である。

やはり土壌には有機物（堆肥）が絶対に必要であり、さらにこの中に生息する微生物が土壌の改良に重要な役割を果たしていることに気付かなければならないのである。私は堆肥を重視して、現在でも八ケ岳の山荘で暮らしている間中、落葉を集めて堆肥作りに精を出している。

さらに天地返しについても同じことが言えるのである。それは近年農家も機械化が進み、ほとんど耕運機を使用して耕作しているが、そのために耕土が年々浅くなってきている。耕土が浅くなるということは、作物が深く根を張れないということである。それではよい作物ができるはずがない。やはり土壌は深く耕すこと（深耕）が大切なのである。私はこの二つの教訓を天地返しによって学び得た。

果樹園は梨、林檎、葡萄、柿、桃という具合に、ほとんどの果樹が栽培されていた。梨と葡萄は主として棚造りであり、垣根造りなども試験的には行われていたが、見本園の域を出なかった。その他の物はすべて盃状形であった。

これら果樹の手入れ（整枝、剪定《せんてい》）は私にとって非常に役立つものであった。私の生家と周辺は野菜栽培地帯であり、果樹園などどこにもない。わずかに各家庭で家の周囲に果樹を植えてはいるが、それは自然木としてであり、手入れなどする家はない。稀に植木屋が垣根の刈り込みをする際に枝下ろしをするに過ぎない。

そうしたわけで果樹の本格的な手入れは初めての経験であり、それだけに貴重な技術的体験であった。先に私は八ケ岳の山荘で堆肥作りをしていると述べたが、同じように山荘の周囲の樹木の整枝、剪定にも励んでいる。そのためか域内でも庭の綺麗な家、手入れの行き届いた家という評判である。これもこの学校での体験が物を言っているというわけである。

果物の収穫も学内の需要は充足され、水戸市や笠間町などにも販売した。私も販売実習生として、牛車に果物を満載して直接販売に携わったことがある。品質もよく新鮮で廉価であったことから市民には大好評で、瞬く間に売り切れとなり、「次はいつ来るの」と催促される程であった。

農作物は東京に直販で出荷された。神田の岩本町に販売所が設置されていて、絶えず何人かの生徒が派遣され販売実習を行っていた。

市民の嗜好の変化や、価格の推移、包装の研究なども課題であった。そのための中継基地として埼玉県北足立郡谷塚町（東武線谷塚駅の近く）に分校が置かれ、ここにも常時何人かの生徒が交替で派遣され実習を行っていたのである。私がこの学校に入学することになったのも、そのことが原因であることは冒頭に記述した通りである。

学校が所在する友部の次の駅に内原という駅がある。この内原にも大農場が開墾されていた。この開墾作業に私も何回か従事した。学校から一里半くらいの道のりであるが、もちろん徒歩である。赤松の林を通り抜け、畑や水田の畦道を歩き、ときには農家の庭先なども通って途中弥栄《いやさか》神社に参拝する。さらに元農林大臣の別荘であると言われた、茅葺き木造の立派な建物の前を過ぎると大農場はすぐそこである。

この大農場で私は危うく一命を落としかねない事故を起こしたことがあった。トラクターの運転実習生として助手台に乗っていた際に居眠りをしたのである。そのままずり落ちていたら後輪で轢き殺されるところであったが、教師が気付いて私の身体を左腕で力いっぱい突き飛ばしたために轢かれずに済んだ。

これは前夜遅くまで勉強したためと、その日好天に恵まれ、ついウトウトしていたわけであり、何とも危険極まりないことであった。今、命の恩人であるそのときの運転者の名前を思い出せないのは甚だ慙愧《ざんき》に堪えないが、それ程気持ちが動転していたのかもしれない。

さてこの内原大農場が翌年から全く様相が一変して、「満蒙開拓青少年義勇軍内原訓練所」となり、日輪兵舎と称する異様な建物（原始時代の竪穴式住居とでも言おうか、ともかく一風変わった建物であった）が続々と建設され、それに伴って全国から志願者が陸続と入所してきたのである。

当初、所長は私の学校の加藤校長が兼職で、先生方も何人かは兼職していた。さらに校内の二部学生（先にも触れたが農家の次男、三男で、将来外地に渡り開拓農民として活躍する要員）が開拓団の団長または幹部要員としてここに移り、名実ともに幹部としての訓練を受けながら青少年の訓練にもあたることになった。

しかし、後に東宮大佐が所長になってから軍国主義が入り込み、満蒙開拓団は軍の予備兵力的な存在に変貌していった。

訓練生の服装も軍服に似たものとなり、訓練終了者は鍬の柄（樫の木で造られたもの）を白布で巻いて、これをあたかも兵隊が銃を担うごとく肩にして内原駅より列車に乗り込み、満蒙の新天地に向かって続々と送り出されていったのである。彼らこそ開拓農民の先兵であり、その後は全国の僻村《へきそん》から農民あるいは農民一家が家族もろとも移住していった。

山村の小作農あるいは零細農民は、広大なる満州の新天地に夢を託して渡満していったのである。もちろんあの戦争末期のソ連参戦による大惨劇を夢想だにしなかったであろうことは言うまでもない。

その頃学校内でも「開拓の歌」というのがよく歌われた。その一節を記憶を辿って書いてみよう。

開拓の歌

万世一系比《たぐい》なき　天皇《すめらみこと》を仰ぎつつ
天涯万里野に山に　荒れ地開きて敷島の
大和心を植うるこそ　日本男児の誉れなれ

北海の果て樺太に　斧越入らざる森深し
広漠千里満州の　地平の果てに日は赤く
興安嶺の森暗し　いざ立て健児いざ行かん
峻嶺雲突く新高の　芭蕉の葉陰草繁る
北斗輝くエゾの地に　金波なびかぬ野は広し
金剛そびゆる北鮮に　未墾の沃野我を待つ

と、たしかこのような歌詞であったと思う。さらに次のような歌も同時期に歌われた。

我等が日本
澎湃《ほうはい》みなぎる青海原に　我等祖先《みおや》の言葉《ことのは》凝《こ》りて
生《みあ》れましたる豊秋津島　朝日夕日の唯照る所
光明の国我等が日本
怪《まがつき》の雲湧き立ち登る　世界の表に先達ち行かん

見よ我が標《しるべ》明るく清き　直き誠の力こもれり
正大の国我等が日本
照る日の下に利鎌を握り　岩根木根断ち踏みさく見けん
我等祖先《みおや》のひた進みてし　建国の御業仰ぐ尊とし
宏遠の国我等が日本　（以下省略）

こうした歌がなぜ歌われたのかは定かではないが、いずれにしても国粋主義、軍国主義、さらには澎湃たる膨張主義の時流が、大陸進出、南方進出の機運を生み出し、植民政策の一環として国策遂行にあったことは明白であり、その中核として我が校の第二部学生が存在していたことも事実であった。

しかしながらその頃の私にはそうしたことまでは理解できず、むしろ一人の日本人として、と言うより日本青年としてその時流に与《くみ》していたのかもしれないのである。

我が校の校歌さえ次のようなものであった。

茨城原頭空高く　朝日の御旗輝かし
皇国《すめらみくに》の若人が　農《みたから》の道進まなん（以下省略）

こうした第二部の変化に対し少なからぬ動揺はあったが、第一部は私を含めてひたすら農業の勉強に励んでいたのである。それは農家の長男として農業の後継者としての自覚がそうさせたのであろうと思う。

（2）

二度目の夏休みは同好の士五、六人で裏日光から赤城山、妙義山、榛名《はるな》山、足尾銅山に至る縦走を試みた。昨夏の千葉県館山の水泳合宿といい、このたびの山登りといい、関東平野の南端に位置する我が故郷、つまり山もなければ海もない所に生まれ育った私にとっては、まさに生まれて初めての体験ばかりであった。それは苦痛と愉快の同居する青春の一大壮挙でありドラマであった。

日光中禅寺湖畔の旅館「つたや」に投宿した翌朝、何人かの勇士は桟橋から湖水に飛び込んで泳ぐという元気さであった。二荒山《ふたらさん》神社に参詣した後、男体山《なんたいさん》に登り、そのまま縦走に入ったのである。その夜は天幕による野営であった。渓流で米を洗い、枯れ枝を集めて飯盒炊爨《はんごうすいさん》を行う。味噌汁も上できであった。牛缶も開けた。空腹に不味《まず》いものなし、たらふく食べて横になる。後は白河夜舟の高いびきといった具合である。

翌日は赤城に登った。途中赤松に絡むアケビの実を教えてもらい、初めて見る薄紫色の実を友人が収穫したのでこれをもらって食べてみたが、その美味なることには驚嘆した。その芳醇《ほうじゅん》な甘さは今でも忘れられない。

頂上付近の赤城神社に参拝し、湖に出ると、湖畔の白樺の美林に目を瞠り、ボートで漕ぎ出した湖水の清らかさに心の澄む思いがした。この夜は赤城旅館に泊まり、山菜料理に舌鼓を打った。その翌日は赤城山系の最高峰である黒部山頂で濃霧に遭遇し、山の気象変化の激しさに度肝を抜かれた。

リーダーの「霧はすぐ晴れる、今いる所を少しも動くな、そこに座って待て」の指示に従って、我々はじっと霧の晴れるのを待つこととなった。経験者は何ということもないのであろうが、初めての私は視界を失い、同僚の姿も見えずじつに心細い。仕方なく「オーイ、オーイ」と声を掛けると、向こうから「オーイ、オーイ」と聞き覚えの声が谺《こだま》のように返ってきて、まずはホッと一安心する。

そのうち次第に霧も晴れ、そこかしこから薄く同僚の姿が現れる。そもそも至近距離にいたようで、間もなく完全に晴れた頃に人員の点呼をして確認後、再び出発した。下山したその日は、山麓の村出身のA君の家に泊めてもらった。もっともこれは当初から計画にもあり、A君の家ではA君の手紙で既に我々一行の到着を待ち受けていたらしく、一家総出の大歓迎を受けた。

庭先に設えた野天風呂で汗を流し、涼風の入る表座敷で車座になり、たくさんのご馳走にありついた。その夜は遅くまで家族と歓談したが、その頃女学生だったA君の妹さんの美貌は、私の目に焼き付いていて、今でもその面影は忘れられない。可憐な一輪の野菊の如き君であった。

妙義、榛名を踏破して安中宿でC君の生家に泊まった。彼の家は前を流れる清流で鯉の養殖をしていた。飼料である蚕のサナギを与えたが、水面に盛り上がる鯉の旺盛な食欲と勢いのよさに驚いた。鯉は丸々と太りピチピチと跳ねていた。

ここは昔の面影がそのまま残っているようなたたずまいの集落であった。今すぐにも国定忠治や大前田の英五郎などという旅人が、縞の合羽に三度笠、手甲《てっこう》、脚半《きゃはん》に草鞋《わらじ》履き、腰に長ドスぶち込んで、すたこらさっささの旅姿がよく似合う宿場町であった。

一行は、C君の家でも大いに歓待を受けたことは言うまでもない。先程の活きのよい鯉の洗い、鯉こく、鯉の丸煮などなど、山川の珍味を欲しいままにしたのである。

こうして山歩きは無事に終了した。我々はC君の家族や近隣の人々の見送りを受けて、帰途に就いた。

この約一週間に亘る縦走が、私を山の虜《とりこ》にしたのであった。

戦争中は山どころではなかったが、戦後東京に居住してからは、関東の山々を歩き回った。いつも家内と一緒だったので、言うならばハイキングに毛のはえた程度のものではあったが、那須の茶臼岳から始まり栃木県の山々、群馬、福島、山梨、神奈川、伊豆、秩父の山々とずいぶん歩いた。

昭和五十六年、ついに念願の山荘を長野県八ケ岳山麓に所有するに至った。私の山好きの出発点はまさにこの縦走にあったのである。

三度目の夏休みは思い切って帰省することにした。

前述の通り一年、二年の夏休みとも帰省しなかったので、三年間に一回も帰らないのは待っている祖母や父母に申し訳ないと考えたからである。だが、ただ普通に帰ったのでは面白くない。それにこの学校での夏休みはもうこれで終わりである。それならそれに相応《ふさわ》しい、何か前二回に勝るとも劣らない有意義なことをやりたいと思案を凝らした。

その結果よいアイデアが私の頭に浮かんだ。ただし学校がそれを認めてくれるかが問題である。まずは当たって砕けろとばかり、私はその計画を先生に相談することにした。私の計画とは次のようなものであった。

私は三年になってから、剣道部の他に乗馬部にも入部していた。週一回、大体日曜日が訓練日であり、その頃は既に二十回くらいの乗馬訓練を消化していたし、自分の馬も決まっていたので、その馬を学校から借り出し、これに乗って帰省しようということを考えたのである。

私は綿密な計画書と行程表を作成して、部長の石井先生に提出した。内心では不安を感じながらも、一方では期待感が胸にうずいていた。

案ずるより生むは易し、とはよく言われることだが、この件はまさにその通りになった。石井先生は、道中、一週間に一回は必ず先生宛に状況を知らせることを条件に、「君が乗馬部に入ってからの馬の飼育振りを私はよくは知らないが、関、清水両助手に聞いたところによると、非常によくやっているということなので特別に許可した。しかし今までに一度もないことなので、くれぐれも事故のないように充分注意してくれ。成功を祈る」と、これを承認して下さった。私は「万全の注意を払い無事故で必ず成功します」と先生に誓い、深々と頭を下げて感謝の意を表した。

その足で関、清水両先輩を訪ね、そのことを報告するとともに、そのご好意にお礼を申し述べ、さらに実行に際しての指示ご協力をお願いした。両先輩は快く協力を約し、「乗馬部の画期的壮挙であるから我々も応援するよ。是非とも無事で成功するように」と、激励してくれたのであった。

私はその日から早速準備に取り掛かった。

行程の中継基地となる学友の父兄宛に書簡を送り、ご協力をお願いすることから始めた。これは全部ＯＫであった。まずは幸先好《さいさきよ》しと私は張り切ってその後の準備に取り組んだ。

いよいよ決行の日がやって来た。その日は快晴であった。天も我に味方をするか、私は入念に馬体と装備を点検して馬上の人となった。学友はほとんど帰省していたが、それでも残っていた何人かが私の壮途を見送ってくれた。ちょっと気恥ずかしかったが、私と四カ月間付き合ってくれた愛馬福東号はいつもと全く変わらぬ様子なので、私も平常心を取り戻して馬腹を蹴ったのである。

友部駅近くで水戸街道に入り、そこから一路東京に向かって上るわけだが、初日は石岡まである。石岡ではA君という友人が宿を貸してくれるために待っていた。八時間後の夕方五時、A君の家に着いた。

A君は門口に出て待っていてくれた。馬からすべての装具を外し、用意された湯をタライに取り、汗で濡れた馬体を入念に洗い、馬小屋に入れて麸湯と飼料を与えた。福東号は旺盛な食欲を示し、私を安心させた。

私はこの家で歓迎され、大変なご馳走を頂いた。私はお世話になったお礼に、二日間の農作業の手伝いを申し出、快く受け入れられたのである。もっとも先に私から手紙でそのことも知らせてあり、A君の口添えもあってすべて了解済みだったのである。

翌朝、A君とともに起床した。A君の誘いで二人だけで朝日に向かい二拝、二拍子、一拝と学校にいるときと同じように行った。A君の話では、彼は家にいても一人でこれを行っているらしい。私はA君の真面目さに打たれるものがあり、私もこれを真似ようとそのとき決意したのであった。

草刈りや福東号の世話をしてから朝食を頂き、農作業の開始となる。A君と私の今日の作業は胡瓜《きゅうり》とトマト畑の薬剤散布である。

ベト病の予防のためにボルドー液を作ることから始める。これは学校でさんざんやったことであるから手馴れたものである。まず硫酸銅（タンパンとも言う）を秤量してぬるま湯に溶かす。それから生石灰をやはりこれも秤量して溶かす。この二つを別の桶に同時に入れながら混合するのである。よく撹拌してこれででき上がりである。これを噴霧器に入れて散布する。

幸いこの日は晴天で、しかも無風状態であり、薬剤散布には絶好の日よりであった。午前中に胡瓜畑が散布し終わり、午後にはトマト畑も散布し終わった。

翌日も前日とほぼ同じような生活振りであったが、昨日私とA君で薬剤散布した胡瓜とトマトを家族とともに収穫したのである。さらにこれを家に持ち帰り、大、中、小、それに屑物とに選別、分類して箱詰めし、明朝、市場に出荷する準備を整えたのである。それは夕方薄暗くなるまでかかった。

従ってこの日は福東号の運動はできなかった。しかしお湯は用意されていたので、馬体を洗い、ブラシ掛けを念入りに行った。「明日はまた一日中歩くよ、よろしく頼むよ」と声をかけながら餌と麩湯を与える。敷藁も充分に補給して寝心地よいようにしてやったのである。

翌朝は早朝五時からA君とともに起床して昨日の収穫物をリヤカーに積んで市場に出荷し、競《せ》りが始まり値が決まったので帰宅した。

出発の準備も整ったので、私はA君並びにご家族に、お世話になったお礼のご挨拶をした。宿泊費ならびに食事代として金子《きんす》何がしかを差し出したが、これはどうしても受け取ってもらえなかった。A君の父親の口上はこうであった。

「小倉さんには働いてもらった日当をこちらからお支払いしなければならないのに、これは受け取るわけにはいきません。それに大したお世話もできずに恐縮です。これに懲りずよろしかったらお帰りも是非お立ち寄り下さい。お待ちしております」

お母様からは心尽くしのお弁当まで持たせて頂き、私は丁重にお辞儀をして、福東号の手綱《たづな》を解き、鞍上《あんじょう》の人となった。そうしてA君の家族全員に見送られて家を後にしたのである。

次の日の宿場は神立である。そこでも友人のB君が待っていてくれた。B君の家では三日間滞在の予定であった。B君のご家族にも大歓迎を受けた。ご馳走を頂いて一泊した翌日、私たちはB君の家の裏を流れる小川に係留されていた小舟に乗って、真菰《まこも》刈りに出掛けたのである。

B君はさすがに霞ヶ浦の水郷育ちらしく、竿の捌《さば》きは見事なものであった。川面を小舟はスイスイと滑るように走る。私は彼の漕ぎ振りに見とれていたが、思い切って彼に手ほどきを頼んでみた。彼は快く私に竿を渡し、竿の使い方を丁寧に教えてくれたが、それは容易なものではなかった。一竿漕ぐごとに舟は右に左に蛇行し、スイスイとはとてもいかないのである。私は諦めて彼に竿を戻さざるを得なかった。

彼は小学生の頃から父親に教わり、今では父より上手だという。何事も習い事は小さい内から始めなければならないことを改めて思い知らされたのである。川や海で泳ぐこと、舟を操ることなどはどうも私には不向きらしい。前述の館山における水泳訓練といい、このたびの船といい、一朝一夕では何事も成就しないもののようである。

真菰の生い茂った場所に着くと、竿を二本、舟の前と後ろに突き立てる。それにロープで舟が揺れないように結び、かねて用意されていた長柄の鎌で真菰を水中から刈り取るのである。二人でそれぞれ二抱え程も刈り取り、これを縄で結束する。作業はこれで終わりである。

舟の上でひと休みしていると、B君が言う。

「先程から見ていると、小倉君はこうした環境、特に舟には縁がなかったようなので、せっかくの機会だからこの際、もう少し回ってみよう」

私は願ってもないことと喜び、彼の好意に甘えることにした。

B君はあるときは竿を使い、あるときは櫓と水の流れ、水深、川幅などを見極め、巧みに使い分けて、小舟はあたかも彼の分身のごとく自由自在に進むのである。舟足は軽快そのものであった。しかも彼はそうしながら周囲に展開する景色や風物を、私にいろいろと説明してくれたのである。私はお蔭で経験したことのない勉強をし、見聞を広げることができたのである。

昼に近い時刻に家の裏に戻った。庭に真菰を干していると、「お昼ですよ」と彼の母親の声がする。家族と一緒に昼食を頂いていると、当家のB君の弟や妹たちが午後、馬に乗せてくれるようにせがんで来た。

食後一休みすると、早速馬小屋から福東号を引き出し、鞍を着けた。子供たちを一人ひとり交替で乗せてやると、子供たちは大喜びであった。三人を乗せ終わるまで小一時間はかかったであろうか。それから子供たちと一緒に福東号の世話をした。子供たちが乗せてもらったお礼に、是非ともしたいということだったのである。

中学一年生のお兄さんにはブラシ掛けを教えて、これをやってもらい、その下の子二人には先程切ってきた真菰を飼葉切りで切る手伝いを頼む。三人とも一生懸命やってくれたが、切れた真菰を手に手に馬に与える様子は見ていて微笑ましいものであった。

動物愛護を唱えるより、動物に近づけることが大切である。動物に接し、それを自らの手で世話をすれば、必ず動物を好きになると私は信じている。

その後も中学生のお兄さんにせがまれて乗馬訓練をすることになり、とうとうこの日の午後は子供たちのお相手で終わってしまった。農作業は何もお手伝いできなかったわけだが、子供たちと仲良しになれたし、子供たちもこれまで怖いものと思っていた馬が、じつはおとなしくて優しい動物であり、扱い方さえ心得ておれば結構人間の役に立つということを理解したのだから、大収穫であろうと思った次第である。

夕食時、子供たちはこもごも自分の体験を語り、賑やかであった。B君も両親もそのことに満足な様子であった。

翌日は昨夜の子供たちの提案を受け入れて、福東号の世話は子供たちに任せることになった。そこで私は終日農作業を手伝うことになったのである。

この日はB君と田んぼの畦道の草刈りをした。朝のうちは露があるので刈りやすかったが、日中になると露が切れ、草は一段と刈り辛くなる。そのため、草刈り鎌の刃を研ぐ回数が多くなる。B君は私の見るところによると刃を研ぐのが不得手なようである。そこで私が彼の刃も研いでやると、B君は、よく切れると言う。

私が鎌を研ぐのが上手なのは母親譲りである。子供の頃よく草刈りをしたが、そのとき母が鎌の研ぎ方をよくよく教えてくれたのである。

「鎌は切れないと刃が滑って手足を切ることになる。だからときどき研いでよく切れるようにしておくことが重要である。しかしいくら研いでも研ぎ方が下手ではどうしようもない。だからよく覚えておきなさい」

そう前置きして、次のように述べたのである。

「鎌は日に三度、人を狙うという。だから鎌を使うときは充分に心すべきだ。もちろん使った後の始末も注意して、他の者が怪我をしないように、きちんと収納することが大切である」私がこの話をするとB君は感心し、この話を教訓とすると言ってくれた。

昼食のお弁当は田んぼの畦道で食べた。この農地がB君の家から遠く離れているために、往復に時間がかかるからである。その分身体を休めるか、作業に振り向けたほうが効率的である。

これは野良《のら》弁当と言って、私の郷里でも行う家がある。私の家はすべての所有農地が家に近いためにこうしたことはなく、友達が弁当を持参し、田んぼで家族と一緒に食べているのを見かけて、子供心に羨ましく思ったものである。

今こうして、計らずもB君の母親が持参した野良弁当を頂きながら、私は往時を懐かしく思い出し、ひとしお美味しく頂くことができた。夕食の時間にこの話題を提供すると、B君も母親も大笑いしたものである。

翌日の八月六日は、翌日に行われる七夕祭りの準備をする日であった。農村では農作業の都合（水田の除草）で七夕もお盆も旧暦の八月に行うのが通例である。私の生家（埼玉）でも、ここB君の家（茨城）も同じようである。

B君の家では、父親が朝から七夕に飾る牛や馬作りを始めていた。その材料が昨日B君と私で水郷から刈り取った真菰であることも私の生家と同じである。昨日一日干したので、生乾きのしなやかさを持ち、細工しやすくなっている。一方母親が作っていたのは、これも私の予想通り麦饅頭であった。これも私の生家と全く同じであった。

子供たちはどうだろうと覗いて見ると、やってる、やってる、三人の兄弟で仲良く色紙で短冊やら切り紙でいろいろのお飾りを作るのに余念がない。これもほぼ同じものであった。

B君は山に笹竹を採りに出掛けたので、私はこの日こそ福東号の世話に専念することにした。まず馬小屋の掃除から始め、敷藁をホークを利用してリヤカーに積み込み、堆肥小屋に堆積する。それから納屋から運んだ新しい稲藁を充分に敷き込む。

次は馬体の手入れである。小舟を繋いである裏の小川に連れて行き、全身隈なく洗ってやる。暑い夏場のこととて、馬も気持ちよさそうである。少しは昼寝でもさせてやろうと馬小屋に入れてやると、私の気持ちがわかったのか、福東号も新藁の上に横になる。

「よし、よし」と私はこれを見届けて飼料作りを始める。真菰と稲藁を押し切りでたくさん作る。こうしてその日の午前中は過ぎた。

午後三時におやつを頂いてから農作業に入った。B君と私は連れ立って野回り（水周り）に出掛けた。用水は満々と流れ、いくつかある田んぼには充分に水が回っていた。

さすがに水郷だけのことはある。用水の豊富さに驚き、かつ羨ましくさえある。用水不足の私の村に比べての偽らざる実感である。その故か、どの田も稲はよく繁茂していた。まだ穂は出ていなかったが、草丈も高く、がっしりとしていて、これなら多収穫は間違いなし、と私はB君に太鼓判を押したのである。

その稲に、私はB君の家の水稲栽培における技術水準の高さと、肥培、管理の行き届いた日頃の努力の結晶を見る思いがしたのである。

その夜はB君の父親にお願いして、その薀蓄《うんちく》を傾けてもらおうと私は考えた。B君にそれを話すと、

「それはいい、じつは僕も父と一緒に仕事をしているが、何も教えてくれない。親子では案外そうした話はしないものだ。小倉君と一緒なら何か話してくれるかもしれない。是非そうしてくれ、僕からも頼むよ」と言う。

田んぼから帰って夕食を頂いた後、私は早速話を切り出した。

「お父さんにお願いがあります。じつは野回りをさせて頂いて、お宅の水稲を見て私はあまりの

できの良さに驚きました。今夜は是非ともその秘伝をお伺いしたいのです。後輩のためにどうかご教授願いたいのです。よろしくお願いします」

私は畳に両手を付いて深々と頭を下げた。

父親はやや逡巡したが、意を決したらしく、重い口を開いてくれたのである。その口調は朴訥《ぼくとつ》そのものであったが、水郷地帯における水稲栽培一筋に生きた筋金入りの物語であった。

中からその要点の十カ条を転記しよう。

まず第一は、その土地に合った良品種を選ぶこと、第二は種子もみは厳選すること、第三は丈夫な苗を作ること、植付けは一本植えとすること、第四は水田はできるだけ深く耕すこと、第五は肥料は堆肥を充分に使うこと、化学肥料はなるべく控えること、第六は除草はこまめにすること、三回は必要最小限であること、第七は水は絶対に絶やさないこと、第八は病虫害防除は怠らないこと、第九は台風に注意すること、第十は刈り取り時期を誤らぬこと。

以上の十カ条を固く守りさえすれば、誰でも立派な稲が自然にできると、事もなげに言い切ったのである。これこそ水稲栽培の極意であろう。

我々が学校で勉強したのも全くこれと同じである。全国の農家もこれとほぼ同じことを語るであろう。しからば何が違うか、それは惰性でやるか真剣に取り組むかの相違である、とも付言されたのが強い印象であった。

私は厚くお礼を申し述べた。B君も日頃の父親とは違う姿に接して感動を覚えたようであった。二人はその夜、枕を並べてその感動をこもごも語り合ったのである。

翌日は七夕で、農作業は休みであった。朝食は昨日、母親が用意した麦饅頭の蒸したてである。餡も甘さが頃合いで美味しかった。重曹や膨らまし粉の類は使わず、まさに田舎饅頭そのもので、風合いは素朴なものであったが、それだけに忘れがたい味であった。

朝食後、家族総出で七夕飾りを行った。私もこれに加わった。B君が昨日山から採って来た山笹に、子供たちが短冊や切り紙を小枝に結びつける。B君と私は父親の指図に従って、笹竹を立てる穴を庭先に二個、鋤を使って掘った。深さ五十センチ程掘り下げて、杭をしっかりと埋《い》け込む。杭の周りを千本突きして固め、その杭に飾り付けの終わった笹竹を藁縄でしっかりと括りつける。風に短冊が揺れて五色の彩りが美しい。子供たちが歓声をあげた。

お供え物をして全員で手を合わせ、五穀豊穣を祈った後、縁側でお茶を啜《すす》りながら休憩していると、B君が「これから土浦の町に出よう」と誘ってきた。私は馬の世話があるからと断ったが、傍らで聞いていた父親が二人で遊んできなさいと言うので、結局出掛けることになった。二台の自転車で家を出ると、三十分程で土浦の町中に着いた。彼は立派な店構えのウナギ屋に私を案内した。ウナギは水郷の名物であるという。天然のウナギはやはり美味しかった。

腹ごしらえができたので、それから二人で町をぶらついた。町は、七夕休みで近郷の農家の青年男女があふれていた。しかし、見るところ、彼らの顔は必ずしも明るいとは言いがたいものであった。それは束の間の愉楽《ゆらく》を貪《むさぼ》る姿に見えたのである。

大陸における事変の拡大、戦争の兆しが音もなく近付いているのを予感するそれであった。その予感を裏付けるように、町には霞ヶ浦航空部隊の兵士が多く見受けられたのである。B君と私は同世代の若者としてやはり愉快になれず、帰ることにした。

帰途、そのことを話し合ったが、結論は得られず、とにかく今は一生懸命に勉強し、農業に励むことを誓い合ったのである。いわばこれが結論であった。二人の帰りがあまりに早すぎたので、B君の父親は怪訝な顔つきであったが、何も言わなかった。二人とも黙して語らず、そのことに触れるのを避けたのである。

私は福東号を馬小屋から引き出し、鞍を着け乗馬した。そして馬腹を蹴り、一散に走り出した。

農道を疾風のごとく駆けた。あたかも暗い予感から逃れるように。

小一時間も走ったであろうか。福東号も私も汗まみれになって戻った。大釜に沸いていた湯をもらい、馬の汗を洗い落とした。その後、B君とともに入浴した。

私は彼に、

「馬を思い切り蹴飛《けと》ばしたから何か気持ちがすっきりしたよ。気持ちが吹っ切れた感じだ。君も何かでそうするといい」と話し、彼もそれに同意した。その夜、二人は二度とこの話題は口にしなかった。

私はB君の家では大したお手伝いはできず、お世話になることのみ多かったことを彼に心から詫びた。そして水郷巡りや父親の水稲栽培の教訓、ウナギのご馳走などについて厚くお礼を言った。B君の家に滞在したのは三日であったが、私にとってじつに有意義な日々であった。

翌朝、私は早起きし、途中で投函するつもりで石井先生に報告書の第一便をしたためた。それから出発準備に取り掛かり、朝食後、B君のご両親を始め、ご家族の皆さんにお世話になったお礼を申し述べた。せっかく仲良しになった子供たちとの別れが惜しまれたが、帰路にも必ず立ち寄ることを約束し、私はB君の家を後にした。

第三行程である今日は、茨城と千葉の県境である取手までである。荒川沖で小休止、牛久沼のあたりで今朝頂いた麦饅頭を食べた。

佐貫、藤代を過ぎてC君の家には予定通り午後六時に到着した。

C君の家には二日間滞在する予定である。C君の家は高台にあったため、庭から大利根川の眺めを一望することができた。翌日、彼は私をそこへ案内してくれた。彼は投網《とあみ》を持参していた。今日は私のために川魚を獲るのだという。B君が小舟を操る手並みを見せたように、彼もまた投網の腕前を披露するつもりであろう。

始めは川のほとりから投網を打っていたのであるが、あまり手応えがなかった。そこで彼は知人から小舟を借用し、川の中で網を打つことにした。私も誘われて同乗したが、川幅も広く流れも急で、若干落ち着かない気分であった。

しかしC君もB君同様、慣れた竿捌きで舟を漕ぎ出し、格好と思われる場所を見つけては舟の上から巧みに網を打つ。そうしてこの網を徐々に手許に引き寄せて、最後に舟の中にまで引き揚げるのである。

次に網の中から獲物（川魚）を取り出すのだが、これが容易なことではない。網の中には魚ばかりでなく、木の小枝や小石、草や落ち葉なども一緒になっているのである。これを一つひとつ選り分けるのだから大変である。このときだけは私も一緒に手伝った。

これが済むと次に網を打つための網の準備をする。これがまた難しい。網の整え方がよくないと網を打ったときに上手《うま》く網が拡がらないのである。もちろん彼は上手ゆえ見事に拡がる。また、彼の網は大きく拡がるばかりでなく、拡がった網の周囲が同時に水面に着水するのである。網のどこかが遅れて着水すればそこから獲物は逃げてしまう。彼の打った網は大きく拡がり、さらに網の周囲も一斉に着水し、獲物を一網打尽というわけである。

しかも彼は、舟の舳先《へさき》などのわずかに両足で立つほどの足場からも、さっと打ってしまうという離れ業までやってのけた。

しかしながら、その上手をもってしても、この日はその割に獲物が少なかった。わずかにへら鮒の大型のものが五、六匹、それに小鮒が二、三十匹であった。これが釣りならば充分に満足できる釣果《ちょうか》であるが、投網となると別である。

C君は不満顔であったが、終わり頃に思いがけない獲物が入った。それはナマズであった。しかも五歳ものの優に一尺五寸（約四十五センチ）はある超大型であった。頭はお椀ほどもあり、立派な髭も持っていた。Ｃ君も私も大喜びで漁を終わりにして、早々に帰宅したのである。たらいに水を張って入れると、頭と尾がつかえる程であった。

このナマズの料理を私が買って出た。なぜなら私は生家にいた頃、父がナマズ釣りが好きで、釣ってきた獲物を料理するのを傍らで見ていて知っていたからである。私はまな板と包丁、それに錐《きり》、布巾などを借り受け、ナマズを背開きにした。その臓物を取り去り、身を四つ切りにする。後はこれに串を刺し、炭火で焼いてたれをつけて食べればいい。

また、取り除いた臓物や背骨の付いた頭や尾は、全部包丁で叩くのである。ある程度叩いたら摺り鉢に入れて摺りこぎでよく摺る。このときに味噌を少量加える。これは味付けとナマズの生臭さを消すためである。よく摺れたらこれを適当な大きさに丸め、煮立った油鍋に入れて揚げてもいいし、汁に浮かせてもよい。前者はさつま揚げに似たものとなり、後者はツミレに似たものとなる。他にも、先程の切り身に衣をつけて天ぷらにしてもいいし、パン粉を付けて揚げればナマズフライのでき上がりである。

こうした次第で、私のナマズ料理はＣ君のご両親を始め、ご家族一同の大好評を得たのであった。小鮒は母親が煮てくれ、これも美味しく頂戴して私も大いに満腹したのである。

翌日、C君は名誉挽回とでもいうように再び利根川に私を連れ出し、今度は二人でカニ獲りに精を出した。たくさん獲れたカニを今度はC君が唐揚げにしてくれ、なかなかの珍味であった。

後年、私はこの味を再び味わったことがある。それは戦争中、沖縄の南大東島で食料を漁っていた頃のことである。沢ガニを見つけては食べたのだ。もっとも、カニばかりではない。食べられるものは手当たり次第何でも食べていた。このとき、いみじくもC君のことを思い出し、彼とカニを獲った楽しい一日を追想して、遥かに遠い内地の大利根の流れに思いを馳せたのである。その頃、C君もまた、いずこの戦場にいたのやら、その行方さえ知らざる悪夢の日々を送っていたのであった。人生に喜怒哀楽は付きものであるとしても、我々同世代にとってはあまりにむごい年月であった。

その日は午後から農作業に従事し、翌朝、私はC君の家を後にした。

学校を出てから十一日目、第四行程、この日の目的地は千葉県の松戸であった。大きな社《やしろ》がある森で、C君の母親が持たせてくれた大きなお握りが三つも入ったお弁当をありがたく頂いた後、そこで少々の昼寝時間をとった。

まどろみから覚めた私は再び馬上の人となり、北小金井を過ぎ、馬橋に入った。午後三時頃であろうか、俄《にわ》かに黒雲が空一面に拡がり、ポツリ、ポツリと大粒の雨が落ちてきた。突然、稲光が走り雷鳴が轟く。豪雨沛然《ごううはいぜん》と降りしきる中を、私は下馬して至近距離にあった農家の軒下に駆け込んだ。

夕立は長くはない、しばしの雨宿りと思ったが、雷雨は激しさを増すばかりで一向に止む気配がない。そればかりか、馬は雷に弱いと教えられていたが、まさにその通り、福東号が脚をばたつかせ、目は恐怖に戦《おのの》き、落ち着きを失ってしまっている。

私は福東号の首筋をしきりに愛撫して落ち着かせようと試みるが、それも効果を現さない。次第に私自身も困惑してきた。そのとき、突然その家の表戸が一枚ガラリと開いて家人が顔を出した。家人は一度顔を引っ込めると、すぐに別の土間の大戸を開けて出て来た。そして、「突然の雷雨でお困りでしょう。そこは濡れるから家の中へお入りなさい」と言葉をかけてくれたのである。

私は「馬がいますからここをお貸し頂ければ結構です」と言ったのだが、土間が広いから馬も一緒に入ればよいと言って下さった。私は「ご厄介になります」と頭を下げ、お言葉に甘えて福東号を連れて土間の中に入った。なるほど、土間は十五坪、いや二十坪はあろうか、広々として馬一頭を入れても何でもない様子だった。

小一時間程でようやく雷雨が静まるまで、私はそのご主人とこの旅の目的や農業について話し合った。私がおいとまを申し出ると、主人はまだ話したそうに私を引きとめたが、今夜の宿泊先が既に決まっているため、心残りではあったが、後ろ髪を引かれる思いで農家を後にした。

松戸のD君の家には、一時間の遅刻をして到着した。D君はやはり街道筋で待っていてくれた。私の姿をいち早く見つけると手を振って合図をしてくれる。私は近付くなり即下馬してD君に「ご免、ご免、遅れてしまって」と言い訳して平身低頭した。

D君は雷雨を見てこうなることを予想していたので構わないと言ってくれ、私もほっとしたのである。

D君の家に着くと、ご家族も心配していたということで、皆さんほっとした様子であった。私が、「ご心配かけて申し訳ありません。それに遅れてしまってご迷惑をお掛けします。何分にもどうかよろしくお願いいたします」と挨拶すると、D君の父親が、「いやいや無事で何よりでした。どうか気兼ねなくゆっくりしていってください」と答えてくれた。

その後、福東号に餌を与え、D君の案内で屋敷を見て回った。母屋も大きく、式台つきの格式の高い造りであった。昔は庄屋であったという。倉、土蔵なども幾棟か立ち並んでいた。さらに驚いたのは剣道場があったことである。私の村の佐藤さんという家にもこれと同じように道場があったが、これに匹敵する程のものであった。

子供の頃に父から聞いた話であるが、昔、佐藤さんの家には諸国を回る武者修行者が立ち寄り、村人に剣術の指南をしていたとのことであった。D君の話もまた同様だった。これで彼が剣道部に所属している三段で、私と互角の腕前の選手仲間である所以《ゆえん》が理解できたのである。また、彼が私のこのたびの計画を知ったとき、是非僕の家に寄れと勧めたわけもわかった。

屋敷をひと通り見て回った後、D君と広い風呂に入浴し、その後座敷に通された。十畳の広間であった。大きな座卓が真ん中にデンと置かれ、たくさんのご馳走が盛られていた。D君の話では既に家人は食事を済ませているというので、二人でそのご馳走を頂いたのである。

食後、居間で家人と歓談した。D君の父親の話がメインであった。それは、先程のD君の話を補足してあまりあるものであった。

「何分にも私が子供の頃までそれは続いていました。いつでも四、五人の食客がいまして、それは武者修行者、とはいっても浪人者や渡世人であったり、旅商人などいろいろでございましたが、ともかく木賃宿《きちんやど》のようなものだったのです。それが宿銭要らずの只食いです。今ではとてもできない相談ですが、それだけその頃は世の中がのんびりしていたということかもしれませんね。これのそもそもの始まりは用心棒だったのですよ。盗賊や無法者の浸入を防ぐためだったのです。あるとき、一人の武士が路銀を使い果たして、因窮のあまり救いを求めたのを気の毒に思って何日か逗留させたところ、そのお礼にと奉公人の若い衆に剣術を教えたのだそうです。それはその武士がいなくなっても、この者たちが武士の代わりに役立つようにという計らいだったようです。ところがこれを見聞きした村の若い衆が、我も我もと押しかけて剣術を習い始めた。それならいっそ道場を作ろうということになり、この道場ができたということです。その武士はその後も指南役として留まり、近くの村々の青年まで挙《こぞ》って習いに来て、一番盛りのときには百人以上もそうした人たちがいたそうです。私ももちろん習いました。その後は段々に廃《すた》れましたが、私は息子に稽古をつけました。それを見て近所の子供たちが一人、二人と加わり、現在でも毎朝十五、六人は稽古にみえますよ。明日の朝も来ますから、是非小倉さんも息子と一緒に稽古をつけてやって下さい」

こうして翌朝、話の通り十五、六人の小学生から中学生、あるいは青年までが稽古に現れ、私はD君とともに一時間半に亘り稽古をしたのである。皆なかなか熱心で、それなりに腕前の方も上達していた。私はこの十日間ほど竹刀を握らなかったので思いがけなくよい汗をかくことができ、無上の喜びであった。

稽古終了後には全員で道場の板の間の雑巾掛けを行い、剣道具も庭に干してきちんと後片付けをした。礼儀作法などの躾《しつけ》も行き届いており、私は感服した。D君の父親の人格が深く偲ばれたのである。

午後はD君と連れ立って江戸川の堤防を散歩した。たまたま松戸の工兵隊が架橋、渡河訓練の演習をしている場面に出会い、これを見物した。煙幕を焚き、敵軍に悟られないようにして鉄舟を組み立てて、これを河の中に次々と押し出して繋ぎ合わせ、その上に板を敷き並べると浮橋ができ上がる。この橋を味方の歩兵が駆け渡る。そして敵陣に奇襲を行うわけである。

二人はこの一部始終を見て、これがいつの日か演習ではなく実際の戦場で行っている自分の姿を思い浮かべたのであるが、そのときは、彼らの姿はまさに勇猛果敢なものとして映ったのであった。しかしながらその後二、三年して体験した戦場は大違いだった。勇壮どころか悲惨なものだったのである。軍隊や兵隊などというものはない方がいい。百歩譲ってその存在を認めざるを得なかったとしても、それは平和時における儀杖兵《ぎじょうへい》（オモチャの兵隊）や演習に留まるべきである。国民が兵隊になり、その兵隊が戦争の道具に使われてはならない。このことを国民一人ひとりが肝に銘じて決して忘れてはならないのである。

今、この場面を回想するにあたり、特筆大書した次第である。

翌十三日はいよいよ第五行程、我が家に帰還する日である。昨日と同じよい汗を流すために、私は逸る気持ちを抑えて、D君とともに稽古に来た人たちと竹刀を合わせた。

今朝はD君の父親も道場に出て来られたので、終わり際に一手御指南をお願いしたところ、快く立ち合ってくださった。

やはり剛剣であると同時に、品格のある太刀筋であった。五十代と思えぬ鋭い気迫と軽い身のこなしであった。私の後でD君も親子で竹刀を合わせた。私の見たところではほとんど互角の勝負であった。私は何とも羨ましく思ったものである。

私がD君に「君のお父さんは学校でも充分に正選手として通用するね」と言ったところ、これを耳にした父親は「もう駄目ですよ」と軽く笑い流したのであった。その奥床しさに私は深く感動を覚えた。

朝食を頂き、ご家族のお見送りを受けながら私はD君の家を後にした。松戸の町並みを外れ、江戸川の堤防を歩く。今日の行程は二里、どんなにゆっくり行っても昼までには着くはずである。私は福東号をのんびり歩かせた。

葛西橋の鉄橋を渡り、左折すると東京都葛飾区に入る。右に曲がって堤防をダラダラと下ると埼玉県八木郷村である。次に戸ヶ崎村に入り、しばらく進むと古い川の跡に差し掛かる。古利根川の湾曲部を直線に掘り割り、中川となったために今はその残骸を留めているのである。その一部を埋め立てて道路になっている所からが、私の村である。つまり、昔はこの川が村境だったのである。

中川に架かる潮止橋を渡って右折し、堤防上の道路を五百メートル程行ってから堤防を降りる。すると正面に旧村役場が見え、左手に天神様がある。ここは大字伊勢野という集落である。この集落を通り抜けると、田んぼの真中に潮止小学校、村役場、農協、駐在所その他が立ち並んでいるのが望見できる。

近くまで行くと道路は五叉路《さろ》になっている。この五叉路を村の中心として、各集落に放射状に伸びているのである。

私はこの五叉路を生家である木曽根新田の方向に向かって歩き出した。集落の入り口に至れば我が家の屋根が見えてくる。村一番の大きい家のことだけはある。午前十一時三十分、ついに我が家に到着した。祖母、両親、三人の弟、修ちゃん、分家の人々、それに友人何人かまでが顔を揃えての大歓迎である。

私は馬から降りて手綱を修ちゃんに預け、祖母と両親の前で深々と頭を下げ、「ただいま帰りました。今日から一週間程お世話になります」と挨拶した。

父が「ああ、よく帰ってきた。無事で何よりだ、ゆっくりしていけ」とそれだけ言う。祖母と母親は涙ぐんでいる。弟たちは早くも福東号に纏《まと》わりついている。私は友人達と一人ひとり握手して出迎えの礼を述べ、一頻《ひとしき》り庭で立ち話をした後に漸《ようや》く座敷に上がった。

仏壇に線香を上げ、祖先の位牌に懇《ねんご》ろに礼拝して、帰省のセレモニーは一応終わったのであった。

福東号の世話は修ちゃんがしてくれたので、私は用意された昼湯に浸かった。湯上がりで母が整えてくれた白絣の着物に着替え、玄関口の表座敷に行くと、既に大きな坐卓が二個も置かれていて、その上に祖母と母親が丹精したと思われるたくさんのご馳走が並んでいた。

家中、いや、先程表庭にいた人たち全員がテーブルにつき、父がビールで乾杯して食事が始

まった。私の好物が皿に盛られていた。私は思い切り食べて満腹した。その後奥座敷で昼寝をし、

「我が家はやはりいいもんだ」と独り呟いた。

いつの間にまどろんだのであろうか、目を覚ますと既に夕暮れ時であった。私は飛び起きて衣服を着替え、馬屋に行った。福東号を庭に引き出して鞍を着け、これに乗った。馬腹を蹴って田んぼ道を一目散に駆け、西耕地を一回りして帰宅する。たらいに湯をもらい、馬体を全身隈なく洗い流し、馬小屋にもたっぷり寝藁を入れた。飼料をあてがい、麸湯も充分に飲ませ、私は福東号の今日までの労をねぎらったのである。福東号は旺盛な食欲を示したので安心した。

翌日は盆の十三日、仏様を迎える日である。家族全員でお墓にお参りした。十五、六日はお盆で来客も多く、その接待に追われる日々を過ごした。

親戚、村内の知人、友人、それは祖母の念仏友達から叔父叔母、従兄弟と多様な相手であった。家の付き合いとはこうも煩雑なものかと私はつくづく思った。それを一々相手する父も大変だが、これを接待する母もまたご苦労なことであった。こうして代々の当主が役目を果たしてきたかと思うと、これも容易ではないような気がした。いつの日か私もこの家の当主として同じ道を歩まねばならぬのかと考えると、気の重くなるのを感じたのである。

次の日から、私はこうした煩わしさから逃れるために、福東号とともに家を空けるようになった。学友に会ったり恩師に会ったりして日々を過ごし、最後の二日間だけ神妙に家にいることにした。そして母と祖母にせいぜい甘えることにしたのである。これも孝行の内と悟ったからのことである。

祖母の足を揉んだり、母親の肩を叩いたり精いっぱいの孝行ぶりも発揮したため、二人とも大喜びであった。お蔭で私もこれでよいと自己満足できたのである。

十三日から二十日までの八日間は瞬く間に過ぎ去った。

二十一日、復路の出発日である。家族との再会も束《つか》の間であった。しかし、多くの収穫を得た有意義な日々であったことは間違いない。祖母、両親にも仮初《かりそ》めの孝行ができたし、多くの人々にもお会いすることができた。祖先のお墓参りもしたし、充分満足である。思い残すことは何もない。私は晴れやかな気持ちであった。

幸い福東号も元気である。その朝、私は出迎えられたときと同じように、多くの人々に見送られて我が家を後にしたのである。

第六行程は当初の予定では取手までであったが、雷雨のときにお世話になった馬橋の農家に一泊することを約束していたので、そちらまでとなった。その農家には昼時に着いた。

その夜は、まるで十年の知己のごとき親しみをもって話すご主人と、遅くまで農事などの話題について飲みながら歓談し、翌日は午後から農作業のお手伝いをさせてもらった。この夜もご主人の愉快な話などを聞いて過ごし、翌朝、私は深々と頭を下げてこの農家を後にしたのである。

帰路はC君、B君、A君の家と、来たときとは逆の順番にそれぞれのお宅に泊めていただきながら何事もなく無事に過ごすことができた。

二十八日午後には羽鳥を過ぎ、岩間で昼食をとった。往路も復路もお弁当は心の籠ったものであった。これを美味しく頂いて一時間程休憩し、友部に歩を進めた。動物特有の鋭い感覚であろうか、自分の馬屋が一歩一歩近づくのがわかるかのように、福東号の足取りも軽快であった。

私はそれが何よりも嬉しかった。すべて福東号のお蔭である。福東号あって初めて今回の壮挙は成し遂げられたのである。こうして無事に帰校できることが無上の喜びであった。

友部の駅前で水戸街道から分かれ、バス通りに入り、茨城県立種畜場の正門前を通過、母校の校門に至った。思えば約一カ月前、この校門を後にして全行程八十里、約三百キロの道程を踏破したのである。私にとってはやはり一大快挙と言うに相応しいものであった。

本部前で下馬し、当番に帰校したことを報告したが、石井部長は不在であるとのことなので、ひとまず福東号を厩舎に引き連れて行った。装具を外し、馬体を念入りにブラシを掛け、水でよく洗った後に乾布でこれを拭き取り、さらに二回目のブラシ掛けを行う。疲労を癒すためのマッサージである。水と飼料も充分に与え、「ご苦労であった」と鼻面を何回も愛撫した。「よく休んでくれよ」、そう言い残して、私は厩舎を後にした。

石井先生を職員住宅に訪ねて無事に帰校したことを報告すると、先生は「そうか、よくやり遂げたな、無事で何よりだ。これで君も自信が付いたろう。これからも乗馬も勉強の方も一層励むように」と激励の言葉を掛けて下さった。その足で私は清水、関両先輩を訪ね、お世話になったお礼と無事帰校の報告を行った。

私は宿舎に戻り、やっと落ち着いた。同室の西村君、西川君両人とも帰省から帰っていなかった。もっとも各室とも空き部屋が多く、在校者は各種の当番を除いては何人もいないようであった。

多分帰省者は三十一日夏休みの最終日に帰校するのであろう。私は一人静かな部屋で、このたびの乗馬による帰省旅行を回顧してみた。

私はこの旅で、多くの人々の善意に支えられた。こうした多くの人々に心から感謝しなければならないと深く肝に銘じた。

人は皆幸運を期待するが、それには何事も積極果敢に挑戦することが肝要である。幸運の女神は前髪しかないと言われる。その前髪を掴むしかないと思う。引っ込み思案、消極的では何事も不可能である。私はこのたびの壮挙、あえて壮挙と言わせてもらう、この体験を基盤として旺盛なるチャレンジ精神を持続しなければならないと決意したのであった。これがこの旅の最終結論であった。

（3）

八月三十一日には学友も全員顔を揃え、二学期の勉学に入った。その頃から私たちの間に修学旅行の話がぼちぼち持ち上がっていた。

この旅行は約一カ月以上に亘る大旅行であった。準備は一カ月前の十月頃から始められた。総費用五百円也は直接学校に納入した額である。そのほか服装、持ち物などを整えるために三十円くらいは別途支出した。冬季に極寒の満州に行くのであるから、特別の服装を必要としたのである。制服も従来以上に厚地の物を新調し、外套もラシャ地の上等の物を作った。靴は皮の登山靴を購入し、帆布製の大きめのリュックサック、防寒用の毛糸の手袋や靴下、下着などの購入は言うまでもない。さらに現金で三十円くらいを小遣いとして持参したので、父親に依頼したのは総額五百六十円であった。

後に父から聞いたのであるが、この費用を捻出するために父は米倉を一庫、空にしたそうである。当時米一俵の価格が五円くらいであったから、それはまさに米俵百十二俵に相当する。つまり百俵からの米俵を収納してあった米倉が空になったというわけである。

そればかりではない。私の父は年内に米を売るということはやらないのが定法であった。このことは、私が少年時代に父に伴われて草加市に行った際に立ち寄った米問屋の話でも触れたと思うが、その理由は、暮れまでに換金する人が多いため、どうしても買入業者に相場を叩かれるので、年を越してから逆に業者が必要に迫られて買い付けに来るまでは売らないのである。その結果、相場は叩かれるどころか反対の立場になる。売り手市場に逆転するわけである。つまり相場を売手がリードできる。

これが父の考えであり、それを実行してきたのであるが、そうしたことも財政に余裕があって初めて可能なことで、必要に迫られた状況ではそうした操作ができないことは言うまでもない。この場合もそうで、私の旅行費用捻出のため、父はやむなく従来の定法を曲げて売りに出したのである。これは父にとって甚だ不本意なことであったろうと思うと、私は何とも慚愧に堪えない思いがした。

しかし父は、息子に対する先行投資と考え、思い切りよく売ったということであった。

さてこうしたいきさつの上に用意は万端整い、十一月二十三日、我々は母校を後に出発した。友部駅から一路東京に向かって列車は汽笛を鳴らした。

引率者は江坂教頭を団長に、河原、森本両先生と、参加生徒約五十名であった。上野駅で下車し、神田岩本町に所在する東京販売所に立ち寄り、ここで昼食をとった。私はこのとき生まれて初めて納豆汁に麦飯という食事をした。その後販売業務を見学し、夕刻上野駅に戻り信越線に乗車した。夜行列車は町の夜景を変化させて窓辺に映し出し、あるいは村里のポツンと見える電灯の淡い光を後に残し、ひた走りに走り続けた。

翌日は綾部を経由して山陰に入った。途中下車して出雲大社を参拝し、道中つつがなきよう祈願する。その日は山口県萩市に泊まったが、ここでは萩城趾、藩校、あるいは吉田松陰の松下村塾さらには乃木大将の生家など名所旧跡を訪ねた。しかしじつに不遜ではあるが、私にとってもっとも印象的であったのは、通りすがりの家々に枝もたわわに実っている夏蜜柑の黄色であった。そうして翌日、下関に出て関釜《かんぷ》連絡船に乗船し、釜山《プサン》に向かったのである。

玄界灘の波は荒く、それは聞きしに勝るものであった。対馬海峡を越える頃には大分船酔いが出たが、私は不思議と酔わなかった。海や船には縁遠くとも、生来胃が丈夫であるからかもしれない。それでもどうやら全員釜山に上陸することができた。

ここで列車に乗り一路京城《けいじょう》（現在のソウル）に向かう。沿線は禿山ばかりの荒涼たる風景であった。今まで内地の山紫水明の風景を見慣れた私の目には異様に映じた。京城に到着すると、まず朝鮮総督府を訪問した。これは表敬であるとともに市中の案内を依頼するためであったらしい。一人の案内人がその後我々を引き回した。朝鮮神社を参拝し李朝の史跡などを見学した。しかし私にはあまり興味深いものはなかった。それよりも私が分宿した旅館の女将の特技が印象的だった。

それは毛筆の一筆書きによる達磨《だるま》の絵であった。それはじつに見事なもので、私もスタンプ帳にいくつか書いてもらったが、その筆勢の鋭さといい筆致の優れていることといい、まさに絶妙であった。眼光炯々《がんこうけいけい》として射るがごとく、またへの字に結んだ口元はあくまでも強固な意志を表し、ゆったりと構えた体型はまさに不動心を表現するものであった。私は深く感動して教えを請い、何枚か練習書きしたものの、到底及ぶものではなかった。女将の修練の程が窺われて感服の至りであった。

次の行程は朝鮮半島をさらに北上して、現在の北朝鮮の寒村を訪れた。ここには母校（第二部）を卒業した先輩何人かが入植して、農地の開拓に従事していたのである。

この地に到達するためには、列車は何回か後戻りしては進むという独自の走法で、金剛山の麓だけにその峻険な道程は目を瞠るばかりであった。寒さも一段と厳しく、よくぞこの極寒の地で開拓農民として頑張っておられるものと、その精神力と精進に満腔《まんこう》の敬意を払ったのである。

私たちは開拓農場の民家に分宿した。ここでは京城で食したものとは全く違う、純然たる朝鮮料理を食べた。ご飯は大きな平釜で炊き、炊き上がったご飯を取り出した後に水を入れ、釜の余熱で白い湯ができる。これをお茶代わりに飲むのである。私はその質素な暮らし振りに驚きを覚えたものである。

食器類はすべて真鋳製でピカピカに磨かれたものであった。副食は聞きしに勝る辛いもので、口中が熱するようであった。さすがにキムチは美味であった。私は現在も東京で暮らしているが、ときどきは朝鮮料理の店に立ち入り、この味を賞味している次第である。

さて私はここで、また生まれて初めての体験をすることになる。翌朝用便をしたいので便所の所在を聞くと、家人は釜屋（炊事のために焚き物をする場所）に私を案内したのである。そして、この焚き物の灰の中に用便をするようにと言うのである。私は不審に思って説明を求めた。私の生家では、釜屋は荒神様を祀る神聖な場所とされている。そうした場所に、こともあろうに用便をするなどもっての外と言わなければならない。ところが家人は平然と、この灰に混入された人糞尿はそのまま田畑に散布される肥料なのであると言うのだ。そう言えば私の生家でも、モミ殻を時間を掛けて燃やして薫炭《くんたん》という物を作り、これに人糞尿を混入した肥料を作った覚えがある。それと同じ物であるとの解釈ができるのだが、しかし一面合理的とも言えるこの風習も、私には馴染み難いものであった。さりながら家人には私の持つような違和感はないようであった。

この開拓地で二日間を過ごした私たちはこの高地を下り、拉法《らほう》という駅からハルピンに向かう拉浜線《らひんせん》に乗車した。大きな河（多分、鴨緑江《おうりょっこう》であろう）を渡る鉄橋上で一つの事件が起きた。私たちの車両に先生が来てこう指示した。

「今、君たちが所持している書籍類を全部出しなさい、雑誌もです」

各自言われるがままリュクサックの中から取り出すと、先生は一人ずつ、しかも一冊ずつ点検して、「これとこれを除いてただちに下の河に投棄しなさい」と言うのだ。

かくして私たち全員は何冊、いや何十冊の本を列車の窓から投げ捨てたのである。それはどんな本であったかと言うと、私の記憶ではたしかマルクスやレーニンの『資本論』、または『富国論』、それから雑誌では『改造』、『中央公論』、『日本評論』などであった。

しばらくしてドカドカという音を立て、憲兵が五、六人、私たちの車両に乗り込んできたのである。そのうちの隊長らしき者が、「今から全員の所持品を検査する」と命令口調で宣言し、ただちに行動を開始した。それはまさに有無を言わさぬ強引なものであった。私たちはただ呆然と彼らのなすがままを凝視するだけであった。

幸い先生の点検後であったので事なきを得たのである。つまり先生方はこのことを事前に察知して、予め自己点検を行ったために無事に済んだというわけである。

なるほど、この河を越えれば満州国である。これから我々が旅行する地域は外国である。つまり私たちは国境を越えたのだということをこの事件は我々に告知したものであった。

今まで国内を何事もなく平穏無事に旅行してきた私たちにとってそれは刺激的なものであったが、その後はこれに勝る、より強烈な刺激が待ち受けていたのである。

それから数時間後であった。ある駅に停車すると、武装した兵隊が二、三十人またもやドカドカと乗車してきた。そうして隊長らしき者が次のような指示を伝えた。

「今から窓は全部、遮蔽幕《しゃへいまく》を降ろせ、それから煙草を吸ってはならぬ。この列車は二、三日前も匪賊《ひぞく》の襲撃を受けて、戦闘が行われた。厳重に注意せよ。もし万が一銃声が聞こえたら、君たちはなるべく姿勢を低くし床に伏せよ」

車内に緊張感が漂った。私語を交える者は一人もなく、不気味な沈黙が続いた。夜行列車は車輪の轟音だけを残して暗夜をひた走った。何時間過ぎたのであろうか、警戒区域を無事に通過したらしく、搭乗した警備隊の兵士はある駅で下車した。

やっと緊張感から解放され、一般乗客はもちろん私たちも一安心といった明るい顔を取り戻し、元気な話し声が車内に復活したのであった。

遮蔽幕を上げて窓外に目を転じると、広漠たる原野が延々と地平の彼方まで続いている。まさに一望千里の景観である。行けども行けども山もなければ河もない。それは大陸と言うに相応しいものであった。こうしてついにハルピン駅に到着した。時計を見ると午前七時を示していた。旅装を解いて旅館の朝食にあり付いた。ここで初めてご飯に味噌汁、焼海苔、たくあんの漬物など、久し振りに日本食らしきものを食べた。内地を離れてからは、朝鮮料理や車内では饅頭ばかり食べさせられていたのだ。

朝食後の一時間程の休憩の後、郊外に建立されている志士の碑を参拝した。碑文によると、志士は日露戦争開戦以前より特務機関員としてこの地に入り、諜報活動に携わっていたが、任務遂行中、敵に発見され断罪されたと記されている。その情報は重要なもので、その後の日露戦争で我が軍が大勝利を収めることができたのも、志士の活躍のお蔭であるという。ちなみに志士の名前は沖貞助、横川省三の二人である。

その後は市中見物も許可された。そこで珍しい風景に出会った。ショウトル市場である。いわゆる古物市場であるが、日用品（食料品、衣類、雑貨、その他）は何でもある。しかし中には盗品もあり、聞くところによると孤児の人身売買さえあるということであった。

私はここで内側に兎の毛皮を張った革の手袋を五円で、さらにこれも毛皮でできた帽子（宗匠頭巾のような形をした物）を、父に贈るために十五円を奮発して購入した。

このときの手袋は、東京のデパートでは三倍の十五円もするということで、私の購入価格の倍の十円で叔母から買い上げられてしまったのは帰国後のことである。

毛皮の帽子は珍しくもあり、その上暖かいということで、冬には父もこれを愛用した。私は見聞を広めることに意義を認めて自分の物は何一つ求めなかったが、父の喜ぶ顔を見て、少しは報恩の役に立ったのではないかと思ったりしたものである。

その翌日はハルピン郊外の駐屯地部隊に入り、軍隊用の防寒具一揃いを全員借用した。毛皮の耳覆いの付いた防寒帽、裏地に兎の毛皮を張った防寒外套、同じような防寒靴、さらに防寒大手《て》套《とう》などである。これを全部着用して雪上に転がると、単独では起き上がれない始末である。まさに達磨さんで、同僚に手を引いてもらって漸く立ち上がれるという有り様であった。

全員の完全防寒服装が整ったところで、軍が用意してくれた軍用トラックに分乗し、我々はスイリヤン県の開拓団見学に赴いた。

白皚皚《はくがいがい》たる雪原を、トラックはひた走りに走る。前方も左右も見渡す限り、一木一草も見当たらない。行けども行けども無人の荒野が続く。五、六時間も走り続けたであろうか、漸く彼方に集落らしきものが見え始めた。これが目的地の開拓村であった。

四メートルもあろうか、高い土塀を周囲に巡らした正門から集落内に入る。丸木小屋のような家屋が何軒か建ち並ぶ前にトラックは停車した。五十センチもあろうか、相当な積雪の中を転倒しないように、注意しながら一歩一歩たしかめて歩行した。

開拓団本部と肉太に書かれた大きな表札の掛かった建物に入ると、そこに集落の代表者が我々の到着を待ち受けていた。

まずは熱いお茶の接待を受けた。あれだけ完全な防寒具に身を固めながらも、トラックで五、六時間も走り続けたために冷え切っている。この熱いお茶の旨いこと、二杯、三杯とお代わりをし、漸く身体が温まった。

昼食を頂いた後に、団長の案内で集落内を見て回った。山形村、長野村などと書かれた表札を見ながら、何軒かの家にも訪問した。開拓村は厳寒期で農閑期でもあり、家の中で来春を待つということで、割合にのんびりした雰囲気であった。

「来年は内地から両親を呼び寄せるのだ」とか、「俺は嫁をもらうのだ」といった希望に燃えた話は、赤々と燃える暖炉の火とともに明るく輝いていた。その夜我々はここに分宿した。

夕食にコーリャンの混じったご飯をご馳走になったのであるが、それはお世辞にも旨いとは言い難いものであった。何となくパサパサして粘りがなく、口当たりの悪いもので、これで我慢して働いている開拓村の人々の苦労を、ふと垣間見る思いがしたものである。

私は一日も早く米の収穫ができるようになることを祈った。さりながら野菜の貯蔵庫には馬鈴薯、人参、大根、白菜などが豊富に収納されていた。しかもそれらは極めて良質のもので、このことは最大の安心事であった。目下水田の開発も計画中ということなので、二、三年後には理想郷が実現することであろうと思われた。

この開拓村に二日間滞在し、開拓団員の生活や営農の実態などを詳細に見聞できたのはじつに有意義であった。

こうした開拓村が満州の各地に設営され、今後さらに増大され続行されるということでもあった。満州を第二の故郷として、こうした人々が定着した暁には、まさに王道楽土が建設されるであろう。狭い国土で山間部が多く、狭隘《きょうあい》な農耕地に多くの農民を抱える我が国と違い、ここ満州は広大な未墾の沃野《よくや》が存在するのである。農家の次男、三男対策はもちろんのこと、小作農民は一家を挙げて移住してもよいであろう。志ある者は大農場を経営するのもよいであろう――。それは決して夢想ではなく実現可能のように思われた。

私が二、三年後、現役兵として関東軍に所属する新京第六七五部隊に入隊し、二回目の渡満をした頃は、こうした各地の開拓村は希望に満ちあふれた平和な農村に成長していた。しかるにご承知のごとく大東亜戦争の末期、ソ連軍の侵攻に遭遇し数多《あまた》の犠牲者を出し、あまつさえその後の引き揚げの際も地獄のような苦難に遭うなどとは、夢想だにすることはできなかったのである。

私たちは希望に燃える開拓村を後に、軍用トラックに揺られてハルピンに帰着した。一日休養日があり、その日は自由行動であった。私は二、三の友人と街に出た。この街はまるで人種の展覧会のようであった。満州人はもちろんのこと、朝鮮人、日本人、白系ロシア人、モンゴル人などなど。特に目に付いたのは白系ロシア人である。その名が示すごとく若い娘は色あくまで白く、しかも長身でプロポーション満点であった。ところがこれが中年、老婦人となるとビヤ樽のごとく太ってまさに老醜そのものであった。一方男は体躯も堂々たるもので、皆髭を蓄え、外套を着て、さらに軍人が被るような皮の帽子を着用する者を多く見掛けた。街に、東京の神田にあるニコライ堂のような寺院が多数存在するのも特色と言えるかもしれない。

翌日私たちはハルピンを後にした。満鉄（南満州鉄道）に乗車し、一路新京（現在の中国・長春）に向かって南下した。私たちは一車両を独占したが、他の車両に行くと一種独特の悪臭があった。多分ニンニクの臭いであろう。しかもそれは強烈なもので、思わず顔を背けるか鼻を摘まみたくなるような異臭であった。

しかしときに快い香りが漂うこともあった。それは英国煙草のウェストミンスターの紫煙によるもので、私は愛煙家の父に土産として求めることを忘れなかった。

新京に到着すると、まず関東軍司令部を表敬訪問した。参謀板垣征四郎中将に会見して、その後講演を聞き、その夜私たちは閣下の招待を受けたのである。

そこは新京でも超一流の中華料理店であった。建物も豪華であったが、内部のインテリアも素晴らしかった。特にテーブルの上の料理の豊富さに驚いた。詳しいメニューは忘れたが、未だに覚えているものを挙げると、まず丸い卓上のど真ん中に子豚の丸焼きがデンと置かれていた。その横には鯉の丸揚げを始め、名も知らぬ山海の珍味がテーブル狭しと置かれていた。果たしてこれだけ食べられるであろうかと、箸を付ける前から圧倒された。しかし若い頃は食欲も旺盛で、私たちは一生懸命に食べたのである。ところが思わぬ誤算があった。

私たちはテーブルの上のご馳走だけを平らげれば、それも容易なことではないが、ともかくそれだけは何とかなるであろうと考えた。それが違うのである。一皿食べ終わるとすかさず次のご馳走が運ばれてくる。これを食べ終わるとまたもや次のお皿が持ち込まれるのである。食べても食べても切りがない。いかに若いとはいえ胃の容積には限度がある。とうとう私たちは降参の白旗を揚げざるを得なかった。

加うるに老酒《ラオチュウ》の酔い心地も手伝い、ダウンした者も何人か出た程で、階段を降りる際に下を見ることさえ不可能な程の満腹振りだった。

さてここで面白い話を一つ披露する。それはこの席で体験した中国料理のマナーと言うべきものである。竹で編んだザルに南瓜、西瓜、ひまわりの種子を煎ったものが出されたのであるが、この食べ方がわからない。給仕人に教えを請うと、彼は説明しながら自らやって見せてくれた。彼は種子を一粒口の中に入れると、これを噛んで巧みに口中で皮と実を分離して、しかも皮だけ外にプィと吐き出し実だけを食べるのである。

早速見よう見真似でやってみたがどうもうまくいかない。仕方なく指先で皮を剥こうとするのだが、これもやはりうまくいかない。とうとう私たちはこの種子を食べるのは諦めた。

ところが隣席を見ると、何人かの中国人が先に給仕人が示したごとく、それはそれは巧みに食べているのである。そのためにテーブルの周りは皮だらけである。料理店の立派なインテリアを述べたが、床に敷き詰められた赤い絨毯《じゅうたん》の上にも皮が落ちていた。私たち日本人の感覚では無作法そのものであるが、これは中国の作法に叶っているのだという話である。

すなわち、こんなに散らかす程食べてくれたのだと喜んでくれるのだということである。日本の風習でも、特に田舎では出したご馳走は皆食べてくれることを期待し、そうすれば喜ぶことには違いないが、しかし食べ散らかすことは行儀が悪いとたしなめられこそすれ、決して誉められることではない。同じ東洋人でも、その風習に人種の違いがあるのだということを痛感させられたものである。

翌日は市内見物であった。満州国皇帝の居城から始まり、満州事変の勃発の柳条湖（現在の遼寧省）、北大営《ほくだいえい》の戦跡や、市街の宝山というデパートにも立ち寄った。これは大きなもので東京のデパートに匹敵する程であった。六階建てでその規模も大きく、さらには商品の豊富なことも目を瞠るばかりで、私たちはここの食堂で昼食をとった。

日本橋とか何々通りとか、内地の名称が用いられている所が多く、一見奇異な感じがしないでもなかったが、それも日本人の郷愁であろうかと納得した。山県公園《やまがた》（公園内に山県有朋《ありとも》元帥の銅像がある）を散歩すると、凍結した池で日本人小学校の生徒たちがアイススケートを上手に滑っていたのが印象的であった。

どこを歩いても街角には寿司屋があり、それだけに日本人の多いことを示していた。また軍服姿が特に目に付いた。これが当時の満州の特徴であった。しかし一方では人力車（ヤンチョ）や馬車（マアチョ）が縦横に走っており、やはり内地とは一味違う異国情緒を醸し出していた。

夕方二時間の自由時間が与えられ、私は何人かの友人と映画館に入った。藤田進主演の『熱風』という東宝作品で、それは鉄の増産を行うために、昼夜を分かたず溶鉱炉で灼熱と戦う男の物語で、いわゆる国策映画の典型的なものであった。

新京を後に私たちは再び満鉄に乗車し、公主嶺《こうしゅれい》に向かい、農事試験場を訪れた。ここでは寒冷地栽培の研究を主として行っていた。いわば満州における農業センターの役割を果たしていたのである。あらゆる農作物を酷寒の地で栽培するための品種の選択、品種の改良、さらには肥培管理、病虫害の予防などについて研究が成されていた。

果樹（主としてリンゴ）の栽培も試みられていた。ほとんどが日本人であったが、何人かの満州人もおり、これらの人々は作業員として農耕に従事していた。場長の案内で場内を隈なく見て回ったが、相当な成果を上げているように見受けられた。ここでの研究の成果はただちに各地の開拓村に伝達され、実地に応用されているということであった。

次に訪れたのは湯崗子《とうこうし》で、ここには満州で唯一の温泉がある。旅行もやや半ばを過ぎたので、ここで旅の疲れを癒すことになった。

温泉とはいっても内地の温泉とは全く異なるものである。この温泉は湯が出ているわけではない。大きな池というか沼というか、それ自体が温泉なのである。つまりその池（沼）の中に入って身体を温めるのであるが、池（沼）の中は泥々なのだ。その泥の中に入るわけであるから、初めての私たちにとっては最初は気持ちのよいものではなかった。しかし、それを我慢してしばらく浸かっていると、身体中が自然に温まり、何とも言いようのない、それはまさに快感と言うに相応しいものに変化していった。

一時間も浸かった後、池から上がってシャワーで全身の泥を洗い落とすのだが、その爽快さは曰く言い難しである。あえて言うならさっぱりした気分で、今までの疲労が一遍に吹き飛んだような感じであった。三十分もしたらまた入り、身体が温まるまでジッとしている。また上がってシャワーを浴びる。これを何回でも繰り返すのである。

内地にも砂風呂というのがあるが、あれに似たものと言ってよいであろう。

私たちは珍しさも手伝って、それだけに何回も入ったので疲労回復には充分役に立った。

さて温泉で疲れを癒した私たちは、次の目的地に向かって勇躍出発した。

次の下車駅は奉天《ほうてん》（現在の瀋陽）である。ここでは旧城内や市街地を見物した。日露戦争の戦跡も訪ねた。少年時代、歴史で学んだ奉天大会戦に勝利を収めた日本軍の総司令官大山巌《いわお》元帥が、第一、第二、第三軍司令官その他の幕僚を従えて、馬上豊かに威風堂々と居並ぶ兵卒を閲兵するために城門を潜り、入場する場面の写真が掲載されていたが、今自分がその場所に立っていると思うと感慨ひとしお深いものがあった。

しかしながら、一方この大会戦で多くの将兵が屍《しかばね》を野に晒し、この大陸に日本人の赤い血が染み込んでいるのだと思うと感無量であった。その頃、五族協和が唱えられていたが、真にこの地に平和な楽土の建設されることを祈らずにはいられなかったのである。

次の停車駅は大連《だいれん》であった。ここは日本人がもっとも多く見掛けられた。それは移住者というのではなく、既に定住者としての落ち着きを示していた。町並みも内地の都市と全く変わらなかった。私たちは母校で農産加工の実習を行っていたので、ここでは有名なハムやソーセージの製造工場を見学することになった。その折に試食した製品はじつに美味であった。その後旅順《りょじゅん》や爾霊山《にれいさん》（二〇三高地の別称）の戦跡を訪れた。そこでは歴史や父親、その他から聞き知った第三軍司令官、乃木大将以下の将兵の苦戦が偲ばれて涙を止めることはできなかった。

旅順を訪れる前に撫順《ぶじゅん》の炭坑を見学した。露天掘りの壮大さには一驚したものである。人間の開発力のたくましさに感嘆し、石炭の埋蔵量が無尽蔵であると聞いてますます驚いた。その頃は今のような機械はないため、人海戦術で労働者は蟻のごとく働いていたのが印象的であった。

さて大陸の旅行はこれで終わり、大連港から汽船に乗り、海路を内地に向かって出港した。幸い荒天もなく、船酔いもせず快適な船旅であった。無事に門司港に入港した私たちはバナナの荷揚げを見て驚いた。大きな竹籠に入ったバナナは枝に付いていたのである。一房に数本の実がついたものしか見たことのない私にとっては珍しかった。

バナナといえば従来からこの一房が一本の木になるものとばかり思い込んでいたのである。それにしても一房で大きいのは二、三十本もあるのだから、それだけでも大したものと思うのも当然であろう。ところがあにはからんや、その房が一本の枝に十個以上も付いていたのであるから驚くのも当たり前かもしれない。

さて驚いてばかりいても仕方がないので、私と友人はその一枝を買った。それは東京で夜店の叩き売りや縁日などでの値段とは比較にならない程の安値であったからである。もっとも、最初の卸値であるから安いのも当然かもしれない。

私と友人はこれを肩に担いで宿舎に戻り、皆に分けた。皆も大喜びでこれを食べて忽《たちま》ち枝だけが残った。

門司から下関に渡り付近の名所、古跡などを訪ねたが、特筆すべき記憶はない。その後山陽線の列車に乗り込み一路大阪に向かった。

大阪では府立の農事試験場を見学した。市内見物も面白かった。特に記憶に残っているのは、案内人が市電に乗り降りするたびに大阪弁で、「さあ、乗りまっせぇ、さあ、降りまっせぇ」といちいち声を掛けるのが面白く、そのたびに私たちは声を出して笑ったものである。もちろん笑ったのは関東以北の人たちであることは言うまでもない。投宿したのは道頓堀の朝日館という旅館であった。

この旅館では、我々が食べ盛りであることを知ってご飯をお櫃《ひつ》ごと替えてくれ、いくら食べてもよいというサービス振りで、腹が膨れて苦しい程満腹した。

先に新京の中華料理でも満腹したことを述べたが、私の生涯でこの二回が最高の満腹感を味わった体験であった。

次は仏都奈良に至る。多くの神社仏閣を拝観したが特に記述すべきことはなかった。奈良から三重県の高等農林学校を訪問する。我々と同じ学校が、どのような教育をしているかに興味を抱いて農場なども隅々まで見て回った。その結果、この地方に合った作物を多く栽培しているのが特色のように感じられた。これら作物の栽培技術も高度なもので、非常に参考になることが多く、熱心にメモを取った記憶がある。

奈良から伊勢に回り、皇大神宮を参拝してその荘厳さに思わず頭を垂れた。何かを拝まずにはいられなかったのである。

なにごとの　おはしますかは知らねども　かたじけなさに涙こぼれる

この和歌そのものの感じであった。五十鈴川《いすずがわ》の清流はあくまでも澄み、杉の木立は静寂そのもの。八百万《やおよろず》の神々の元である内宮、外宮を祀るに相応しい景観であった。私たちは神宮橋の前の広場で記念写真を撮影した。

次に東海道線の岡崎で下車し、安城高等農林学校を訪問した。この学校が同じ高等農林としてどのような教育をしているかを知るためである。ここでは水稲栽培に力を入れて研究しており、大きな成果を上げていた。私は自分の家が埼玉の水田地帯であるから、ここでの研究の成果は直接参考になることが多く、多大なる収穫を得たのであった。

また、学内ばかりでなく近くの篤農家《とくのうか》を訪ねた。稲作日本一というその農家では、深耕と堆肥の大量使用が決め手と聞き、我が校の方針と合致していることに我が意を得たりの感をいっそう深くした。

再び東海道線に乗車し小田原で下車した。二宮金次郎（尊徳）翁の治績を訪ね、学問と勤労を尊び、荒れ地を起こし多くの開田事業を成功に導き、財政にも通じた偉大なる存在であったことに、今さらながら敬服した。

東京駅に着いたのは一月の十日頃で、四十余日に亘る大旅行はいよいよ終局に近づきつつあった。東京駅には、父と中学生時代の恩師、岩崎金蔵先生が出迎えてくれた。駅の構内にある精養軒でフランス料理を食べたのは前述の通りである。

その後、宮城（今は皇居というが、その頃はこう表現した）を二重橋前で拝礼し、明治神宮、靖国神社を参拝し、さらに泉岳寺に赤穂四十七士の墓を詣でた。香煙の絶えることがないという忠義の武士に私たちも香華《こうげ》を手向けて、その遺徳を偲んだのである。

発車時間までに余裕があるとのことで、自由時間が与えられた。私は何人かの友人と銀座を散歩した。いわゆる銀ブラと洒落《しゃれ》てみたのである。私は生家が埼玉県とはいえ、県南、東京都の境に位置するためいつでも来られるが、友人の中には東京とは遠く離れた地方の者が多い。そのため再び訪れる機会はたびたびはないであろうということで、私が案内役を買って出たのである。

小松ストアでコーヒーを飲んで一休みしてからタクシーを拾い、浅草まで足を伸ばした。雷《かみなり》門《もん》から仲見世《なかみせ》を歩き、観音様をお参りして六区《ろっく》に出る。活動小屋（あえて映画館とは言わない）の建ち並ぶ通りを看板だけ見て回る。中へ入る程の時間は残念ながらないのである。再びタクシーを拾い上野駅に駆け付ける。こうして発車十分前に、常磐線のホームで合流した。列車は母校の所在地である友部に向かって発車のベルを鳴らした。

友部で下車し、母校に帰着したのは夜の八時頃であったが、大食堂には私たち五十余人の夕食が整えられていた。私たちは約一カ月半振りに懐かしい母校の食事を味わうことができた。それは旅の美食にも増して美味であった。

夕食後入浴を済ませ自室に戻ってくつろぐと、さすがに長旅の疲れがドッと出て身体中の力が抜けるようであった。その夜はグッスリと熟睡した。

こうして私のこれまでの人生における最大の旅行は終止符を打ったのである。

多額の費用と多くの日時を費やしたこの大旅行は、果たして私にいかなる収穫をもたらしたであろうか。それは単なる物見遊山《ものみゆさん》、いわゆる現今の観光旅行の類ではなかったはずである。百聞は一見にしかずと古人は言う。見聞を広め、種々の体験を積み重ねて、人間は成長する。私の人間形成に大きな足跡を残したことはたしかである。

この機会を与えて下さった学校当局と、これに参加させてくれた両親や家族一同に心から感謝し、これからの人生にこの貴重な体験を活用しなければならないと深く肝に銘じたのであった。

この年の三月、私は学業を修了して寄宿舎生活とも別れを告げ、茨城県友部町から埼玉県の生家に戻ったのである。

第五章　代用教員時代

（1）

二、三日して机、本箱、書籍、衣類などの荷物が届いた。これを整理していると母が衣類の行李《こうり》を開けて「着物が不足である」と言い出した。それは母が丹精した久留米絣の羽織と着物の対《つい》であると言う。

そういえばあるとき、同室の西村君が水戸に外出する際にその着物を貸した覚えがある。私はそのとき返してもらったものと思っていたが、そうではなかったのか。しかし西村君も自宅に帰ったら荷物を調べて、自分の物でない物が入っていたら気が付くはずである。そうして私に送り届けるであろう。今さらそのことを問い合わせて彼との友情に傷を付けたくはない。私は母に自分の不注意を詫びてこれは不問にしたのであるが、母は「男の人は仕方がないね、自分の物も始末できないのだから」と不満そうであった。それはそうであろう。自分が夜なべで一針一針丹精込めて縫い上げたものに執着を持つのは当然であろう。母の心を思いやって自分の粗忽《そこつ》を反省し、重ねて詫びた一幕であった。その後私は、野良着一枚も粗末にせず大事に取り扱うことを心掛けるようになった。

さてこのトラブルは私に母親の心を思いやると同時に、父親の心にも思いを致さねばならないことを知らせてくれたのである。それは私のためにかけてくれた莫大な費用のことである。もちろん私は帰宅早々そのことについて一番先にお礼を述べたのであるが、それは単なる口先だけに終わるものではなかった。

これからは、今までに修得した農業の知識と技術をいよいよ実地に行うことになる。果たして父親の期待に応える働きができるであろうか、私は決意を新たにして農事に精励することを誓った。

私はまず有畜農業を志した。そのために藁小屋を改造して養豚舎を設計施工した。これができ上がると早速子豚を四頭購入して、その第一歩を踏み出したのである。堆肥作りに精魂を傾け、これと並行して農地の深耕を開始した。これは従来の倍の深さまで耕した。

これは二段返しという方法で行った。畑の隅の方を深く掘り下げ、そこを埋める形で表土を移し、その下の土まで掘り起こすのである。このとき、その掘った所に堆肥を充分に入れる。この作業を幅一メートルの間隔で逐次行い、一反歩（三百坪）をやり遂げるのである。冬の農閑期、つまり畑に作物のないとき、一冬で二反歩（六百坪）を完遂する。

この作業を全耕地に及ばせる計画である。この作業で耕作土は二倍の深さとなり、堆肥という有機質を保持するために栽培作物の根張りは長く広くなる。その上肥料の分解作用も良くなり、肥効は倍にも三倍にもなるから肥料の節約も可能となる。さらにその結果は病虫害の防除に有効となり、収穫量の増大と品質の向上を図ることができる。

こうして栽培作物による収入の増加を見込むとともに、一方の養豚は半年で成豚になるため、交尾させて子豚の増殖を図る。一頭から六〜八頭生まれるので、二年目には二十頭以上になる。そのうちよい種豚を残して、他は肉用として売却すれば現金収入になる。または子豚のうちに欲しいという人に分譲してもよい。この収益増を、農作業の機械化や集約農業の温室の建設費に用いて、作物栽培の高度化を意図する計画である。

卒業して生家に戻った年は、前述の計画は着実に実施され、さらに進展を見た。こうして、来年こそは本格的な農業経営の基盤が確立できるものと確信していた。

ところが、思い掛けない事態が発生してこの計画は私としては挫折してしまった。一応は父がこの計画を継承してくれたのであるが、つまり私が直接携わることは不可能となったのである。

かねてから村役場では、私が自家の農業経営のみではなく農業指導員として役場に勤務し、村全体の農業振興策に寄与することを求めていた。

そもそも私の家では祖父も父も何らかの形で、何年間かは村役（公職）に就くことを要請されていた。祖父は収入役を二十年も務め、父は農区長や地区会長、それに消防部長などをその当時もやっていた。

そうした家系のため、私も学業を終わると、すぐに父にはそうした要請があったらしいのである。しかし、父は祖父の話や自分の経験から、極力これらの要請を固辞していたということである。

その理由は、公職にあると自家の農業経営に専念できず、母が父に代わって農作業を行うので、その身心の疲労のあまり体調を崩すことなどもたびたびあり、その上交際費の出費も多いというわけで、いわば公職にあることで多大の犠牲を払っていたわけである。

ところがその犠牲を払った結果はどうであろうか。評判が良くて当たり前、少しでも不都合なことがあれば悪評を免れないという、じつに不合理極まりないものであったのである。

しかもその当時の公職者はすべて名誉職であり無給である。ときに実費または費用弁償という名目でお茶代、弁当代が支給されるくらいのものであった。現今のように公職にある者が高給をむさぼっている時代とは違うのである。

以上の理由から父は村役（公職）に嫌気がさしていたのである。だが自分は一旦引き受けた以上は任期を全うしなければならないが、せめて自分の息子にはそうした苦渋は味わわせたくないと考えていたようである。

今一つは、父自身がそうした事情からできなかった、つまり遅れを取った農家経営を私に専念させたいと念願していたからでもある。それは同時に母の心労を軽減することにもなり、一挙両得ということになる。

ところが村当局からは人材不足（二、三の職員が召集を受け人員が不足していた）を理由に、是非とも村のために出て欲しいと、村長、助役が我が家に日参する有り様だった。

時を同じくして、村の小学校の校長から、教員不足の補充要員として、つまり代用教員として学校に勤務してほしいという要請もあった。父は時局柄、いずれかはその要請を受け入れなければならないものと熟慮の末、やむなく私を学校に勤務させることを決意した。

父の判断にはもう一つ大きな要因が隠されていた。この年、私は満二十歳で、壮丁《そうてい》としての徴兵検査を受ける年であった。これに合格すればその翌年は現役兵として入隊し、恐らく二、三年の兵役に服さねばならないであろう。そうなると本格的に後継者として農家（農業）経営に当たるのは除隊後ということになる。

こうした状況を勘案して、この際、村当局の要請を受け入れ村役を果たしておいた方がよいとの判断であったのだ。

村役場ではなく学校を選択したのには別の理由がある。村役といっても、村役場の職員は村長の辞令だが、小学校の教員は県知事の辞令であるから、その当時としては公職の重みが違う。いずれかを選ぶなら後者がよいと判断したわけである。私としてもせっかく始めた農場経営ではあるが、どの道、兵役のために中断するのであるから、村の要請や父の意向に従っておくのもよいのではないかと考え同意した。私は農事から一転して小学校の先生をすることになったのである。

こうしてこの年の四月から、私は村の小学校の代用教員として勤務することになった。

学校に勤務することになったものの、師範学校を卒業した専門職の人たちとは違い、いろいろと戸惑いも多かった。しかし、校長のご指導やら先輩同僚の協力を得て、どうにか責任を果たすことが曲がりなりにもできた。

徴兵検査は見事に甲種合格で、翌々年の一月十日に入営せよという、召集令状の赤紙ならぬ現役証書という白紙が、本郷連隊区より発行され、村の兵事係から受け取った。従って私の学校勤めは一年と九カ月であった。ここではこの間の事情を述べよう。

小学校に勤め始めたのは四月の八日からであるが、その一カ月前に採用試験が行われた。月の中旬頃、校長から指示を受け、埼玉県庁内の学務課に出頭した。私と同じような黒の学生服を着た者が何人か集まっていた。一室に通され簡単な学科試験と面接が行われた。その後、身体検査やレントゲンの胸部撮影も行われた。

それから何日か過ぎてから辞令が届いたのである。郵送されたその辞令を持参して、私は学校に校長を訪ねた。秋山校長は非常に喜んでくれた。そして私の内心の不安を見透かすように、「小倉君、君の実力はわかっている。何の心配もいらないよ、きっとうまくやれる。それに私も先輩の先生方にも指導と協力をお願いしておくから大丈夫だよ。君より年下の女学校卒業者も三人いるのだ。この人たちも皆初めてやるのだ、同じスタートだ、まあ楽しくやろうや」と言って破顔《はがん》一笑《いっしょう》した。

お蔭で私は、それまでの不安が一掃されたような気がして安心したものである。

四月八日、新年度の第一学期が始まった。私は新入生のような気持ちで勇躍登校した。新入生ならぬ新入職員が、校長より全職員に紹介された。男性が四人、女性が三人の、合わせて七人の先生がいた。

次いで校庭で行われた朝礼で私たち新入職員が全校生徒に紹介された。その後、校長より新学期の心構えなどについてのお話があり、始業式は終了した。午後から私たち新入職員は校長に引率されて村役場に赴き、村長を始め助役、収入役その他の職員に挨拶をし、さらに農協にも顔を出した。さらにその後、村内の有力者といわれる人々（村会議長、副議長、議員、教育委員など）を歴訪して、この日は終日挨拶回りに終わった。

翌九日、朝礼前の職員会議で各学年の担任が決まり、それが朝礼で発表された。私は三年二組を受け持つことになった。朝礼が終わって生徒は新しく決められた自分たちの教室に入り、私たちは一旦職員室に戻った。先輩の先生方は教科書を手に、サッサと自分の受け持ちの教室に向かう。私たちは改めて校長から「では諸先生、しっかり頼みますよ」と激励を受けて各自の教室に向かった。

私は廊下を歩く足元がおぼつかないような感じがしたので、教室の扉を開ける前に大きく深呼吸をして気持ちを静め中に入った。そうしてにわか先生は教壇に立ち、その日から手探りの授業を始めたのである。

私は自分が小学校三年生になったつもりで、生徒とともに勉強する姿勢で授業を行った。また先輩の示唆により、『学習指導』という月刊の参考書を購読して、教案の作成などに役立てた。ときには校長や教頭先生が教室に姿を現して、実地の指導を頂いたこともある。

並行学級である三年一組の担任は、私の許嫁《いいなづけ》であった。私の祖母の一番下の妹が、彼女の母親である。つまり姉妹で早くからそう決めていたのだそうである。

私より二歳年下で、その年に県立越谷高女の研究科を卒業した。その彼女とも何かに付けて相談した。彼女は良き話し相手であり、良き同僚でもあった。さらに師範出の栗原先生とウマが合った。彼は私のわからないことは何でも親切丁寧に教えてくれた。

こうした環境の中で、一学期はどうやら無事に終わった。しかしそれは無我夢中で過ごしたと言ってよい。

ここで言えることは、学校の仕組みというのは上手くできているということである。例えば学級担任だからといって全教科を私が単独で行うとしたら、それはまさに不可能なことである。これができるのは師範出の、しかもベテラン教師のみではなかろうか。

例えば、私は体操の時間はうまくやれる。書き方（習字）や図画は得意であるが、音楽は苦手である。このような場合、私のクラスの唱歌（音楽）の時間を大山先生が担当し、大山先生のクラスのこの時間を体操として、これを私が担当するわけである。さらに師範出の先生で、音楽を専攻した者が音楽主任となり、高学年の場合などは他のクラスも担当する。体操しかり、図画工作またしかりである。特に修身などは、各クラスを校長が担当したものである。

一学期が終わり夏休みに入ると、埼玉師範で新任者の夏期講習が実施され、これを私たちは受講して授業の大体の形を飲み込むことができた。

こうして一学期の経験と併せて、大分自信が芽生えてきた。ところがここで思い掛けないことが起こった。私が脚気《かっけ》を患い、三週間も休校する羽目に陥ったのである。その原因は環境の変化によるものであった。それまで農作業のいわば肉体労働（重労働）を行っていた者が、一転して学校の先生という軽労働に就いたために、体調を崩したというわけである。

他の新入者はほとんどが学生生活から移行した者たちであったから、反動はなかったようだ。

この間私のクラスは許婚の彼女が二学級を受け持つ形で授業を行い、さらに校長、教頭、その他の先生方の応援も得て、何とか乗り越えられた。

私は病気が快方に向かうと、ただちに学校に復帰した。迷惑を掛けてしまった諸先生方に深くお詫びするとともにお礼を述べた。特に彼女には大変な苦労を掛けてしまったので、心から感謝の意を表した。

また、許婚である彼女は、私が自宅で病臥中、私のクラス生徒全員を引率して見舞いに来てくれた。このとき彼女は甲斐がいしく私の着替えを手伝ってくれたり、母が用意した茶菓子などを生徒たちに配ったりしたので、この様子を見ていた女生徒の一人が、「○○先生、小倉先生のお嫁さんみたい」と呟いたのであるが、これは後に私と彼女が婚約する予言となった。

私は生徒たちにも深く頭を下げて詫びた。生徒たちとはわずか一学期四カ月のつき合いであったが、私の復帰したことを喜び、明るい笑顔で私を許してくれた。

私の留守中、どんなにか寂しく、不自由もしたことであろうと思うと、私は目頭の熱くなるのを自覚せざるを得なかった。私はこの可愛い生徒たちのために精魂込めて授業に打ち込んだのである。世に「雨降って地固まる」という諺がある。また「災い転じて福となす」というのもある。この一件で、私と生徒との間は、以前にも増して深い絆で結ばれたのであった。授業は順調に進展した。しかし秋季大運動会は後遺症のためにレコード係で、私はお茶を濁すに留まらざるを得なかったのは、甚だ遺憾であった。

私の病気休校は生徒と私の間柄だけでなく、許婚と私の関係も急速に親密の度を加えた。一生徒の予言通り、従来の許嫁から婚約者となったのである。

その翌年の正月吉日、つまり学校では三学期が始まった頃、周囲にもこれを披露して、公然たる事実となり、同僚はもちろん村内全体からも認知されることとなった。

これはプライベートな事柄ではあるが、特に公職（教職）にある身となれば、農村ではこうしたこともきちんとケジメをつけなければならなかったのである。

その代わり、校内はもとより村内どこでも二人は公然と交際することができた。三学期も無事に終わり、私は先生としての二年目を迎えた。月給も二円上がって月俸三十四円となった。私はこの年も三年二組を受け持った。

さてこの頃、県からの指示で、学校でも食糧増産に協力せよとのことで、校庭の隅々や花壇、砂場まで掘り起こして、麦、豆類、蕎麦などの作物を栽培した。私が高等農林出であることから、農事主任としてこれらの作業の推進役を果たしたのである。私は校長以下諸先生、それに五、六年の上級生を指導して好成績を上げ、その収穫物を県に納入したのであるが、越谷部会（一町十四カ村）で一番の栄誉を担い、表彰状を授与された。

この年の夏休みもやはり埼玉師範で、新任並びに二年目の講習が行われた。他の先生方は全員これに参加したが、私は来年早々に入隊するので、あえて受講しなかった。

それでは何をしていたかと言うと、教頭である栗原先生とともに魚を捕り、理科の標本作りに励んだのである。栗原先生は理科主任であった。私は例え二年足らずの在籍であっても、いや、それならばなおのこと、この学校に何かを残したいと思ったのである。自分が生まれ育った郷土の小川に生息する魚類の標本は、格好な記念品になると考えてこれに精を出した。

真夏の炎天下、麦藁帽子を被り玉網を手に、村中の小川を毎日毎日、幾日続けたことであろうか。捕ってきては井戸水でよく洗い、これをアルコールまたはホルマリンで標本瓶に漬けて蓋を蝋で密閉する。約一カ月で標本棚がいっぱいになった。事後、二人は宿直室で用務員の竹口さんを交えてビールで乾杯した。

竹口さんは投網《とあみ》の名人である。小川の小魚は二人で捕れたが、中川の大物は彼の投網でなければどうすることもできなかった。彼の協力がなければこのように生息魚を網羅《もうら》することはできなかったのだ。彼こそ最大の功労者であった。こうして私は栗原先生と竹口さんのお蔭で足跡を残すことができたのである。この標本が永く理科の教材として活用されることを願わずにはいられなかった。

それから数年後、私が沖縄から復員して学校を訪れたとき、私は真っ先に理科教室に向かった。「あった！」。標本は厳然と棚に納められていたのである。「昭和十四年八月、栗原、小倉製作」の名標紙は大分色あせていたが、それはまさしく私たちが作ったものであった。私は言い知れぬ感動を覚えたものである。もちろん、当時、栗原先生も竹口さんの姿もない。しかしその標本をじっと見詰めていると、ありし日の面影がふつふつとよみがえるのであった。

それは私の青春の標本でもあったのである。

（2）

次は徴兵検査について記そう。

その頃は国民皆兵、富国強兵の一環として、日本の男子は満二十歳に達すると全員この検査を受けなければならなかった。これを受けないか、あるいは故意にこの検査に不合格になるように、何らかの細工をした場合は徴兵忌避と見なされ、憲兵に逮捕連行されて衛戍監獄《えいじゅかんごく》に入れられた。これに逆らうと射殺されるとも言われた。特に私がこの検査を受けた時代は、満州事変、北支事変が中、南支さらに南方にまで戦線が拡大され、戦火がますます拡がる情勢であったため、従来より遥かに合格率が高くなっているという噂があった。

さて当日、我が家では赤飯を炊き、神棚に灯明《とうみょう》を上げて私の合格を家中で祈願した。それから祝膳を頂き、小学校に向かった。小学校を卒業してから八年ぶりの再会者もあり、その変貌ぶりに驚いたり、全く変わらず一目で誰とわかる者もいたりで悲喜交々《ひきこもごも》であった。村役場の兵事係が引率して、改めて村社の氷川神社を参拝し、合格祈願をした後、北葛飾郡吉川町まで自転車を連ねて走った。

吉川町までは三里程ある。小一時間かけて検査会場の小学校に到着すると、付近の村々から若者が続々と集まっており、校庭はもとより教室まであふれんばかりであった。私たちは何となく一カ所に集まり、検査が始まるまでの時間を雑談で過ごしていた。

私はある友人と話していた。彼は小学校時代クラスで一番のチビだった。その頃私は大きい方で、たしか三番以下になったことはなかった。ところがどうであろう、その彼が私より遥かに大きいのである。彼もまた私を見て、私の小さいのに驚いた様子であった。総じて小学校卒業者は大きく、上級学校に進学した者は小さかった。そこでそのときの結論は、頭を使わない者が伸びたのだということであった。真偽の程はわからない。

この徴兵検査は本籍地で受けることになっている。そのため、北海道からこの検査を受けるために急遽《きゅうきょ》駆け付けた者がいた。T君である。彼は浪曲師として旅回りの最中であったらしい。南は鹿児島から北は北海道まで、全国津々浦々を歩き回っただけに、さすがに彼は我々とは一味も二味も違っていた。図々しいと言うか、落ち着いていると言うのか、つまり度胸が据わっていたのである。

それが証拠に彼は私たちの前で得意の浪曲をうなり出した。いつの間にか他の村々の人々も寄って来て黒山の人だかりとなった。彼は一曲終わると、「ただでやったのは今日が生まれて初めてだ」とうそぶいた。いや、全く呆《あき》れたものであった。私を始め他の者は、今日の検査のことを気にして全く落ち着かない気分でいたのである。

所定の時刻（たしか午前八時であったと思う）に検査が開始された。検査は村々の順番で行われた。

検査場に入る前に、検査を受ける者への注意事項が指示された。言うのはいかめしい軍服姿の現役の兵隊である。しかも威嚇するかのごとく居丈高《いたけだか》な物言いである。私たちは皆ビクビクしながらこれを聞いた。終わって、今の注意事項に基づいて支度を始める。

まず着衣を脱いで用意した風呂敷にこれを包み名札を付ける。その包みを所定の場所に置く。念のために申し添えておくが、このときの姿は生まれたときと同じである。子供ならいざ知らず、皆大人であるから、誰もが恥ずかしさから両手または片手で前を隠す。そんなことはお構いなく、村の兵事係が名前を呼び検査表を渡す。

　誰かがこの検査表で前を隠すと、すかさず先の兵隊がこれを見て一喝する。

「検査表で前を隠してはならん。この検査表にはこれからそれぞれの係員が必要事項を記入するのだ。検査表を持った手は高く挙げて、これから検査が終わるまで絶対に身体に付けてはならん。いいか、わかったな！」

「ハイッ」

「声が小さい！」

「ハーイッ！」

と、私たちは大声で答え、順番に検査場に入っていった。

　まず身長計の前に立ち、検査表を係員に渡し自分の名前を大声で告げる。係員から「顎を引け」と声が飛ぶ。顎をグッと引くと、

「一六一センチ」

「一歩前、両手を挙げ、降ろせ」

「九五センチ、よーし、検査表を受け取り、次に行け」

このような按配《あんばい》で身長と胸囲の測定が終わる。次は体重の測定である。係員に検査表を渡し名前を言うのは前と同じである。

「台に乗れ」の号令で体重を計り、「五十二キロ、降りよ」で検査表を受け取り、次に行く。すると、軍医らしき将校が聴診器を当てて胸部、背部を診察するのだ。

「よし」で次に進む。今度は看護兵（後に衛生兵に変わる）の前に立つ。するといきなり男性のシンボルを握りグイッとしごく。これは後に性病の検査であると知らされた。

「後ろを向いて両手を床に付けよ」の指示でそうする。するといきなり肛門に何か棒のような物が入れられる。これは痔の検査であるという。

「よし」で次に進む。ちなみに性病にかかっている者は膿が出るのだという。また痔にかかっている者は「痛い」と言うのだそうである。いずれも後で聞いた話であった。

次は視力、聴力の検査である。ここまでは順調に来たのであるが、視力検査で私は近眼とされてその場へ残されてしまった。そして、私の村の全員が検査終了後、再び暗室に入れられて厳重な再検査を受けることになった。これはじつに厳しいものであった。

その理由は故意に不合格になるために、虚偽の申し立てをする者があるからだということであった。見えるのに見えないと言う者があり、それを見抜くためである。幸い私はそうした悪意はなかったので割合に早く済んだ。

これですべての検査が終わり、この検査の総責任者である執行官の前に立つと、この陸軍大佐の階級章を付けた武官が厳然と控えている。一礼して名前を言うと、「甲種合格、おめでとう」と言われる。すると傍らに立っていた兵隊が、私の背中をポンと叩いて「退場」と指示する。私はそうしてやっと検査会場から脱出することができたのである。

この検査会場の係員はすべて兵隊であった。今まで張り詰めていた緊張感がスーッと抜けていくような気がした。脱衣した教室に戻ると、私は急いで洋服を着て校庭に出た。全員首を長くして私を待っていてくれた。

自転車に乗り帰路に就いたが、話題は検査結果に集中した。誰が合格した、誰が落ちた、そんなはずはないだろうとか、ともかくまずは合格した者の声が一段とボルテージが上がる。それに比べて不合格の者の声はかすかに聞こえ、心なしかうつむいているかに見えるのは、微妙な心理と言えようか。心の動揺を覆い隠すためのしぐさであったかもしれない。しかしこれが半年後には逆転することには誰も気付いてはいなかった。

私の村の合格者は、私を含めて十五人であった。兵事係の話では、二、三年前までは四、五人だったと言う。いかに増加したかがわかるであろう。さらに甲種合格ではなく第一乙種、第二乙種であっても、いずれはそれぞれ上級に編入されるであろうと言った。従って不合格者も決して安心してはいけないとも話した。ただし丙種はまず兵役は免れるだろうということであった。ところがこの予言は前半の部分は当たったが、後半の部分ははずれたのである。私が満州に在隊中、補充兵として召集を受け入隊してきた者は、皆徴兵検査では丙種であったということである。

先に検査後の帰路の会話と様相が、半年後に変わることを誰も気付いていないと述べたが、それはまさに逆転したのであった。これは特異な状況と言ってよいと思う。徴兵検査直後から一、二カ月の間は、甲種合格者は肩で風を切って歩く程の威勢であった。

男の中の男として太鼓判を押されたのであるから、本人はもとより、周囲の人々もこれを認めてくれることは言うまでもないからである。

これに対して不合格者は小さくなって歩かなければならなかった。それは男として何か欠陥があるのではないかと見なされるからである。

ところが入隊が一日、一日と近づいてくると様相が変わってくる。それは除隊した先輩から、毎日のように軍隊生活の厳しさをいやという程聞かされるからである。その結果、中には自分は果たして無事に務まるであろうかなどと不安な気持ちが湧いてくる。そんな辛いことをなぜしなければならないのだろう。しかも先輩たちの話は、すべて平時における屯営のことである。今は戦時中である。入隊後戦地に出動すればいつ死ぬかもわからない。そう考えると今までの威勢はどこへやら、途端に意気消沈ということになる。

それに比べて不合格者は今のところ差し当たって軍隊に入ることはない。従って戦地に行くこともなければ死ぬこともないと考えると、途端に元気になる。

「おい、しっかりやってこいよ」などと他人事として合格者を半分は激励し、半分は冷やかす有り様である。まさに百八十度の逆転劇であった。

小学校で解散した私たちは、悲喜交々の心境を胸に秘めてそれぞれ帰宅した。私の家では私が甲種合格であることをどのように受け止めたであろうか。その頃の風潮として一応は家中で喜んでくれたのであるが、特に喜んだのは父であった。

父は私より遥かに体格も良く、甲種合格間違いなしと衆目の認めるところであったが、たまたま徴兵検査の折に脚気を患い、その結果不合格であった。従って父は軍隊の経験はない。人一倍勝気な父は、このことを非常に残念に思っていた。それだけに息子の私には何としても合格して立派な軍人になってほしいと願っていたようだ。

しかし父は後に、私が幹部候補生の試験を受けることは許さなかった。それは私が長男であり家督を相続する身であり、他に三人の弟がいるからという理由からであった。

祖母や母は、私が戦争に行くことを心配してあまり喜ばなかったが、口には出さなかった。軍国の母とはそうしたものだったのである。

私は入隊する日までをいかに過ごすかに腐心した。悔いのない充実した一日一日を送ること、特に体力増進に意を注いだ。このことは入隊後大いに役に立った。私はこの経験を弟たちに何度も手紙で示唆したが、幸い彼らは入隊することはなかった。

二学期が始まり、この秋の運動会には私も元気いっぱいで参加した。女生徒の遊戯なども軍国調のものが多かった。愛国行進曲、日の丸行進曲、あるいは愛馬進軍歌といったものが幅を利かせていた。

北支、中支、南支と中国戦線は拡大され、さらに南方にまで戦火が延びていた状況の中で、生徒たちの家族の中にも父や兄が召集を受けて、これらの戦場に送られて日夜激しい戦闘を繰り返していた。その様相は日ごとに激しさを加えていたのであるから、むしろそれは当然の成り行きであったかもしれない。

私も来年の入隊の暁には、戦争に巻き込まれることは必定と覚悟を決めていた。二学期が終わると同時に私は休職となった。もう一人、小沼先生もそうである。私と彼の壮行会が盛大に催された。染谷校長を先頭に全職員が参加して、宮城（前述した通り、その頃は皇居とは言わなかった）、明治神宮、靖国神社を参拝し、戦勝祈願と私たちの武運長久を祈ったのである。

その翌日には、学校内でも二階の教室で送別会が行われた。これには村役場から村長始め全職員、さらに農協職員、駐在巡査まで出席するという盛会であった。それからの毎日、私にとって多忙な日々が続いた。それは朝早くから夜遅くまで親戚、知人、友人などへの挨拶回りである。乙号国民服に日の丸の旗を肩に斜めに掛けた姿（これは当時の出征兵士、入営する若者の典型的なスタイルであった）で一日三、四カ所を駆け回った。

さて、一月六日のことである。

三学期が始まる前に、校長始め全職員を自家に招待してお礼やらお別れの会を催すことになった。

私はその準備として、東京浅草の観音様に参詣がてら買い物を命ぜられた。それは虎の絵の掛軸である。その頃、召集令状による応召兵や、現役兵として入隊する者は、皆この虎の絵の掛軸を尊重した。古来より「虎は千里を行って千里還る」という譬《たと》えがあり、過ぎし日清日露の大戦にも大いに用いられたと言う。

その日、私が掛軸と水晶の認印を買い求め、観音様の境内をぶらついていると、一人の占い師に声をかけられた。

「兄さん、兄さん、ちょっとこちらへ来なさい。見てあげるから。見料はいらないよ。見掛けたところ、兄さんは近く入隊する様子なので、その運勢を占いたい」

私は言われるままにその占い師の前に座った。

占い師は早速、大きな天眼鏡《てんがんきょう》を用いて、いろいろな角度から私の人相を見、さらに手相を眺めること二、三十分、それはそれは念入りだった。客の来ない暇つぶしなのか、それとも本当に親切心からなのか私にはわからなかったが、ともかく熱心に見てくれた。そうして次のように話してくれた。

「兄さん、貴方《あなた》は強運の持ち主だ。軍隊で辛い思いをし、戦争で苦しいこともたびたびあるが必ず生きて還ってくる。しかもどこも怪我もなく無事でだ。私の言ったことを信じて、しっかり頑張りなさいよ」

私は当たるも八卦、当たらぬも八卦という言葉を頭の中で考えながら、それならそれでもう少し詳しく聞いてみようと次のように質問した。

「せっかくだからもう少し教えてもらいたい。私の人生、全生涯の運勢はどうかね」

占い師は次のように答えてくれた。

「貴方の人生を三つに分けると、前と後が良く、中が悪い。これまでは何不自由なく過ごしてきただろう。しかしこれからは軍隊で、戦争で、大変な苦しみに遭う。そうして戦地から還ってきても種々な困難にぶつかる。しかしそれを乗り越えて晩年はまた良くなる。それと貴方には金運がある。大金を掴むということはないが、金に困ることはない。つまり金に不自由することはないということだ。まあ、こんなところかな」

私は彼に幾許《いくばく》かの礼金を出したが、受け取らなかった。本当に親切心からなのか、暇つぶしの座興なのか、それは今でも私にはわからない。しかし、この占いは私の人生を見事に言い当てていた。八十一歳の今日、すべて思い当たることばかりである。この自叙伝がすべてを物語っている。

いよいよ一月九日、入隊の前日に生家を出た。早朝出発では見送りの人々に迷惑を掛けてしまうという配慮と、今一つは父が信仰する成田の不動尊に祈願するためであった。

「祝、入営、小倉畢次君」と大書された幟旗《のぼりばた》何十本をそれぞれに持った人々、日の丸の小旗を手にした集落の青年団、在郷軍人、国防婦人会、親戚、知人、友人など多数に送られながら、学校前の五叉路に至る学校道を一歩一歩踏みしめる。この道は小学生として六年間通った道であり、また、一年と九カ月間、代用教員として登下校した道でもある。二度と再びこの道を歩くことはないかもしれないと思うと感慨無量であった。

五叉路には小学生全員が先生方とともに整列して私を迎え、村境まで送ってくれた。通常は学校を代表して校長と生徒何人かが送るのが慣例なのにである。全員というのは私が初めてであった。これは私が学校職員として初めての入営者であったからである。私はこのとき、わずかな期間ではあったが、学校の先生をしていてよかったと思った。父兄の方々もほとんど参列されていた。まさに空前の盛大な見送りを受けたのである。このときばかりは自分を果報者であると思った。それは男の花道であり、晴れ姿であった。私の青春真っ只中の一齣であった。

私はこの大群衆を前にして、「死して護国の鬼となり、今度皆さんとお会いできるのは恐らく靖国神社の社頭であろう」などと、思わず興奮した挨拶を行ったような記憶がある。それは当時としてはそうした風潮にあったと同時に、私の若さが精神の昂揚《こうよう》を抑え切れなかったためかもしれない。

見送りの人々と手を振って別れ、トラックの車上の人となった私は、見も知らぬ沿道の人たちにも「しっかりやって下さいよ」とか「ご無事で帰ってきなさいよ」とか「お元気で」などという激励を受けながら、京成金町駅から電車に乗り、成田に向かった。

車中私は、これで私の教師人生は終わった。これで郷土とも可愛い子供たちとも、さらには親兄弟、友人知己ともお別れだなあと、つくづくと深い感慨にふけり、しばらくは独り冥想に落ちたのである。それはまさに動中静の一時であった。

終点成田駅で下車し、ただちに成田山において武運長久の祈願を行い、近くの扇屋という旅館に宿泊した。ここは父が弘信講（成田の不動尊を信仰する講中）の世話人としての定宿であったので、ここでも手厚い接待を受けた。

翌日午前八時、私は両親兄弟の見送りを受けて、千葉県佐倉の東部六八部隊に入隊したのである。

著者プロフィール

小倉 堅次（おぐら けんじ）

大正9年4月16日、埼玉県の裕福な農家の長男として生まれる。
高等農林学校卒業後、出征。満州（現在の中国東北部）に駐屯、その後南大東島に転任、米軍の砲火の嵐の中、辛くも生き延び、その地で終戦を迎える。
復員後、家督を弟に譲って、単身上京、印刷業界に飛び込む。何度かの転職の後、自身の力で会社を設立。多忙な日々を送りながらも、着実に業績を伸ばす。62歳のときにリタイア。
現在は、冬を除く一年の大半を、妻とともに八ヶ岳の山荘で過ごす。八ヶ岳の雄大な自然の中で、趣味を楽しみ、気心の知れた近隣の人々と語らい、何を思い煩うことなく、悠々自適の日々を送っている。

日本音楽著作権協会（出）許諾第0203065-201

ある一庶民の昭和史（上）

2002年5月15日　初版第1刷発行

著　者　小倉 堅次
発行者　瓜谷 綱延
発行所　株式会社 文芸社
〒160-0022　東京都新宿区新宿1-10-1
電話　03-5369-3060（編集）
03-5369-2299（販売）
振替　00190-8-728265
印刷所　株式会社 平河工業社

© Kenji Ogura 2002 Printed in Japan
乱丁・落丁本はお取り替えいたします。

ISBN4-8355-3547-2 C0095